KB213173

중국의 색

중국의 색

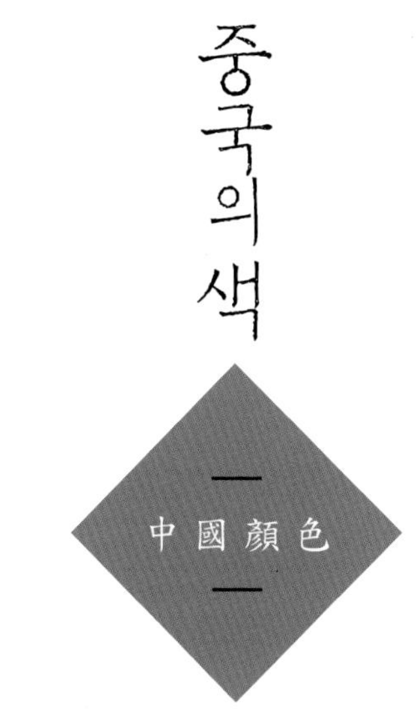

100가지 색으로 보는 중국의 문화와 역사

글·사진 황런다
옮긴이 조성웅

예경

일러두기

C0 M98 Y78 K10

• C–남색 M–자홍색 Y–노란색 K–검은색
숫자는 이 색의 농도를 표시한다.(0: 가장 옅음→100: 가장 짙음)

• 머리말 부분을 제외한 본문의 모든 각주는 옮긴이가 단 것이다.

• 본문 중에서 원저자의 첨언이나 부가설명은 둥근괄호 (　　)로, 옮긴이의 첨언이나 설명은 각괄호 [　　]로 처리하여 구분하였다.

머리말

색은 대자연에서 비롯되었다. 고대 중국인들은 하늘과 땅이 운행하는 모습을 관찰했다. 해가 뜨고 지고, 시간이 흐르면서 바뀌는 자연 풍경 속에서 적赤, 청靑, 황黃, 백白, 흑黑 등 우주 대지를 만든 다섯 가지 기본 색조 관념을 얻었고, 그로부터 '오색관五色觀'이라는 색채 이론을 지어냈다. '오색五色'과 관련된 개념이 가장 일찍 기록된 문헌은 순舜 임금, 우禹 임금과 고요皐陶의 대화가 담긴 《상서尙書》 〈익직益稷〉 편이다. 또한 고대인들은 화火, 수水, 목木, 금金, 토土(우주 만물을 구성하는 다섯 가지 기본요소)의 오행법칙에 근거하여 동東, 서西, 남南, 북北, 중中의 다섯 방위를 정하고 색과 연관시켰다. 그리고 권세와 지위, 철학과 윤리, 예의와 종교 등 다양한 관념을 색에 섞어 넣으면서 점차 독특한 풍격의 색채 문화 시스템을 완성하였고 결과적으로 중국 전통 문화에서 중요한 부분을 차지하게 되었다.

중국의 전통색 문화는 역대의 정치·경제, 사회 풍조, 문학·예술, 민속 절기 및 사상 관념과 심미 기준이 반영된 것으로 그 속에 담긴 내용이 다채롭고 풍부하기 그지없으며 응용 범위 또한 무척 넓다. 긴 세월 동안 복식, 건축, 회화, 서예, 옥기玉器, 자기瓷器, 공예, 집안 장식에서 일상 음식 및 한의학 등에 이르기까지 전통 문화 각 분야에서 고르게 색채와 관계를 맺어온 것만 보아도 중국 민족이 색을 얼마나 중시했는지 분명하게 확인할 수 있다.

중국은 기원전 약 11세기부터 색채에 특별한 의미를 부여했으며, 색채를 '정색正色'과 '간색間色' 두 종류로 나누었다. 이 중에 정색은 앞에서 언급한 오색이고, 간색은 서로 다른 '정색'이 각각의 비율로 섞여 이루어진 부수적인 색이라 할 수 있다. 그래서 '한색閒色'으로 부르기도 한다. 춘추 시대에 쓰인 《손자병법孫子兵法》〈세勢〉 편에 보면 "색은 변화가 셀 수 없이 많으나 '오색'을 벗어나지 않는다色不過五, 五色之變, 不可勝觀也."라고 하였다. 이 '정색'과 '간색'에 대한 설명은 현대 광학光學에서 일컫는 빨간색, 녹색, 파란색의 '삼원색三原色' 이론•

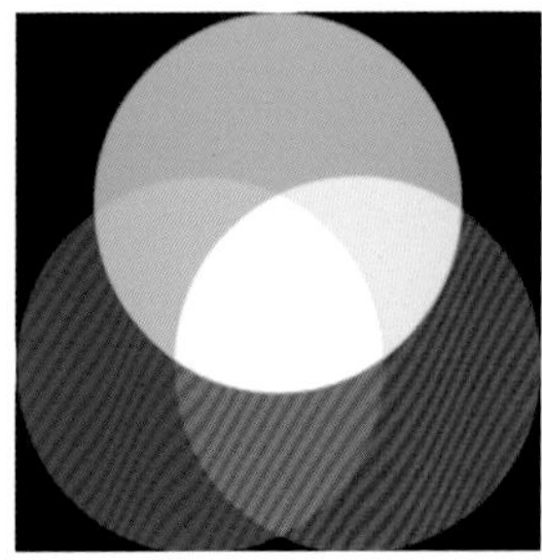

• **광학의 삼원색**(기본색)은 빨간색red, 녹색green, 파란색blue으로 이루어진다. 보통 RGB로 줄여 쓴다. 이 세 가지 색을 섞으면 백색광, 즉 햇빛을 얻을 수 있다. 또한 햇빛은 프리즘을 통하면 일곱 가지 색으로 나뉜다. 이 일곱 가지 색을 보통 빨간색, 주황색, 노란색, 녹색, 파란색, 남색, 보라색으로 나누며 무지개색이라고 부르기도 한다.

과 인쇄술에서 사용되는 남색cyan, 자홍색magenta, 노란색yellow, 검은색black 네 가지 색원리•와도 비슷하다. 즉 고대인들은 아주 오래전부터 색을 구성하는 패턴을 인식하고 있었다. 다만 당시에는 과학 실험의 기초가 부족했을 뿐이다.

중국의 전통색은 다양하기가 이를 데 없으며 색이 포용하는 영역도 넓고 세밀하다. 게다가 갖가지 색은 각기 다른 사상과 의미를 전달한다. 이 책은 눈부신 아름다움으로 사람들을 매혹하는 색채의 세계에서 백 가지 색을 선별하여 예로부터 지금까지 유행했고 여전히 강력한 영향력을 발휘하고 있으며, 현대 중국인의 일상에서 활용되는 중요한 갖가지 색의 근원과 출처, 사용해온 역사와 특징 및 정치·경제·사회·문화에서 지니는 함의를 체계적으로 분석해보려 한다.

독자들이 쉽게 이해할 수 있도록 현대 색채학 이론에서 전문으로

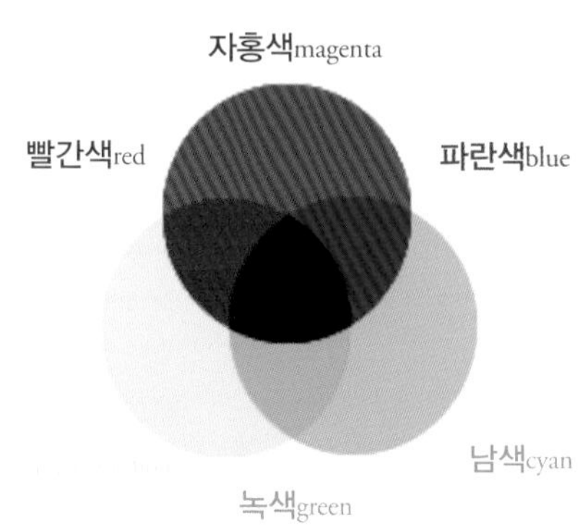

• 현재의 컬러인쇄술에서 주로 사용하는 네 가지 기본 잉크로 남색cyan(줄여서 C) 자홍색magenta(줄여서 M), 노란색yellow(줄여서 Y), 검은색black(줄여서 K)이다. **CMYK**를 섞는 비율에 따라 겹쳐서 인쇄할 경우 셀 수 없이 다양한 색의 그림과 글을 표현할 수 있다.

쓰이는 네 가지 전문용어, 즉 색상, 명도, 채도 및 색계•에 대한 설명을 덧붙였다. 또한 각종 색의 혼합 비율(각 꼭지별 시작 부분에서 확인할 수 있다)을 독자가 바로 구별하여 감상할 수 있도록 표시했다. 독자들은 중국의 색채 지식을 이해하면서 동양 전통색의 아름다움을 만끽할 수 있을 것이다.

• 근대 색채학 이론에서 색채의 정의는 다음 네 가지 속성으로 이루어진다.

색상hue: 색채의 종류를 가리킨다. 색상과 색채의 색조tone, 색광의 파장wave-length은 서로 관련이 있다. 예컨대 다섯 가지 정색, 혹은 녹색, 보라색 등은 색의 모습이 명료하게 구분된다.

명도value: 색채의 강도를 표시하며 색광의 명암도이기도 하다. 서로 다른 색은 반사하는 광량의 강약이 다르며 이에 따라 다른 명암도를 만들어낸다. 즉 명도와 색광의 광도luminousity는 관계가 있다. 예컨대 흰색과 검은색의 명도는 밝음에서 어두움까지 양극단의 최대 변화를 뚜렷하게 보여준다.

채도chroma: 색채의 순도purity를 표시하며 색채의 포화도 및 선명도이기도 하다. 예컨대 진홍색(다홍색)과 밝은 황색은 모두 채도가 높은 색이다.

색계levels: 점층색(그라데이션)으로 광색이나 컬러인쇄의 색이 풍부한 정도를 가리킨다. 예컨대 텔레비전 스크린의 표준은 256색, 4,096색, 65,536색이다. 색계가 많을수록 색의 단계가 더 세밀하고 다채로워진다. 색계의 명칭과 함의는 광학과 4색(CMYK) 컬러인쇄에도 동시에 적용된다.

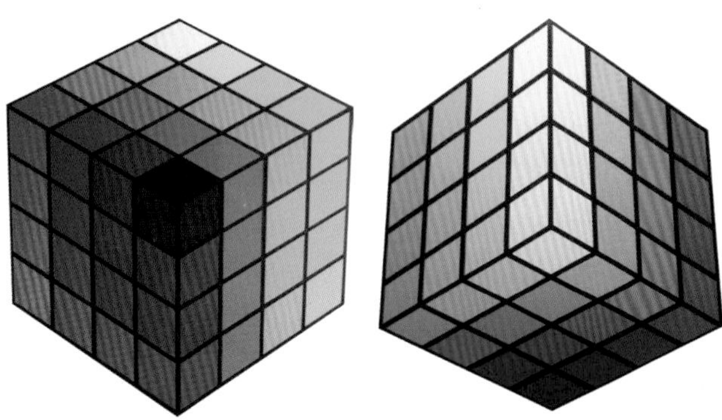

CMYK 컬러큐브 시스템은 독일의 알프레드 히케티어Alfred Hickethier가 1952년에 설계한 것으로 4도 인쇄, 염료착색제 등 색을 대조할 때 참고용으로 쓴다. 이 시스템은 4도 인쇄 시의 기본 잉크, 즉 자홍색, 남색, 노란색, 검은색을 각각 다른 비율로 섞어 겹쳐 인쇄한 후 각 색의 컬러 코드, 색조를 농도에 따라 배열해 한 매트릭스의 입방체로 표현한 것이다. 가장 많게는 1천 종의 색계 변화를 조합해낼 수 있다.

한국어판 서문

반고가 처음 세상을 만든 뒤로 고대인은 색을 인지하고 선택해서 사용하였다. 이러한 인지와 선택은 사람의 원시적 본능과 아름다움에 대한 추구, 실용적 필요에서 비롯되었다. 고대 동서양의 각 민족은 시간이 흐르면서 색을 인식하는 능력이 발전했고, 문화 배경과 지역 환경의 차이로 점차 개성 있는 색채 문화와 관념을 발전시켰으며, 여러 색이 가진 상징과 함의 또한 새롭게 해석하게 되었다. 예컨대 서양에서 백색은 이상적인 천국의 색이고, 고대 중국에서 흑색은 가장 높은 지위를 의미하는 색으로 숭배됨과 동시에 죽음을 대표하는 색이었다. 아랍의 색채 문화에서 갈색은 생명의 종결을 뜻하는 색이다. 중동 유목 민족은 대자연의 풍경에서 가을 잎이 떨어진 후 바싹 마른 색을 보고 퇴락하여 죽음에 이르는 색을 갈색으로 보았기 때문이다.

중국 상고 시대의 '음양오행' 학설과 '오정색' 관(적, 청, 황, 백, 흑)은 동양 색채에서 안정되고 일관된 색채 구조와 이념을 세웠다. 중국의 다양한 전통색이 포괄하는 영역은 넓고도 섬세하다. 그리고 이 여러

색은 각각 다른 사상과 의미를 전달한다. 오늘날에 와서 중국, 타이완, 홍콩 및 해외 화교가 거주하는 지역에서 중국의 조상들이 만든 '오정색'은 실제 생활에 응용되었고, 끊임없이 이어져서 여전히 생활과 밀접한 연관을 맺고 있다. 놀랍게도 대부분의 아름다운 옛 색에 담긴 의미와 사상은 여전히 변치 않고 생명력을 이어가고 있다. 이 책은 사람을 매혹하는 중국 전통색의 세계에서, 예로부터 지금까지 활용된 100가지 중요한 색을 고르고 각종 색이 비롯된 출처, 사용해온 역사와 정치, 사회, 문화, 예술 분야에서의 함의를 쉽게 소개하고 체계를 잡아 읽어 냈다. 모쪼록 독자들이 중국의 색채 문화를 잘 이해하고 동양 전통색의 아름다움을 만끽하기를 바란다.

예경 출판사의 배려로 졸작 《중국의 색》이 처음으로 한국에 출판되고 여러 독자와 만날 기회를 얻었다. 번역자와 편집자의 노고를 통해 만들어진 이 책을 통해 유쾌한 경험을 할 수 있을 것이라 믿는다. 이 자리를 빌려 예경 출판사와 역자에게 진심으로 감사의 뜻을 전한다.

저자의 공부가 부족하여 이 책에 잘못이 분명히 적지 않을 것이다. 전문가와 학자, 독자 여러분의 비평과 질정을 바란다.

타이베이에서

작가 겸 사진가 황런다

2013년 11월 1일

차례

베이징 고궁故宮

적색은 불과 태양을 대표하며 고대인들이 가장 먼저 숭배하던 색이다. 중국에서 전통으로 내려오는 오색관 색채 이론에서는 정색 중의 하나이다. 오행관에서는 남방이며, 남방은 불을 표시한다.

적색 계열에 들어가는 홍색紅色은 중국에서 운수가 좋을 조짐, 기쁜 일, 혼인, 떠들썩함과 열정을 상징한다. 전체 중국 역사를 관통하고 중국 각 영역에 스며들어 있는 홍색은 중국 문화에 깊숙이 깔린 바탕색이다.

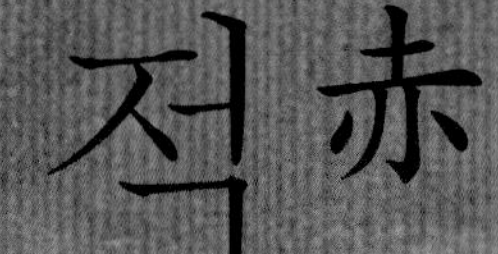

적색 001

C0 M98 Y78 K10

'적赤'이라는 글자를 가장 먼저 볼 수 있는 곳은 갑골문甲骨文으로, 이 글자는 색을 묘사하는 옛 한자 중 하나이다. 적은 사람 인人(또는 큰 대大)과 불 화火로 만들어졌다. 즉 사람이 불 위에서 구워지면서 온통 붉어지는 색깔과 광택을 빗대어 표시한 것이다. 또 다른 해석으로는 '대화大火(큰 불)'를 적赤이라 불렀다는 것인데, 동한東漢의 허신許愼(58?~147)이 쓴 《설문해자說文解字》에는 "적赤은 불의 색이다."라는 기록이 있다. 적赤 자가 홍紅 자에 비해 일찍 나타났기 때문에 옛날에는 '적赤'을 각종 상이한 채도chroma(색채의 선명도)와 명도value(색채의 명암도)의 홍색을 두루 가리키는 말로 사용했다. 예컨대 적赤은 피의 색인 어두운 홍색(암홍색)을 가리키거나, 북위北魏의 가사협賈思勰이 쓴 《제민요술齊民要術》〈종초種椒〉 편의 "선명한 홍색의 고추가 좋은 고추이다色赤, 椒好."라는 기록에 언급된 적색이거나, 귤빛 홍색이 나는 뜨거운 태양을 묘사하는 적일赤日 등 다양하다.

赤

또한 적색은 중국 전통의 '오방정색五方正色'이라는 심미 색채 이론에서 말하는 다섯 가지 정색 가운데 하나로, 오방은 다섯 방위인 동, 서, 남, 북, 중을 가리킨다. 고대 중국인들은 하늘과 땅을 굽어보고 우러러보면서 자신이 살아가는 공간의 방향을 분석하고 식별함과 동시에 적赤, 청靑, 황黃, 백白, 흑黑을 온갖 색을 낳는 대자연의 기본 색인 정색正色으로 여겼다. 오색과 방위의 관계 관념을 구체적으로 설명한 최초의 문헌은 《주례周禮》〈고공기考工記·화회畵繢〉 편인데, "그림을 그릴 때는 오색이 섞인다. 동쪽을 청靑, 서쪽을 백白, 남쪽을 적赤, 북쪽을 흑黑, 하늘을 현玄, 땅을 황黃이라 부른다." 그리고 "다섯 색을 갖춘 것을 수繡라 부른다."라고 적혀 있어 오색을 최고의 심미적 기준으로 삼았음을 알 수 있다. 이로부터 적색은 남쪽을 가리키고 불의 성질을 지녔으며 뜨거운 여름을 상징하는 색이 되었다. 또한 왕조가 교체될 때는 화덕火德으로 여겨졌다.•

인류는 문명을 만들기 한참 이전부터 불을 사용할 줄 알았다. 중국 상고 역사 전설의 연대 중 간쑤甘肅에 있는 웨이허渭河와 징허涇河 유역의 염제炎帝 일족에서는 불과 태양에 대한 숭배가 성행하였다. 수인씨燧人氏가 "부싯돌을 부딪쳐 불을 만들었기"(《관자管子》〈경중輕重〉 편)

• 중국 전국 시대 사상가인 추연이 주장한 오행설을 적용한 것으로 오행의 덕의 실현이 왕도의 규범이며 오행의 속성을 군주가 지녀야 할 덕의 기본으로 삼아야 한다는 입장으로, 예컨대 수덕의 왕은 윤하를, 화덕의 왕은 염상을 규범으로 삼아야 한다는 것이다. 왕조의 교체도 오덕의 계승과 합치된다고 하여, 황제의 토덕을 하나라의 목덕이 극복하고, 하나라의 목덕을 상나라의 금덕이 이기며, 상나라의 금덕을 주나라의 화덕이 이기므로 주나라 다음 왕조는 반드시 수덕을 가지게 마련이라는 주장을 폈다.

• • • 〈**임행화별도**臨行話別圖[먼 길을 떠나게 되어 헤어지는 모습을 표현한 그림]〉, 채색벽돌 그림, 간쑤甘肅 주취안酒泉 시거우西溝의 위진魏晉 시대 무덤

때문에 불을 만드는 기술을 발명한 것으로 여겨져 염제란 존칭으로 불렸던 것이다. 염제는 또한 태양신의 이미지를 가지게 되었다. 《백호통의白虎通義》〈오행五行〉 편에는 "염제는 태양이다炎帝者, 太陽也."라고 기록되어 있다. 불과 태양은 모두 홍색 광택을 띠므로 염제는 적제赤帝라고도 불렸다. 불처럼 붉고 뜨거운 느낌을 주는 적색은 점차 고대 중국인들이 숭배하는 색 중 하나가 되었고, 처음으로 중국 민족 사이에서 대자연의 색 중 한 가지 색을 숭배하는 관념을 만들어냈다.

중국 전통의 색채관에서 적색은 주색朱色과 같은 홍색 계열임에도 상대적으로 색이 옅은 편이다. 《왕제공소王制孔疏》에는 이렇게 적혀 있다. "색이 옅은 것을 일컬어 적赤이라 하고, 색이 짙은 것을 일컬어 주朱라 한다." 민간 회화예술에서 적색 안료는 자석赭石이나 주사硃砂를 갈아 얻는다. 역사적으로 적색은 홍색처럼 긍정적인 면, 행복과 기쁨의 의미를 대표하지 못하고 오히려 적잖이 부정적인 면을 맡아왔다. 예컨대 적지赤地는 풀이 조금도 자라지 않는 땅을 묘사하는 말이고, 적빈赤貧은 몹시 가난함을 일컫는 말이다. 그리고 적각赤脚은 맨다리라는 뜻이다. 적자赤字는 있던 재물도 깎아먹어 남는 게 없다는 의미를 내포하고 있다. 그러나 적성赤誠은 충심 또는 마음에서 우러나오는 참된 정성을 뜻하고, 적도赤道는 위도의 기준이 되는 선으로 지구의 남북 양극으로부터 같은 거리에 있는 지구 표면의 점을 이은 선이다.

홍002 색

C0 M100 Y75 K15

중국어에서 '홍紅' 자는 대략 금문金文 시기가 되어서야 나타났는데, 일찍이 은상殷商 시대의 갑골문에서 나와서 고증된 '적赤' 자보다는 등장이 비교적 늦은 셈이다. 금문은 종정문鐘鼎文 또는 명문銘文이라고도 하는데 청동기에 주조하거나 새겨 넣은 글자를 가리킨다. 상나라 말기에 처음 쓰이기 시작했고 서주西周 시대에 성행했는데, 지금으로부터 3천 년도 넘는 역사를 지녔다. '홍紅' 자의 구조는 좌변이 '사糸', 우변이 '공工'으로 이루어졌는데, 여성이 종사하던 실뽑기, 천짜기, 바느질하기 등의 수예 노동을 의미한다. 그래서 여공女紅(예전에 부녀자들이 하던 길쌈질)이라는 말은 오늘날까지도 그대로 통용된다. 옛 중국에서 홍색은 원래는 복숭아색 및 분홍색 등의 옅은 적색을 가리켰다. 《설문해자》에 보면 "홍紅은 백帛에 적색과 흰색을 칠한 것이다."라는 말이 있다. 홍색이 적색과 백색을 혼합하여 나온 색임을 알 수 있는 대목이다. 백帛은 전국戰國 시대 이전의 모든 비단을 통틀어 가리킨다.

또한 홍색은 비단 직물 중에서도 꼭두서니, 소목蘇木, 박달나무 등의 천연 색소로 염색하여 나오는 색이다. 또한 고대인들은 '사糸' 자를 부수로 삼아 끊임없이 새로운 글자들을 만들어내고 각종 색과 광택의 농도가 일정치 않은 직물 제품을 설명하는 데 사용했다. 예컨대 제緹는 귤황색橘黃色의 직물이고, 불紱은 적홍색赤紅色의 명주끈이며, 추緅는 청적색靑赤色 직물을 가리키는 등 사람들이 다른 종류의 비단을 가리킬 때나 각종 상품의 색을 묘사할 때 씀으로써 의사를 더 정확하고 섬세하게 표현할 수 있었다. 그러나 '홍紅' 자는 주나라 말기부터 점차 적색 계열을 통칭하는 말로 바뀌었다.

대략 7세기 당나라 때가 되어 '홍紅' 자는 비로소 하나의 독자적인 색의 명사로 눈부시도록 선명한 홍색을 가리키게 되었고, 그 함의가 지금까지 줄곧 바뀌지 않았다. 게다가 중국 민족이 가장 좋아하는 색이 되어 중국 역사, 문화의 내용과 민간의 풍속까지 풍부하게 해주었다. 서양에서 홍색은 위험, 선명한 피, 급하게 나아감, 멈춤과 조급함을 대표한다. 그러나 중국의 나라와 민간 풍속에서는 진취적 기상, 권력, 지위, 긍정, 낭만과 섹시함 등 밝고 선명함을 상징하는 의미를 갖는다.

홍색은 기질이 호방하고 얽매이지 않은 당나라에서 유행한 색인데, 당나라 황제들이 입는 평상복이 홍삼포紅衫袍였고 3품에서 5품까지의 관리들이 입던 조복朝服에 제한적으로 홍색을 썼다. 열정이 솟구치는 홍색은 당시 유행하던 색 중 당나라 여성들이 가장 좋아한 색이기도 했다. 당나라 때 민간의 혼례복은 청색이었지만 관직을 가진 계급의 사람들은 홍색 예복을 입고 신부를 맞이할 수 있었다. 송나라 때 이르러서는 귀족 여성이 황후의 평상복인 소매가 넓은 홍색 저고리와

• • • 홍콩 길가의 한 노점에서 춘련春聯을 쓰고 있다. 1960년대.

• • • 홍콩 춘제春節[중국의 설날]의 거리 풍경

치마를 입고 시집가는 것이 허용되었다. 이로부터 신랑과 신부는 모두 홍색 혼례복을 입는 것이 기쁜 혼례를 맞이하는 풍속이 되었고 이는 지금까지 이어져 내려오고 있다.

홍색은 중국 정치에서도 권세와 지위를 상징한다. 오행관에서는 남쪽에 속하는데, 남쪽은 불을 의미한다. 명나라는 남쪽에서 흥기하였고 개국 황제(주원장, 1328~1398)의 성도 주朱였기 때문에 당시 정치문화를 이끌면서 불을 상징하는 홍색을 사용하였다. 명나라 황제들은 태양신에게 제사를 올릴 때 홍색 어복御服을 입었고 황성을 두른 담장에도 주색朱色을 칠해 황제가 머무는 곳임을 표시하였다. 이로부터 주홍색朱紅色은 황실 건축이 전용하는 색이 되었고, 그것은 청나라 말기까지 이어졌다. 또한 고대의 궁전 건축의 대들보와 기둥에 목재를 많이 사용했는데, 고대의 오행 이론에 따르면 화火는 목木과 상생한다. 따라서 대들보와 기둥에는 선홍색鮮紅色을 칠하여 상생의 의미를 살렸다.

당나라 때 민간의 홍루紅樓는 부와 세력을 가진 집안의 사람들이 머물던 곳으로 홍루는 아름답게 채색한 건물을 일컫는다. 그러나 홍루가 시에 쓰인 뒤로는 연정戀情을 뜻하는 말이 되었다. 위장韋莊이 지은 〈장안의 봄長安春〉에는 "장안의 봄빛은 본래 주인이 없으니, 예로부터 모두 홍루 여인들의 차지라네長安春色本無主, 古來盡屬紅樓女."라는 구절이 나온다. 풍류가 넘치는 선비들은 여인의 아름다움을 일컬어 '홍안紅顔', '홍분紅粉', '홍수紅袖' 또는 '홍장紅妝'이라 하였다. 또한 규방閨房을 '홍루紅樓'라 불렀다. 이렇게 홍색은 사람들이 무한한 상상과 아름다운 생각을 떠올리는 데 영향을 미쳤다.

전통적인 민간 풍속에서 절기, 기쁜 일, 좋은 조짐, 행운, 떠들썩함

등과 관련된 행사나 사물은 모두 홍색으로 표현하였다. 새해 명절을 맞을 때는 길하라고 세뱃돈紅包을 주기도 하고 큰돈 벌라며 상여금紅利을 주기도 했으며 만당홍滿堂紅[경사스러운 날 집에 설치한 색견色絹·각등角燈·대촉대大燭臺 등], 대홍인大紅人[인기스타], 대홍대자大紅大紫[위세가 대단함]는 성공을 상징한다. 불타는 듯한 홍색은 떠들썩함을 표시한다. 기운이 형통하고 모든 일이 순풍에 돛을 단 것처럼 순조로운 경우를 일컬어 '얼굴에 화색이 돈다紅光滿面.'라고 한다. 그러나 얼굴이 홍색이 되면 부끄럽거나 난처하다는 의미이기도 하다. 홍안증紅眼症만큼은 의학용어가 아니라 질투하고 시기한다는 의미이다. 근대의 정치운동에서 홍색은 여전히 진보, 전위前衛 및 자각의 상징이다.

전체 중국 역사를 관통하고 중국 각 영역에 스며들어 있는 홍색은 중국 문화에 깊숙이 깔린 바탕색이다.

자색 003

C0 M77 Y77 K28

자赭는 원래 적홍색赤紅色의 땅을 가리킨다. 《설문해자》에서 "자赭는 붉은 흙이다."라고 기록하고 있는데, 진흙이 산화철을 많이 함유하고 있으면 홍색으로 보이기 때문이다. 고대 중국인들은 수천 년 전에 이 이치를 잘 알고 있었다. 옛 문헌 《관자》 〈지수地數〉 편에서는 "위에 자赭가 있으면 아래에는 철이 있다."라고 설명한다. 붉은 흙은 세계 각지(중국을 포함하여)에서 가장 보편적으로 가장 일찍부터 사용되어온 토양이다. 자토赭土의 색상은 홍색 가운데 갈색을 띠고 있는데, 고대 중국에서는 홍색 계열에 포함시켰다.

자토는 자석赭石, 대자岱赭, 적철광이라고도 부른다. 이렇게 철 성분이 섞인 흙이 전 세계에 광범위하게 분포했기 때문에 원시 시대의 사람들은 일상의 손이 닿는 곳에서 자색 재료를 얻을 수 있었다. 자토는 비교적 안정성이 높은 자연 광물 색재료인데, 원시 사회의 암석화에서 가장 먼저 찾아볼 수 있다. 암석화는 소의 피를 자토와 섞어

• • • 윈난雲南 다리大理

만든 안료로 그림을 그린 것이다. 중국 미술사 자료에 따르면 진시황(기원전 259~기원전 210)이 지은 아방궁 안의 벽에 그린 그림에 쓴 색 중에도 광물 안료인 자색이 포함되어 있었다고 한다. 또한 옛날의 묘혈墓穴[시체가 놓이는 무덤의 구덩이 부분] 장식과 둔황 석굴의 벽화에도 자색이 대량으로 사용되었다고 전한다. 자색이 혈색血色과 가까워 고대인들은 자토를 얼굴에 바르고 제사를 지내는 용도로 쓰기도 했는데, 고대 중국에서는 그것을 '자면赭面[붉어진 얼굴]'이라고 하였다.

중국은 주나라 때(약 기원전 11세기~기원전 771)부터 위로는 황제와 관리로부터, 아래로는 선비와 서민들의 복식에 이르기까지 신분과 계급 지위를 구분하는 수단으로 색을 사용하였다. 자색은 비천함을 상징하던 색으로, 죄수복의 색이기도 해서 옛날에 자의赭衣를 입는 것은 죄를 지었다는 의미였다. 그러나 오대십국五代十國 시기(907~960)에 와서 자색이 가진 함의가 달라졌다. 갈홍색褐紅色의 자포赭袍가 장수와 병사가 전쟁에서 입는 복색이 되었던 것이다. 자홍포赭紅袍는 피에 젖은 홍포紅袍로서 전투가 격렬했다는 뜻이었다. 복색 제도가 왕조의 흥기에 따라 바뀌면서 색이 가진 함의도 바뀌어, 당나라 고종高宗(650~683 재위) 때에 이르러 자색은 황제만이 사용할 수 있는 색이 되었다.

자赭는 얼굴색을 가리키기도 했다. 《시경詩經》〈국풍國風·패풍邶風·간혜簡兮〉에는 이런 구절이 있다. "혁여악자赫如渥赭, 공언석작公言錫爵" 이 시에서 '혁赫'은 불처럼 붉은 얼굴을 말하며 '악渥'은 두터운 은혜를 뜻한다. '석錫'은 '사賜[내린다는 뜻]'와 통하고 '작爵'은 술잔을 의미한다. 따라서 풀이하면 "얼굴을 자색으로 붉히니 임금이 그에게 술잔을 내렸음이라."라는 문장이 된다.

• • • 〈소 사냥〉, 암석화, 시짱西藏 치둬산其多山

또한 자색은 시詩와 사詞를 지을 때 아름답고 낭만적인 분위기를 더해주었다. 예컨대 청나라 주효장朱孝臧이 지은 〈완계사浣溪沙〉의 한 구절에는 그러한 분위기가 두드러진다. "새 한 마리가 물결을 치니 고요한 마음 흩트리네, 붉은 노을은 그대 뺨 같고 물결은 편지 같네獨鳥沖波去意閑, 瑰霞如赭水如箋."

주색 004

C10 M100 Y65 K0

'주朱'라는 글자는 형태가 '목木'에서 비롯되었는데 본래 뜻은 홍심목紅心木 일종의 이름이다. 《산해경山海經》〈서황경西荒經〉 편에는 "개산국이 있다. 나무가 있는데, 껍질이 붉고 이름을 주목이라 한다. 또한 주적색인데, 짙은 훈색이다蓋山之國有樹, 赤皮, 名朱木. 又朱赤, 深纁也."라는 구절이 있다. 훈纁은 홍색의 일종이다. 주색朱色은 적색에 가까운 색이다. 서진西晉의 사상가이자 문학가인 부현傅玄(217~278)이 〈태자소부잠太子少傅箴〉이란 글에서 "주색을 가까이 하면 적색이 된다近朱者赤."라고 말한 바 있다. 즉 고대인들은 주색과 적색 두 가지 색을 홍색에 가까운 색으로 보았음을 알 수 있다. 주색은 전통적인 오색관에서 적색 계열에 들어가는 오정색 중의 하나이다. 또한 주색은 밝음을 지향하는, 남쪽과 화火에 속한다. 그에 대한 예로 털이 온통 붉은 주작朱雀(불새, 즉 봉황)은 남쪽을 지키는 사령四靈• 중 하나로 보았다.

고대 중국인들은 붉은색이 장수를 상징하는 색이라 믿었다. 따라서

• • • 현재 베이징의 민가

고대에 관곽을 붉게 칠하여 죽은 자를 장사지내는 풍속이 있다. 또한 제기도 주색을 위주로 한다. 《한비자韓非子》〈십과十過〉 편에는 "바깥은 검게 칠하지만 안은 주색을 칠한다."라는 대목이 있어 옛날에 주

● 전설상의 네 가지 신령한 동물. 기린, 봉황, 거북, 용.

• • • 작자 미상, 〈초음격구도蕉蔭擊球圖〉, 부채, 비단, 송나라

색이 존귀함을 상징하는 색임을 알 수 있다. 중국은 기원전 11세기 주나라 때부터 다른 관冠과 복식, 옷의 색깔을 사용하여 지위를 정하고 귀천을 구분하였고 이로써 사회적 계급을 공고하게 하고 정치를 안정시켰다. 《묵자墨子》 〈명귀 하明鬼下〉 편의 "붉은 의관을 입고 붉은 활을 들고 붉은 화살을 메겨朱衣冠, 執朱弓, 挾朱矢"라는 구절을 보면 주색이 황제의 전용색임을 알 수 있다. 건축에 사용하는 색 중에도 진晉나라 갈홍葛洪이 지은 《서경잡기西京雜記》에는 한나라 성제成帝 유오劉驁(기원전 32~기원전 7 재위)의 황후인 조의주趙宜主(무희 조비연趙飛燕)가 자매와 머물던 침궁을 묘사한 대목이 나오는데, 주홍색을 중심으로 하고 황금색을 보조로 했으며 극도로 정교하고 화려했다고 한다.

• • • 〈열녀고현도列女古賢圖〉(일부), 병풍 그림, 산시山西 다퉁大同 스자차이石家寨, 북위北魏 사마금용묘司馬金龍墓

그래서 주문朱門, 즉 홍색 대문은 왕공 귀족 저택의 정문에 홍색을 칠한 것으로 높은 지위를 가리키는 것이다.

복색 중에서 주금朱錦은 송나라 때 아이들이 평소에 입는 귀여운 옷을 말하며, 주홍색 옷은 여성의 청춘미를 상징하였다. 또한 주색은 크게 길하고 이로움을 의미했는데, 남송南宋의 문인 함순咸淳이 지은 《임안지臨安志》에는 해신海神 마조馬祖(임묵낭林默娘, 960~988)가 바다에 나가 날아다니며 물에 빠진 자들을 구해줄 때마다 항상 붉은 옷을 입음으로써 좋은 조짐을 표시했다고 기록하였다.

이 밖에도 명나라에서는 개국 황제의 성이 주朱였기 때문에(주원장) 주색을 정색正色으로 삼았다. 또한 명말청초 쑤저우蘇州의 재사 김성

탄金聖歎(1608~1661)은 만주인이 중국을 다스리는 것에 불만을 표하며 검은 모란꽃을 그리고 옆에 다음과 같은 구절을 적었다. "붉음朱을 빼앗았으나 정색正色이 아니로다. 이족異族 또한 왕이라 칭하나니." 이 문장을 쓴 대가로 그는 문자옥文字獄에 걸려 죽음을 맞게 된다. 앞의 문장에서 언급하는 이족은 만주인을 가리키니, 주씨의 명나라를 만주인이 약탈하였다는 의미를 내포한 것이다. 모란꽃을 그리면서 주색을 쓰지 않고 정색이 아닌 검은색을 쓴 것은 다른 민족이 어떻게 중화의 정통성을 대표하며 왕을 칭할 수 있느냐고 은밀히 풍자한 것이었다.

주사/진사 005

C0 M85 Y100 K0

주사는 진사라고도 부르는데, 고대인들이 가장 처음으로 사용한 유화광물로 6천여 년 전의 허무두河姆度 문화 시기에 고대인들이 주사 광물을 혈제血祭와 홍색 안료로 사용하였다. 중국은 주사의 주요 생산국 중 하나로 그중에서 후난湖南 천저우辰州에서 생산되는 주사가 가장 질이 좋다. 그래서 진사辰砂라는 이름을 얻은 것이다.

주사는 육각결정체에 속하며 다이아몬드의 광택을 가진 광물로 화학성분은 황화제이수은인데 성홍색猩紅色을 띤다. 진사로 만든 안료는 시대마다 다른 이름으로 불렸는데, 주사朱砂, 주사朱沙, 단사丹砂, 주硃, 광명주光明珠, 진주眞朱 등이다. 또한 진사 원석 품종의 심도, 명암의 차이에 따라 다른 주사색이 생산되기도 한다. 고대 중국에서 거칠지만 이미 진사 광석으로 서너 가지 다른 등급의 색계를 만들어냄으로써 홍색의 채도를 풍부하게 하였다.

주사는 일찍이 전국 시대(기원전 475~기원전 221)에 이미 여성들의 입술에 바르는 미용 안료로 사용되었다. 전국 시대 초나라 사람 송옥宋玉(약 기원전 298~약 기원전 222)이 "분을 바른 것처럼 하얗고, 주朱를 칠한 것처럼 붉었다."라는 표현으로 나면서부터 분을 칠하거나 입술 연지를 바르지 않아도 멋진 미인을 형용한 데서 이를 확인할 수 있다. 당시에 주朱라 부르던 것은 입술에 바르는 용도로 쓰던 주사이지 연지를 가리키는 말이 아니다. 볼에 바르는 연지는 1세기 한나라 때나 되어서야 국경 밖의塞外 흉노 지역에서 중원 지역으로 전해진 것이다. 그러나 한나라 때의 부녀들은 여전히 주사를 입술에 발라서 사

• • • 〈열녀고현도列女古賢圖〉(일부), 병풍 그림, 산시山西 다퉁大同 스자차이石家寨 북위北魏 사마금용묘司馬金龍墓

람을 매혹하는 미태를 더하는 용도로 활용했다.

주사색朱砂色은 가리는 힘이 강한 불투명색으로 썩지 않는 성질을 가지고 있어서 고금의 벽화에서 널리 쓰인다. 현대 전문가들은 막고굴莫高窟, 마이지산麥積山 석굴, 신장新疆 베제클리크 석굴 등 역대 왕조의 고벽화 및 채도彩陶를 분석해 주사 안료 성분을 찾아냈다. 주사와 석록石綠(263쪽 참조), 석청石靑(195쪽 참조)은 전통 회화에서 사용되는 주요한 광물색으로 유명한 안료이다.

또한 고대인들은 금속 원소를 함유한 주사 및 은주銀朱를 칠기의 도

• • • 〈거기도車騎圖〉(일부), 채색 벽화, 동한東漢 시대 랴오양遼陽 고묘古墓

료塗料로 사용하였다. 역대 황제들이 상주한 공문을 고치거나 표시할 때 주사를 사용하는 것은 존귀함의 표현이었다. 진사辰砂는 고대 한방에서 약으로 쓰이기도 했는데, 독성분을 함유하고 있지만 심장 박동을 진정시켜서 정신을 안정시키는 데 효험이 있었다. 또한 진사를 정제한 물질을 '단丹'이라 불렀는데, 고대인들은 그것으로 불로장생하게 하는 선단仙丹을 만들 수 있다고 여겼다. 도교 신선술에서 약을 만들 때 빠뜨릴 수 없는 중요한 성분이었다.

단
색 006

C0 M60 Y78 K10

한자 단丹의 원래 의미는 단사丹砂, 주사朱砂로 고대 파국巴國•과 월국越國 지역에서 생산된 적석赤石, 즉 진사辰砂를 가리킨다. 옛 문헌《산해경》에는 "단은 적을 주로 한다."는 말이 나오므로 단색의 색상이 홍색에 황색을 띠고 있어 적색에 가까우며 결국 전통적인 홍색(적색) 계열에 속함을 알 수 있다. 따라서 고대의 '오색행五色行' 관념에서는 남쪽, 불의 색에 해당한다. 고대 신화에서는 화봉황火鳳凰••이 머무는 보금자리를 단혈丹穴이라 불렀다.

단사와 그 색은 도교에서 중요한 지위를 차지한다. 고대의 술사들은 불로장생약을 얻기 위해 주사朱砂 등의 광물을 제련하여 나온 정제물질을 단丹이라 불렀다. 도교에서는 사람이 신선이 되는 경지를 일컬어 단립丹立이라 하고 신선의 거처를 단대丹臺라 불렀다. 또한 단은 주홍색을 써서 그림에 칠하는 물질을 가리키는 말이기도 했다. 《박물지博物志》에 보면 "주색으로 물건을 칠하는 것을 단丹이라 한다."라고 적혀 있다.

고대 중국에서는 색으로 계급과 사회 지위를 구분하였다. 주홍색은 주나라 때 황제와 귀족들의 전용색이었다. 예컨대 단조丹詔는 황제의 조서를 가리키는 말이고, 황제의 어가御駕는 단필丹蹕이라 불렀다. 단서철권丹書鐵券은 황제가 공신에게 주는 것인데, 이것이 있으면 후손이 죄를 짓더라도 사면받을 수 있는 특권을 주는 조서이다. 또한 단금丹禁은 천자가 머무는 곳을 주홍색으로 칠해서 들어갈 수 없는 곳으로 만드는 것을 뜻한다.

또한 단은 붉게 물들였다는 뜻으로 해석되기도 했다. 예컨대 《신당서新唐書》에 보면 "병졸 4만 명을 죽였는데, 들판이 피로 붉게 물들었다殺卒四萬, 血丹野."라는 구절이 나온다. 전국 시대에 위나라에서는 가벼운 죄를 저지르는 사람은 붉은 천丹布으로 머리를 감싸게 하여 다른 사람과 구별되도록 하였다. 그러나 당나라 때에 와서 단홍색은 아름답고 고귀함을 상징하는 여성 복장의 색이 되었다. 단은 주홍색에

● 쓰촨성 동부에 있던 옛 나라.

●● 형주荊州는 초 문화의 발상지이다. 어느 해인가 초나라에 큰 수재가 났다. 3개월간 해가 뜨지 않고 끊임없이 비가 퍼붓더니 온 나라가 물바다가 되었다. 백성들의 고초는 이루 말할 수가 없었다. 초나라 왕은 제단을 마련하고 제사를 지내어 해가 속히 나오도록 해달라고 기원했다. 그러나 사악한 오룡烏龍이 계속 비를 내리게 하였다. 왕은 천하의 용사들을 불러 모아 사악한 오룡을 토벌하고자 했지만 모두 오룡에게 패하고 잡아먹혔다. 그때 한 모사가 나타나서 초나라 동쪽에 봉황산이 있는데, 그 산에는 화봉황이라는 신조가 산다고 말했다. 초나라 왕과 모사는 화봉황에게 청해서 사악한 용을 제거하고자 했다. 화봉황은 청을 사양하지 않고 오룡과 49일간 격투를 벌였으나 그럼에도 승부를 가릴 수 없었다. 결국 화봉황은 자신의 심장을 태워서 오룡을 죽이고 자신도 함께 죽었다. 천지에 다시 해가 떴고 초나라 백성은 화봉황을 기념하기 위해 봉황산에 제단을 만들었다. 그 제단은 지금은 없지만 산은 아직 그대로 있다. 그 산은 평원산平原山이다. 그 주위 일대 몇 킬로미터가 모두 홍토이다.

• • • 단풍 든 가을 산

・・・〈역대제왕도〉(일부), 비단絹本, 당나라 염립본閻立本

비유되기도 하는데, 고대 중국에서 주홍색과 청색을 그림 그릴 때 사용했기 때문에 그림을 일컬어 '단청丹青'이라 부르기도 하였다. 그리고 단풍丹楓은 가을에 귤홍색橘紅色으로 변하는 단풍잎을 가리키니, 그야말로 시적인 정취와 그림 같은 아름다움으로 가득한 색이 아닐 수 없다.

단홍색은 고대 중국에서도 고상한 정조와 애국심을 상징하였다. 단심丹心과 단성丹誠은 보통 국가에 대한 충성과 절개를 가리켰으며 '열사烈士'라는 뉘앙스마저 주었다. 역사적으로 가장 유명한 사례는 문천상文天祥(1236~1283)이 〈영정양을 지나며過零丁洋〉에 의를 위해 죽을 때 기록한 구절인데, "나라에 충성하는 마음을 남겨 역사를 빛내리라 留取丹心照汗青."가 그것이다. 문천상은 남송南宋이 몽골인들에게 멸망당한 후 죽을지언정 굴복하지 않겠다고 말한 것으로도 유명하다.

은주색 007

C0 M90 Y70 K8

아름다운 빛을 내는 은주銀朱는 중국 전통의 인조 안료이다. 고대 중국인들은 약 기원전 500년 동주東周 시기에 이미 수은을 방부제로 사용했고, 기원전 2세기에는 수은과 유황을 합성하여 사람을 매혹하는 홍색 광물 안료를 만들어냈다. 그 화학구조가 황화제이수은이어서 성분은 천연 광물인 주사(진사)와 유사하며, 주사홍朱砂紅의 색계에 가깝다. 다만 인조 안료의 색이 일반적으로 천연 광물 안료와 토질 안료의 그것보다 더 선명할 뿐이다. 따라서 은주는 주사색보다 더 눈길을 끈다. 이러한 홍색 인조 안료는 주로 수은을 제련하여 나오기 때문에 은주라 부른다.

인공적인 은주의 전통 제조법은 명나라 때 과학자 송응성宋應星(1587~1666)의 종합적인 과학기술서 《천공개물天工開物》에 기록되어 있다. 수은과 광물인 유황을 10:2의 비율로 솥에 부어넣고 충분히 섞은 후 은근한 불로 말린다. 먼저 생겨나는 것은 암홍색의 황화수은이

• • • 명나라 송응성이 쓴 《천공개물天工開物》에 나오는 수은 제련

赤

고 이어서 열을 더 가하면 남은 유황이 다 타버린 후 마지막으로 선홍색의 미세한 황화제이수은 결정이 솥뚜껑과 솥 내벽에 형성된다. 이 결정을 긁어낸 후 미세한 분말로 갈아서 다시 정제하면 안료가 된다. 옛날에는 이러한 제련법을 '건식법乾式法' 또는 '승화법昇華法'이라 불렀다. 이러한 인공 분말에서 등적색橙赤色, 순적색純赤色, 농적색農赤色 등 인조 주색을 얻어낼 수 있다. 중국의 화가 및 장인은 이러한 색계의 짙고 옅음이 다른 홍색을 각각 황주黃朱, 적주赤朱와 흑주黑朱라 불렀다. 일본의 경우 인조 은주의 제련법은 헤이안 후기의 후지와라藤原 시대(794~1185)에 전해졌다. 일본 화가들은 그것들을 각각 황구주黃口朱, 적구주赤口朱와 겸창주鎌倉朱라 불렀다. 이 '겸창주'라는 말은 가마쿠라鎌倉 시대(1185~1333)의 회화 작품에 쓰였던 깊은 주색朱色으로 인해 붙여진 이름이다.

은주는 중국 전통 회화에서 중요한 인조 안료이자 오랜 역사를 지녔다. 일찍이 북위北魏 시대(386~534)의 둔황敦煌 벽화에서도 이미 널리 사용되었다. 현대의 학자와 전문가 들은 또한 고대의 예술 장인들이 황주黃朱와 연백鉛白 등 납 화합물 안료를 섞어서 만든 분홍색을 둔황 벽화에 등장하는 인물의 피부색으로 사용했음을 발견하였다. 그러나 금속인 납은 오랫동안 햇빛과 공기에 노출되면 산화하여 흑색으로 변한다. 민간 그림에서 은주는 요괴와 귀신을 잡는 종규鐘馗•를 그릴 때 관례적으로 쓰였고 행복을 부르는

••• 은주 분말

붉은 박쥐를 그릴 때도 사용되었다.

수은황화물에 속하는 은주 안료는 중국인이 발명한 것으로 훗날 아랍을 거쳐 유럽에 전해졌다. 따라서 이 염홍색艶紅色은 서양에서 '중국홍中國紅'이라고도 불렸다. 은주는 중국에서 오랜 역사를 지니고 있으며 변함없이 유행하는 색이다. 2008년 베이징 올림픽과 2010년 상하이 엑스포의 중국관에서도 눈길을 끌었던 은주銀朱는 여전히 중국을 상징하는 색이었다.

● 중국에서 역귀나 마귀를 쫓는다는 신. 당나라 현종이 꿈에 본 형상을 오도현吳道玄에게 그리게 한 것으로 이를 문에 붙여 악귀를 막는 풍습이 당나라·송나라 때에 성행하였다.

강색 008

C0 M100 Y100 K0

강絳은 사糸에서 나온 글자로 원래는 비단의 일종을 가리키는 말이었다. 《진서晉書》〈예지 하禮志 下〉 편에 보면 "강絳 두 필, 견絹 이백 필"이라고 적혀 있다. 또한 강은 색을 지칭하는 명사이다. 강색은 천초茜草의 홍색소를 반복 염색하여 계속 색을 진하게 만든 후에 얻을 수 있는 색이다. 그래서 옛날에는 '훈纁(홍색)'이라고도 불렸다. 본래 뜻은 대적색大赤色이다. 《설문해자》에 "강絳은 대적大赤이다."라고 적혀 있다. 그리고 뒤에는 심홍색深紅色, 대홍색大紅色, 즉 전통적인 중국 홍색을 의미하게 되었다.

강색은 그 색이 담고 있는 의미와 쓰임새가 시대의 변화에 따라 바뀌었다. 《후한서後漢書》〈여복지輿服志〉 편에는 진秦나라 때 무장은 이마에 강파絳帕(두건頭巾)를 써서 군 계급의 귀천을 구별하였다고 기록되어 있다. 고대 군복에서도 강색을 흔히 사용하였는데, 살기를 돋우고 전투하면서 피를 흘리더라도 심리적 압박과 공포감을 덜 느끼도

• • • 북방의 사자춤

록 하려는 취지를 가진 것이었다. 삼국三國 위진魏晉 시대(220~420)에는 군중에 있는 장수들 사이에서 대홍포大紅袍를 입어서 위엄과 용맹을 뽐내는 것이 유행이었다.

소설가 나관중羅貫中(원나라 말 명나라 초에 태어남)은 적벽대전에서 이어진 배를 불로 태워버린 유명한 고사에서 조조曹操가 강색 전투복을 입고 적군과 대치하고 있는 장면을 묘사하였다. 안타깝게도 소설에서 조조는 낭패를 보았다. 《삼국연의三國演義》 제49회에 다음과 같은 장면이 있다. "조조가 언덕에 있는 영채를 돌아보니 몇 곳에서 불길이 오르고 있었다. 황개는 작은 배에 뛰어올랐다. 등 뒤로 몇 사람이 배를 타고 불길을 뚫고 조조를 추격했다. (……) 황개는 멀리 강홍포를 입고 있는 사람이 조조라고 생각하고는 배를 몰고 빨리 앞으로 전진했다. 그는 손에 날카로운 칼을 들고 소리 높여 외쳤다. '조조, 이 도적놈아 멈춰라. 황개가 여기 있다!' 조조는 연달아 고통스런 신음을 흘렸다." 어지러운 혼전 가운데 치솟는 뜨거운 불길은 조조가 입은 붉은 전투복과 서로 어울리며 돋보인다. 나관중은 정제된 필치로 색의 대비를 묘사함으로써 이 유명한 전쟁에서 스릴과 긴장이 넘치는 시각영상 효과와 분위기를 만들어냈다.

강색은 중국 전통의 홍색 계열에서도 실용성, 기쁨, 복과 선정성 등을 대표하는 색이다. 《묵자》 〈공맹公孟〉에 나오는 "강의박포絳衣博袍"라는 말은 심홍색의 긴 도포를 가리키는 말이었다. 당나라 때 황제의 관복은 강색 옷이었다. 알려진 바에 따르면 양귀비楊貴妃(719~756)가 목욕하고 나와서 걸친 옷은 대홍욕포大紅浴袍이다. 송나라 때 천자의 조복은 강사포絳紗袍였다. 심강색深絳色은 청나라 건륭제乾隆帝 후기에 와서 '복스러운 색福色'으로 애호된 덕에 심강색의 마고자가 유행하였다. 점강순點絳脣은 원래 연지로 입술을 붉게 칠하는 것을 가리키는 말이었는데, 훗날 사詞의 곡명이 되었다. 이는 남조南朝 양梁나라(502~557) 출신 강엄江淹의 〈미인의 봄나들이를 읊다詠美人春遊〉에서 비롯되었다. 해당 대목은 다음과 같다. "용모는 눈송이처럼 하얗고 입술은 명주처럼 붉게 빛나니白雪凝瓊貌, 明珠點絳脣."

• • • 〈화청출욕도華淸出浴圖[화청지에서 목욕하고 나온 모습을 그린 그림]〉, 비단, 청나라 강도康濤

천색 009

C0 M77 Y75 K28

천茜은 곧 꼭두서니茜草이고 천초蒨草, 염비초染緋草, 홍람紅藍, 풍거초風車草 등으로도 부른다. 영어로는 Indian madder(천초근)인데, 다년생 초본 식물로 줄기에 붉은 색소가 함유되어 있어서 대홍색大紅色의 염료 용도로 쓰인다. 천색은 전통적으로 중국 여성들이 가장 좋아하고 가장 널리 보급된 복색이기도 하다.

천초와 남초는 인류가 처음으로 직물을 염색하기 시작할 때 사용한 식물 염색 재료이다. 《주례주소周禮注疏》 9권에는 이렇게 적혀 있다. "남藍으로는 푸르게 물들이고, 천茜으로는 붉게 물들인다." 또한 한나라 때 마왕퇴馬王堆 고묘古墓에서 출토된 염직물 색에 대한 연구에 따르면 심홍색은 천초를 사용하고 명반明礬(백반白礬 또는 갑여반鉀鋁礬이라고도 함)을 매염제로 써서 염색했던 것으로 보인다. 즉 천염茜染은 후한 시대(25~220)에 이미 유행했던 것이다.

천홍색茜紅色은 한나라 이전 황제들의 옷에 사용한 색이었다. 《한관

• • • 장훤張萱, 〈괵국부인춘유도虢國夫人春遊圖[괵국 부인의 봄나들이 그림]〉(일부), 비단, 당나라

• • • 천홍색 천에 나비를 잔뜩 수놓은 여성의 옷. 경사가 났을 때 입었다. 청나라

의漢官儀》에 보면 "염원染園[염색용 풀을 키우는 정원]에서 천초茜草를 내어 임금의 옷을 염색하는 데 사용하였는데, 천茜도 함께 염색하는 데 쓰였다."라고 되어 있다. 이를 보면 한나라 때 이전에 천초를 사람들이 대량으로 길러서 천을 염색하는 용도로 사용했음을 알 수 있다. 또한 천색은 수려함과 아름다움을 뜻하는 색이었다. 천초를 써서 염색한 천홍 치마는 고대 소녀들이 가장 아끼는 복색 중 하나였다. 남당南唐의 이중李中이 지은 〈개울가에서 읊다溪邊吟〉에는 이런 대목이

나온다. "붉은 치마 입은 아가씨 연 따러 가네, 가랑비 맞고 웃으며 나룻배에 오르네茜裙二八採蓮去, 笑衡微雨上蘭舟." 홍색과 녹색이 함께 어우러지는 시에서 청춘의 활발한 분위기가 물씬 배어난다.

당나라 때는 중국 역사상 문화와 색이 가장 화려하고 아름답던 시기이다. 서역 문화의 영향과 호복胡服의 유행으로 자유분방한 분위기가 특히 여성의 화려하고 고운 복식에 반영되었고, 천홍색은 당시의 유행색 중 하나였다. 천홍 치마를 입은 여자는 남다른 운치가 있어서, 흩날리는 염홍색 치맛자락이 온화하고 아름다운 풍치를 남겼다. 붉은 치마는 젊은 아가씨만의 전용물은 아니다. 원나라 말 명나라 초의 소설가 시내암施耐庵이 창조한 인물, 불법 점포를 열고 인육만두를 파는 야차 같은 손이랑孫二娘도 빠질 수 없다. 《수호전水滸傳》 제27회에서 그녀의 복장은 이렇게 묘사되어 있다. "머리에는 누렇게 빛나는 비녀를 꽂고 옆머리는 들꽃으로 장식했다. (……) 아래는 선홍색 생견 치마를 입었다. 얼굴에는 분과 연지를 바르고는 가슴을 쭉 폈다. (……) 붉은 치마 밑에는 알록달록한 배가리개를 댔고, ……." 이러한 묘사는 손이랑의 무서운 이미지를 잘 드러내기도 하지만 그녀 또한 붉은 치마를 입고 단장하기 좋아하는 면모를 지녔음을 보여주기도 한다.

연지홍 010

C0 M84 Y70 K23

赤

고대 중국 여성의 화장합化粧盒에는 절대로 빠지면 안 되는 화장품이 있었는데, 그것은 볼을 아름답게 꾸미는 연지이다.

연지로 얼굴을 아름답게 꾸미는 화장술은 한인漢人이 발명한 것이 아니라 중국 서북방의 유목민족인 흉노 지역에서 중원으로 전해진 것이다. 옛 책에는 연지와 관련된 명칭이 여러 가지 기록되어 있다. 언지焉支, 연지臙脂, 연지燕脂 등인데 모두 흉노어를 음역한 것이다. 진晉나라 때 최표崔豹가 쓴 《고문주古文注》에는 "연지燕支는 (……) 서쪽에서 나왔다."라고 적혀 있다. 여기서 서쪽은 오늘날의 간쑤성甘肅省 치롄산맥祁連山脈을 가리키는 것으로 고대에는 옌즈焉支라 불렸다. 수당 시대의 지리지 《서하구사西河舊事》(저자 미상)에는 이렇게 기록되어 있다. "옌즈산焉支山에서 단丹이 나온다." 또한 "옌즈산은 동서로 백여 리, 서북으로 이십 리이며 소나무와 잣나무가 크고 물풀이 아름답게 우거져 있어 목축하기에 좋다."라고 덧붙이고 있다. 옌즈산은 치롄산

• • • 칭하이靑海 초원

赤

맥의 한 지맥으로 오늘날의 간쑤성 산단현山丹縣 지역에 있다.

고대에 연지의 재료는 주로 홍화紅花, 천초茜草 또는 자경紫梗 등이며 꽃잎을 빻아서 즙을 낸 후 그 즙을 굳혀서 암홍색의 도료로 만든다. 흉노 여성들은 그것을 볼이나 입술에 바르는 미용 안료로 사용하였다. 서한西漢 시대의 명장 곽거병郭去病(기원전 140~기원전 117)은 두 차례에 걸쳐 흉노를 격퇴하였는데, 치롄산을 점령하고 옌즈산 너머 1천여 리까지를 차지함으로써 한나라는 하서河西 지역을 완전히 통제하게 되었다. 살던 곳에서 쫓겨난 흉노인들은 집과 땅을 잃고 이런 노래를 불렀다. "나의 치롄산을 잃어 이제 내 육축도 번식을 할 수가

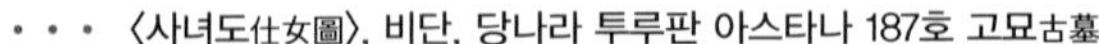

〈사녀도仕女圖〉, 비단, 당나라 투루판 아스타나 187호 고묘古墓

없네. 내 옌즈산을 잃어 내 여자가 화장을 하지 못하네."(《서하구사西河舊事》) 흉노인들은 남자는 치롄산을 잃어 초원에 가축을 풀어 기를 수 없게 되었다고 한탄했고, 옌즈산을 빼앗긴 여성들은 연지가 없어졌으니 이제 무엇으로 얼굴을 단장할 것인가 하고 탄식하였다.

연지는 대체로 한나라 때부터 서북부에서 중원으로 전해져 한족 여성들이 화장할 때 미모를 돋보이게 하는 선물이 되었고 그 뒤에는 다시 동영東瀛(일본)에 전해졌다. 그리고 소의 골수, 돼지의 이자 등 동물 지방으로 피부를 매끈하게 하고 지속성을 높인 고약 형태의 연지가 개발되면서 아름다움을 사랑하는 여성들의 얼굴은 더욱 매끄러워지고 윤기까지 흐르게 되었다. 이로 인해 '연지燕支'는 점차 '연지臙脂' 또는 '연지胭脂'가 되었고 '지脂' 자는 더 구체적인 의미를 지니게 되었다.

연지의 홍색 원소도 고대 회화를 그릴 때 쓰이던 착색 재료이다. 그러나 연지로 그림을 그린 지는 오래되었지만 꽃이 지듯이 빨간색이 바래는 현상이 나타나기 때문에 현대 화가들은 양홍洋紅(carmine)으로 그것을 대신하는 경우가 많다.

소방색/목홍색 011

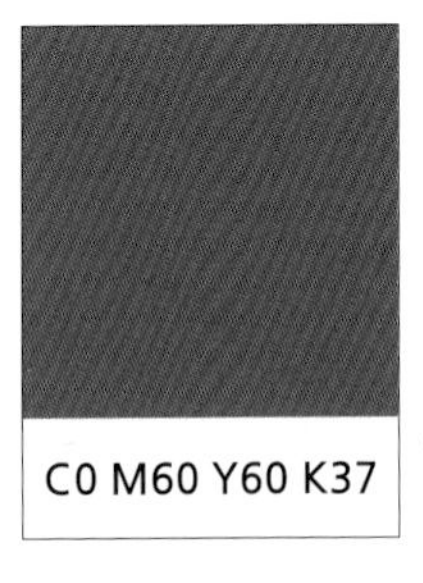
C0 M60 Y60 K37

식물인 소방蘇枋은 고대에는 소목蘇木, 소방蘇芳, 소방蘇方, 번자자수番子刺樹 등으로 불렸는데, 나무가 색소를 포함하고 있어서 섬유를 염색할 수 있었기 때문이다. 소방은 고대 중국에서 주요한 홍색 식물 염료 중의 하나이다. 아시아 기타 지역의 민족도 소방을 이용해서 직물을 염색한 수천 년의 역사 기록을 가지고 있다.

소방은 열대의 관목으로 원생산지는 동인도 지역 및 중국 남부의 윈난성雲南省, 광둥성廣東省, 광시성廣西省과 하이난다오海南道 등지이다. 소방목蘇枋木은 현대 동양에서 보편적으로 유행하는 전용 단어가 되었다. 알려진 바에 따르면, 소방이라는 글자는 인도네시아 자바어 옛말 중 'sapan'에서 비롯되었는데, '홍색'이라는 의미이다. 중국의 옛 문헌인 《당본초唐本草》에는 이렇게 기록되어 있다. "소방은 남해南海 곤륜崑崙에서 나왔다. 교주交州와 애주愛州에도 있는데, 나무는 암라菴羅와 같고 잎은 느릅나무 잎과 같다. (……) 꽃이 누렇고, 씨앗은 처음

• • • 고개지顧愷之, 〈여사잠도女史箴圖〉(일부), 비단, 동진東晉 시대

에 파랗다가 익으면 검어진다. 그 나무는 사람들이 강색絳色으로 염색할 때 쓴다." 고대 중국에서는 피부가 거무스름한 사람이나 현재 동남아 지역 여러 민족을 곤륜崑崙이라 불렀다. 강絳은 대홍색大紅色이다. 진晉나라 때의 계함稽含(생몰년 불명)이 지은 《남방초목상南方草木狀》에는 이렇게 기록되어 있다. "소방은 회화나무의 꽃으로 씨앗이 검고 구진九眞에서 난다. 남방인들이 강색絳色으로 염색할 때 쓰는데, 대강大康의 물에 담가두면 색이 갈수록 진해진다." 이를 보면 소방을 사용하여 홍색으로 염색했고, 그것이 중국 남방에서 옷을 물들일 때 가장 보편적으로 쓰이는 홍색이었음을 알 수 있다.

소방목을 사용하여 방직품을 염색하는 방법과 관련해서는 명나라 때의 《천공개물》에 상세한 설명이 있다. "소목을 찐 물에 명반과 산뽕나무를 넣는다." 명반은 매염제이고 산뽕나무는 야매자野梅子, 야여

지野荔枝라고도 부른다. 고대인들은 소방을 써서 직물을 염색할 때 명반을 넣으면 촉매 작용을 해서 염색을 거듭하면 농도가 다른 홍색을 낼 수 있다는 사실을 알고 있었다. 소방으로 직물을 염색하는 방법은 대략 당나라 후기에 일본으로 전해졌다. 927년에 쓰인 일본의 염색에 관한 문헌 《연희식延喜式》에도 소방을 써서 다른 색계의 홍색을 내는 방법이 적혀 있다. "진한 소방색의 능綾[얇은 비단 종류의 하나] 한 필을 만들려면 소방이 크게 한 근, 식초가 팔 합, 재가 삼 두 들어간다. 옅은 소방색의 능 한 필을 만들 때는 소방이 작게 다섯 냥, 식초가 일 합, 재가 팔 승, 땔감이 육십 근 필요하다." 소방으로 염색하여 나오는 색은 일본에서는 흔히 주방색朱榜色이라 부른다.

• • • 〈의사議事〉, 채색 벽돌 그림, 간쑤성 주취안酒泉 시거우西溝 위진魏晉 시대의 묘

석류홍 012

赤

C0 M90 Y65 K10

석류홍, 곧 적홍赤紅의 색상은 서양의 양홍洋紅(carmine)에 가깝다. 석류는 다른 이름으로 단약丹若, 약류若榴, 안석류安石榴, 번석류番石榴, 금앵金罌 등으로 불리며, 원산지는 중동 페르시아(현재의 이란)이다. 알려진 바에 의하면, 한나라 때 장건張騫이 사신으로 서역에 갔을 때 안석국安石國으로부터 석류 씨앗을 가지고 돌아왔다고 한다. 당시에는 석류의 외국어 발음인 도림涂林으로 음역되어 불렸다.

석류나무는 낙엽관목 또는 소교목에 속하며 9월부터 10월 사이에 열매를 맺는다. 과육에 씨가 많고 조홍색棗紅色을 띠며 삭혀서 술로 만들 수 있다. 옛 책에는 "단사丹砂처럼 곱고 예醴[단술]처럼 즙이 흐른다."라고 그 씨앗의 모양을 묘사하고 있다. 예로부터 중국의 민간에서는 석류를 상서로운 물건으로 보고 "자식 많고 복 많다."라는 의미로 받아들였다.

꽃잎이 여섯 장인 석류꽃은 귤홍색橘紅色, 황색黃色, 백색白色 세 가

• • • 무악舞樂 병풍, 비단, 당나라 투루판 아스타나 230호 묘

지 색으로 나뉜다. 꽃이 피는 기간이 길고 중국에서는 5월이 제철이다. 그중에서도 귤홍색의 석류꽃이 가장 사랑받는다. 백거이는 "부는 바람에 불꽃을 뒤집은 듯한 붉은 석류꽃이여, 옥 같은 가지에 해가 떠 붉은 비단을 비춘 듯하네火樹風來翻絳焰, 瓊枝日出晒紅紗."라고 하였고, 한유韓愈는 "5월에 석류꽃이 만개하니 눈이 부시네五月榴花照眼明."라고 석류꽃의 선명하고 아름다운 색을 형용한 바 있다.

• • • 석류꽃

석류꽃은 감상하기에도 더할 나위 없지만 역대 복식에서도 중요한 염색 재료로 쓰였다. 당나라 때는 요염한 아름다움을 숭상하였는데, 복색이 화려하고 사치스러웠다. 그중에서 석류꽃으로 염색한 붉은 치마가 최고로 유행했다. 명나라 때의 문인 장일규蔣一葵는 〈연경오월가燕京五月歌〉에서 석류꽃이 필 때 모든 사람들이 다투어 석류꽃을 사서 집에 있는 여인의 치마를 붉게 염색했다고 기술했고, 당나라 사람 만초萬楚는 자기 시에 "붉은 치마 시기하는 마음이 석류꽃을 죽이네紅裙妒殺石榴花."라는 구절을 써서 당시 붉은 치마와 꽃이 아름다움을 겨루던 풍경을 묘사하기도 하였다.

붉은 치마를 입은 여성의 아름다운 자태, 석류꽃의 염홍색艷紅色은 아가씨의 감정에 비유할 수도 있다. 당나라의 무측천武則天은 〈여의랑如意娘〉이라는 작품에서 이렇게 말했다. "붉은 꽃 지고 푸른 잎만 남은 모습을 보노라니 마음이 어지럽네. 초췌한 얼굴은 모두 님을 생각한 탓이네. 내가 당신을 보고 싶어서 눈물 흘린 것을 믿지 못하겠거든 상자를 열고 내가 입었던 붉은 치마에 남은 눈물 자국을 보세요."라고 노래했다. 이 구절을 보면 붉은 치마가 당나라 여성들이 소중히 간직한 물건임을 알 수 있다.

가없는 운치를 상징하는 석류홍은 중국에서 가장 오랫동안 유행한 색 중 하나이다. 이러한 유행은 청나라 때 조설근曹雪芹(1724~1763)이 쓴 《홍루몽紅樓夢》에서도 퇴색하지 않았다. 습인과 향릉이 옹울원에서 몰래 바꿔 온 것은 석류홍 치마였다. 가보옥은 향릉이 가져온 석류홍 치마를 진흙 위에 펼쳐놓고는 말했다. "참 아깝게 됐군. 이 석류홍 비단綾은 얼룩이 잘 빠지지 않아."(제62회)

그리고 속담 중에 남성이 여성의 미모에 정신을 빼앗기는 모습을 일컬어 "석류 치마 아래 꿇고 절한다."라는 말이 있다. 이 말은 지금까지도 여전히 염모하는 마음을 가득 담은 채 통용되고 있다.

赤

목단홍 013

C0 M95 Y70 K27

중국 고대인들의 전통적인 색 심미관에서 부귀와 영화를 비유하기에는 목단홍만 한 색이 없다. 또한 식물 중에서도 그 독특함과 변화무쌍한 색으로 무지갯빛을 망라할 수 있는 꽃 하나가 있다면 그것은 아마도 아름다운 색을 가진 목단화(모란꽃)일 것이다.

목단은 중국의 고유한 화초로 옛 문헌에 야생화로 수천 년의 기록이 남아 있고 인공으로 재배한 역사도 2천여 년이 된다. 원래 중국 서북부에서 나는 목단은 작약芍藥, 목작약木芍藥, 낙양화洛陽花로도 불리며 작약과의 여러해살이풀인데 꽃이 크고 아름다워 정원에 관상용으로 재배한다. 그래서 진한秦漢 시대 이전에는 목단과 작약을 따로 구분하지 않고 통틀어 작약이라 불렀다. 《시경》〈진유溱洧〉 편에는 "총각과 처녀들은 웃고 장난치며 놀다가 작약을 주며 헤어지네維士與女, 伊其相謔, 贈之以勺藥."라고 기록되어 있다. 고대의 작약과 목단은 오늘날의 장미와 같아서 애정의 증표로 여겨졌다.

赤

목단의 이름이 처음 보이는 곳은 진한 시대의 《신농본초경神農本草經》이다. 제일 처음 약에 쓰였을 때는 단피丹皮라 불렀다. 남북조 시대(3세기~6세기 말)에 와서야 야생으로 자라던 목단을 집안 뜰에 옮겨 심어 관상용 꽃으로 재배하기 시작했다. 사료의 기록에 따르면 당시 목단화는 적어도 홍紅, 자紫, 황黃, 분粉, 백白 다섯 가지 색이 있었다 한다. 송나라 때에 와서 목단은 수십 종이 배양되는 희귀한 품종이 되었다. 예컨대 꽃이 녹두색인 '두록豆綠'과 거의 검은색에 가까운 '흑전융黑剪絨' 등이 있었다. 역대로 끊임없는 연구와 개발을 거쳐 목단화는 꽃 모양도 많이 변화했고, 꽃색도 남색藍色, 복색複色 등 모두 아홉 가지 색 계열을 갖추게 되었다.

예로부터 중국은 화려한 꽃색으로 나라의 색을 대표하였는데, 이는 대략 당나라 때부터 시작했다. 당나라의 유우석劉禹錫(777~842)은 〈목단을 감상하며賞牧丹〉라는 작품에서 이렇게 읊었다. "목단만이 진정 나라의 색이니, 꽃 필 때면 도성 전체가 들썩인다네唯有牧丹眞國色, 花開時節動京城." 시 속에 나오는 도성은 장안長安, 즉 당나라 목단이 천하 제일인 도시를 가리키는 것이다. 목단화의 색은 짙은 색부터 옅은 색까지 다양했다. 그래서 고대인들은 꽃을 늘어놓고 품평을 할 때 직접 '색色'을 꽃 이름으로 삼기도 했다. 북송의 시인 구양수歐陽修(1007~1072)가 쓴 〈낙양목단기洛陽牧丹記〉에서는 "일엽홍一擫紅, 단주홍丹州紅, 두록豆綠, 학령홍鶴翎紅, 감초황甘草黃, 요황姚黃, 아정홍芽呈紅, 주가황朱家黃, 영부자榮府紫, 위자魏紫" 등으로 수없이 많은 목단의 품종을 구분하고 있다. 다양한 색으로 사람의 시선을 끄는 목단은 중국 전통문화에서 아름답고 고운 염색艷色 계열을 풍부하게 해주었다.

주근색 014

C0 M90 Y85 K0

주근색朱槿色은 불상화佛桑花[무궁화]의 꽃색으로 밝고 아름다운 홍색인데, 옛날에는 여성의 아리따운 얼굴과 연지臙脂의 색을 비유하는 데 쓰였다. 불상화의 염홍색艶紅色은 사람을 유혹하듯 독특하지만 아침에 피고 저녁에 지는 성질을 가지고 있어서 고대인들은 불상화를 읊으면서 여러 가지 감정을 기탁하거나 인생무상과 생명의 짧고 촉박함을 비유하는 색으로 여겼다.

또한 불상화는 목근木槿, 적근赤槿 및 대홍화大紅花로 불리며 아욱과에 속하는 낙엽관목으로 열대 및 아열대 식물로 아시아 각지에 널리 퍼져 있고 중국 남부에서 흔히 재배되는 정원 관상용 꽃으로 길가에 장식용으로 심기도 하는 화초이다. 불상화는 아침에 피었다가 저녁에 지는 성질이 있어서 옛날에는 '순화舜花'라 부르기도 했다. 약 3천 년 전의 원시 시가집인 《시경》 〈정풍鄭風〉 편에 최초의 기록이 보이는데, 내용은 다음과 같다. "함께 수레 탄 여인 있으니, 얼굴이 불상

화처럼 고와라有女同車, 顔如舜華." 시에 나오는 순화는 곧 불상화인데, 얼굴이 불상화처럼 곱고 아리따운 여성과 같은 수레에 탔으니 미칠 듯 기뻤을 것이다. 또한 이렇게 옛 시에 등장한다는 것이 이 꽃이 유구한 역사를 지녔음을 보여준다.

또한 고대의 문인들은 곱고 아름다운 불상화의 색을 연지홍胭脂紅에 비유했다. 송나라 사람 양만리楊萬里는 〈길가의 불상화 울타리道旁槿籬〉라는 작품에서 이렇게 썼다. "길가에 핀 불상화, 비단을 더미로 쌓은 듯하네. 아침에 피었다가 저녁에 지고 다시 아침에 피네夾路疏籬錦作堆, 朝開暮落復朝開."

음식에 색을 넣는 인공 염색소가 등장하기 전 고대 중국에서는 불상화를 빻아서 얻은 즙을 사용하여 설탕에 잰 과일이나 다른 음식 또는 절인 채소에 색을 넣기도 하였다. 또한 불상화 줄기의 껍질 섬유를 엮어서 거친 천을 짜거나 마대를 만들거나 종이를 제작하기도 했다.

모색 015

C0 M65 Y72 K10

모暮의 옛 글자는 '모莫'인데, 태양이 평원의 풀숲으로 떨어지는 풍경을 묘사한 것으로 날이 곧 저물려 한다는 의미이다. 《설문해자》에는 이렇게 기록되어 있다. "모莫는 해가 장차 어두워지는 것이다. 해로부터 풀 가운데 있다." 모색은 해가 산 밑으로 떨어질 때 하늘의 색을 가리킨다. 남색 하늘이 점차 변해서 이글이글 타오르는 귤홍색橘紅色이 된다. 이는 낮밤이 교대하는 때로, 사람을 감탄하게 하는 대자연의 풍경 중 하나이다.

붉은 해가 서편으로 떨어지는 석양볕의 아름다움은 예로부터 셀 수 없이 많은 문인과 선비의 시흥을 돋우었다. 예컨대 송나라 주방언周邦彦의 다음과 같은 시구가 그렇다. "연기 속 무수한 푸른 산봉우리, 기러기 나는 중에 석양은 저무나니煙中列岫青無數, 雁背夕陽紅欲暮." 시에서는 저물 무렵 청람색과 귤홍색을 강렬하게 대비시키면서 남아 있는 잔양이 비치는 가운데 하늘가로 나는 기러기의 검은 그림자가 묘

• • • 쑤저우蘇州의 저녁 풍경

사된다. 시인은 문자로 눈이 시리도록 아름다운 저물 무렵의 풍경을 그려낸다.

불가佛家에서는 예로부터 사찰에서 이른 새벽에는 종을 치고 해가 질 무렵에는 북을 울려서 시간을 알린다는 규정이 있다. '신종모고晨鍾暮鼓'라는 성어는 깊은 산속 고요한 고찰에서 울리는 그윽한 소리를 표현할 뿐 아니라 경각심을 일깨운다는 의미로도 쓰이는 말이다. 그러나 황혼이 저무는 암홍의 모색暮色은 의혹에 빠지게 하는 색이기도 하다. 신괴神怪 소설에서는 불안한 분위기를 조성하는 '전주곡'으로 흔히 사용되었다. 청나라 문인 포송령蒲松齡(1640~1715)은 《요재지이聊齋志異》〈시변屍變〉 편에서 이렇게 쓰고 있다. "하루는 날도 다 저문 황혼 무렵에 네 사람이 나란히 들어오더니 투숙하기를 원했다." 여행자들은 해가 질 무렵 석양이 비칠 때 여관에 들어가 투숙하려고 한다. 곧 다가올 밤이 주는 긴장감과 괴이한 분위기가 이미 깔려 있다. 그 밖에도, 고대의 관리가 도망하는 죄수를 잡을 때도 해가 질 무렵에 손을 쓴다. 당나라의 두보杜甫가 쓴 〈석호의 관리石壕吏〉에 보면 "저녁에 석호촌에 머물 때 밤을 틈타 죄수를 잡는 관리가 있었으니暮投石壕村, 有吏夜捉人."라는 대목이 나온다. 시인은 몇 안 되는 글자만을 사용해서 공간, 시간, 인물을 뚜렷하게 보여준다. 글자들 사이에는 현대 영화에서나 볼 수 있는 생동감과 긴장된 분위기가 느껴진다.

모색暮色은 아름답고 감동적이지만 고대인은 이 색을 인생의 해가 저무는 노년에 비유하며 시간이 더 이상 나와 함께하지 못함을 안타까워하는 감정을 담은 색으로 묘사했다. 예컨대 《사기史記》〈오자서전伍子胥傳〉을 보면 "내가 가야 할 길은 먼데 날은 저물었다吾日暮途遠."라는 대목이 나온다. 또한 수모지년垂暮之年은 사람이 늙었음을 의미한다. 모치暮齒는 만년을 가리키고, 모춘暮春은 늦은 봄을 이르는 말이다. 그러나 지모遲暮는 아름다운 시절이 이제 지나가려 하는 미인을 뜻한다. 초나라의 굴원屈原이 지은 〈이소離騷〉에서 "미인의 늙어감을 두려워하노라恐美人之遲暮."와 같은 대목이 좋은 예다.

새빨간 적색 계열로 분류되는 모색暮色은 다른 색계의 홍색에 비하면 활력, 생기, 행복감이 부족한 편이다. 귤홍색을 띠는 모색은 복잡하고 모순적인 심리를 표현하는 색으로 비유되고 "기운이 하나도 없다暮氣沈沈."는 말로 생기가 하나도 없다는 의미를 나타내기도 한다.

매괴홍 016

C0 M100 Y100 K35

미칠 듯 농염한 꽃색이 정욕이 솟구쳐 나오는 듯한 느낌을 주는 붉은 매괴는 서양에서는 고대 그리스에서부터 이미 애정의 화신, 낭만적 감정의 사자로 여겨졌다. 전통 중국에서도 "꽃에 깊은 정이 있다면 오직 붉을 뿐花有情深只有紅"이라는 구절로 애정을 색으로 비유하였다. 연지처럼 붉은 매괴는 문인과 선비 들의 붓 아래 지극한 풍류를 상징하게 되었으나 품격이 높은 꽃색이다.

매괴의 별칭은 자매화刺玫花, 배회화徘徊花이며, 고대 민간에서는 이랑초離娘草라 불렸다. 매괴와 장미薔薇, 월계月季는 모두 장미과Rosaceae 장미속Rosa의 자매 꽃이다. 꽃 모양이 거의 비슷해서 사람들은 볼 때마다 헷갈린다. 분별해보자면, 그중 매괴는 줄기에 가시가 있고, 꽃 모양이 비교적 작고, 꽃잎의 색이 단일하며 꽃 피는 시기가 짧다. 장미는 장미과의 원종 화초로 꽃가지가 비교적 부드럽고 담장이나 울타리를 타고 올라가며 꽃이 많고 무더기로 자란다. 월계는 매괴와 장미를 거듭 교접하여 생겨난다. 이 세 종의 예쁜 꽃을 두고 중국 송나라의 시인 양만리楊萬里(1127~1206)가 〈홍매괴紅玫瑰〉라는 작품에서 자세하고 분명하게 설명하였다. "월계와는 성도 이름도 다르고 장미와도 아무런 관계가 없네. 잎과 가지는 푸르고 꽃은 짙고 옅게 두 가지 색으로 붉네非關月季姓名同, 不與薔薇譜牒通. 接葉連枝千萬綠, 一花兩色淺深紅."

중국에서는 정원에서 감상하는 꽃이 된 매괴는 그 인공재배의 역사가 서한(기원전 206~기원후 8)까지 거슬러 올라간다. 매괴화 색은 고대에도 깨끗하고 매끄러운 색, 고운 색으로 비유되었다. 또한 문인들은 화초의 색을 서로 비교하면서 매괴가 복숭아꽃, 배꽃과 아름다움을 겨룬다고 여겨서 이 세 가지 색을 하늘이 내린 고운 색으로 평했

다. 그리고 매괴의 향은 향이 좋은 꽃 중에서도 제일로 쳤다. 청나라 때 나온 《본초정의本草正義》에서는 다음과 같이 품평하였다. "매괴는 꽃 향이 진하고 맑으면서도 탁하지 않다. 온화하고 사납지 않다." 청나라 말기 혁명 운동에 투신한 협녀 추근秋瑾(1875~1907)도 매괴를 칭송하는 시를 쓴 적이 있다. "매괴화를 강남 저택에 심었다는 이야기를 들었네. 이슬 앉은 매괴를 꺾으니 고운 모습 뽐내네. 복숭아꽃, 배꽃과 미색을 다툰다 의심하였더니, 매괴가 봄빛에 제일가는 향이로구나聞道江南種玉堂, 折來和露鬥新妝. 卻疑桃李誇三色, 得占春光第一香." 이 칠언절구는 추근이 피처럼 붉은 매괴에 자신을 빗대어 읊은 작품이라 할 수 있다.

시간이 흐르면서 현대 중국인들도 서양의 문화적 영향을 받아 2월 밸런타인데이에 마음속으로 좋아하는 연인에게 요염하고 아름다운 붉은 장미 한 다발을 건네며 애정을 표시한다. 가시를 지닌 장미는 사랑이란 한없이 달콤하기도 하지만 통증을 감내해야 한다는 의미를 담고 있기도 하다.

서색 017

서曙 자의 원래 의미는 날이 밝음, 아침 햇살이다. 서색은 해가 떠오를 때 만물을 금빛으로 빛나게 하는 햇빛의 색이다. 홍색 중에 황색을 띠거나 귤홍색에 가까운 색이다. 한여름 맑은 날씨의 서광은 특히 고와서 사람들의 눈을 사로잡는다. 근대 중국에서 서색은 동방홍東方紅이라 불리기도 했다. 더 나아가 서광은 희망과 생기를 대표하기도 한다.

대자연의 서색은 지리 환경에 따라 색계에 차이가 있다. 알려진 바에 의하면, 보스포루스 해협 옆에 건설된 터키의 수도, 이스탄불에서 보는 바다의 일출이 특히 유명한데, '이스탄불의 여명Istanbul Dawn'이라는 말이 따로 있을 정도로 세계적으로 알려졌다. 보스포루스 해협은 유럽과 아시아 대륙 사이에 껴 있는데, 매일 아침 수평선 위로 서서히 해가 떠오를 때 아침 햇살은 천변만화하며 눈부실 정도로 맑고 밝은 빛을 던져 보는 이의 숨을 멎게 한다.

바다에서 해가 뜨는 것을 옛날에는 해서海曙라 불렀다. 고대 중국의 문인들이 바다에서 해 뜨는 장면을 묘사한 시구도 있다. 예컨대 당나라의 두심언杜審言이 지은 시 〈진릉 육승상의 '조춘유망' 시에 화답하여和晉陵陸丞早春游望〉가 있다. "붉은 구름이 바다에서 피어나는 아침, 매화와 버들꽃잎 강 건너는 봄이로다. 맑은 봄기운 꾀꼬리 재촉하고, 갠 햇살은 푸른 개구리밥으로 옮겨가네雲霞出海曙, 梅柳渡江春. 淑氣催黃鳥, 晴光轉綠蘋." 20글자에 불과한 이 시에서 귤홍, 분홍梅, 연녹색柳,

• • • 바다 위로 비치는 서광曙光

황색 및 청록綠蘋 등 다양한 색이 나오는 것으로 보아 여명의 햇빛을 감상하며 느낀 기쁨과 색채에 대한 시인의 예민한 감각을 알 수 있다.

서홍색曙紅色은 중국 전통 그림에서 안료로 쓰는 색 중의 하나이다. 청나라 말기 서양의 양홍색洋紅色이 아직 들어오기 전 중국화 화가들은 자석赭石이나 은주銀朱를 하얀 조개껍데기 가루와 섞어 천연 서광의 진한 귤홍색을 만들어서 그림에 쓰곤 했다. 당나라 때는 국세가 강대하고 민간의 기풍이 개방적이고 자유로웠기 때문에 여성이 짙게 화장하고 꾸미는 것이 성행하였다. 그래서 당나라 때의 두루마리 그림이나 벽화에서는 화가와 화공이 앞에서 얘기했듯 인공으로 만든 안료로 그림 속 인물의 얼굴을 서홍색으로 칠함으로써 진하게 화장한 효과를 냈다. 당나라 주방周昉(766~785)의 명작 〈잠화사녀도簪花仕女圖〉를 보면 화가가 서홍색을 써서 두루마리 속의 진홍 비단옷을 입은 고운 궁녀의 이미지를 그려냈음을 확인할 수 있다. 주방이 밀화密畫 화법으로 그린 이 그림은 선이 섬세하고 색이 선명하며 줄거리가 생동감 있는 데다, 당나라 때 관중關中 지역(웨이허渭河 평원) 여성들이 바랐던 풍만한 몸매와 둥근 얼굴, 의복과 장신구 등 당시 미녀의 기준과 심미관을 보여준다.

• • • 주방周昉, 〈잠화사녀도簪花仕女圖〉(일부), 비단, 당나라

홍매색 018

C0 M49 Y26 K5

홍매색은 매화꽃의 색으로, 분홍색을 띤다. 중국 전통의 색채관에서 홍매색은 냉염冷艶함을 대표하며 그 색감의 성격은 바람과 서리도 두려워하지 않는 매화에서 비롯되었다.

매화의 제철은 한겨울 정월이다. 매화는 1년 중 가장 일찍 꽃을 피우는 화초이다. 원나라의 문인 양유정楊維楨(자는 철애鐵崖, 1296~1370)은 시에서 매화를 두고 이렇게 읊었다. "모든 꽃 중 누가 감히 눈 속에서 피겠는가, 한 나무만 홀로 천하의 봄을 앞지르도다萬花敢向雪中出, 一樹獨先天下春." 춥고 쓸쓸한 겨울날 꽃을 피우는 것은 매화뿐으로 옆에 아무도 없는 듯 추위에 굴하지 않는다. 눈과 서리를 두려워하지 않는 이 매화는 굳세고 타협하지 않음의 상징이다. 명말청초의 문인 이어李漁(1610~1680)가 쓴 《한정우기閒情偶寄》에서 매화는 향기로운 꽃들을 이기는 꽃의 여왕이 된다. 그리고 당나라 말 오대五代 시기의 최도융崔道融은 매화의 향을 〈매화梅花〉라는 시에서 다음과 같이 품평한다. "향기 중 유다른 것이

••• 주치잔朱屺瞻, 〈매화〉, 수묵화, 현재

있으니, 지극히 맑아 추위를 모르는도다香中別有韻, 淸極不知寒."

홍매는 고대 중국에서 애정을 상징하는 색이기도 했다. 유몽매柳夢梅는 명나라의 극작가 탕현조湯顯祖(1550~1616)가 쓴 〈목단정牧丹停〉의 남자 주인공으로, 극 중에 매화관이 나오고 그곳에는 매화나무가 자라는데, 매화를 아끼는 두여낭杜麗娘은 상사병으로 병을 얻어 죽은 후 매화나무 아래 묻힌다. 작품 마지막 대목에 이르면 두여낭이 혼으로 돌아와서 유몽매와 인연을 맺게 된다.

매화의 기품을 대표하는 송나라의 수양공주壽陽公主에게도 분홍색의 미용술 '매화장梅花妝'과 관련된 아름다운 기록이 《태평어람太平御覽》 〈시서부십오 · 인일時序部十五 · 人日〉에 남아 있다. "송나라 무제의 딸 수양공주가 정월 초이렛날 함장전含章殿의 처마 아래 누워 있는데, 매화가 공주의 이마에 떨어지더니 그 자리에 꽃이 핀 듯 붙어서 떼려 해도 떨어지지 않았다. 황후가 이를 걱정하여 여러 차례 살폈다. 사흘이 지나 닦으니 떨어졌다. 궁녀들은 이를 기이하게 여기고 따라하였다. 오늘날의 매화장이 바로 이것이다." 송나라 때 부녀들이 분홍색의 매화인梅花印을 이마에 찍는 화장술이 유행한 적이 있었던 것은 확실하다.

중국 전통 문화에서 고대인은 매화의 품격을 사람의 기질에 비유하기를 좋아했다. 홍매색은 자유분방한 열정을 가진 홍색 계열에서도 독보적인 격을 가진 색으로 고아함, 냉염함, 청렴과 결벽성을 대표하는 색이다.

당나라 시대의 사녀용仕女俑, 신장新疆 출토

赤

도색 019

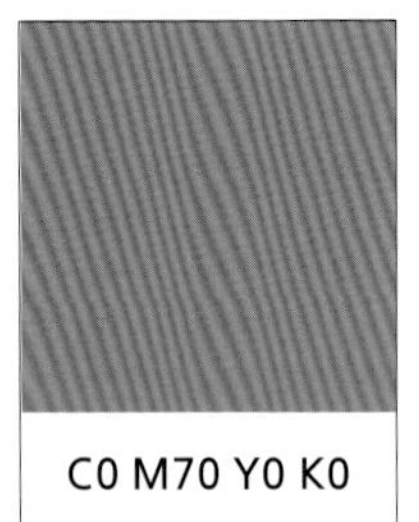
C0 M70 Y0 K0

도색은 도화桃花[복숭아꽃]의 색으로 분홍색이다. 도화의 색채는 아리땁고도 교태로워 예로부터 많은 문인들이 도홍桃紅을 여자의 아름다운 자태에 비유하였다. 남조南朝 양梁나라의 유준지劉遵之는 〈번화응령繁華應令〉에서 이렇게 말했다. "선연한 피부는 하얀 분을 이기고, 얼굴은 도홍과 같도다鮮膚勝白粉, 漫臉若桃紅." 도홍색이 중국 전통 문화와 색채관에서 볼 때 사람을 감동시키는 매력적인 색이었음을 알 수 있다.

도색은 예로부터 중국에서 애정을 의미하는 색이기도 했다. 도화가 불꽃처럼 피어나면 연애와 혼사를 얘기하는 계절이 돌아온 것이었다. 《시경》〈주남周南·도천挑天〉 편에는 이렇게 묘사되어 있다. "싱싱하고 파릇한 복숭아꽃이 활짝 피었네, 시집가는 아가씨, 그 집안을 화목하게 하리桃之夭夭, 灼灼其華. 之子于歸, 宜其室家." 이 시는 중국 시 역사상 처음으로 여성을 싱싱한 꽃에 비유한 것이다. 작작灼灼은 도화색이 불타는 듯함을 형용한 것인데, 옛 시 중에도 아가씨가 결혼

• • • 짱족藏族 여성의 복식

• • • 한족의 전통 민족춤

잔치를 하느라 분주한 풍경을 담은 시가 있다. 또한 당나라 정원貞元 연간에 진사 최호崔護는 〈도성 남장에서題都城南莊〉라는 빼어난 시를 짓기도 했다. "지난해 이즈음 이 집 문 안에는, 복사꽃과 고운 얼굴이 같이 붉었지. 지금 그 사람 어디 가고 없는가. 복사꽃만 예처럼 봄바람에 웃나니去年今日此門中, 人面桃花相映紅, 人面不知何處去, 桃花依舊笑春風." 이 시는 시인이 옛 유적을 다시 유람하면서 눈앞의 풍경은 여전하지만 인간사는 이미 간 곳 없는 쓸쓸함과 외로움을 표현했다. 후대인들이 점차 남녀 간의 애정사를 도화운桃花運이라 부르게 되었다. 도색 뉴스[스캔들]는 현대인들이 이성 간에 문제가 생겨 개운치 않은 소식을 가리키는 새로운 단어이다.

꽃 피는 기간이 짧은 도화는 미인박명을 뜻하기도 한다. 명말청초의 문학가 이어李漁는 이렇게 말한 바 있다. "색이 극도로 아름다운 것으로 도화만 한 것은 없다. 그러나 수명이 극도로 짧은 것도 도화만 한 것이 없다. 미인박명이란 말은 이로 인해 비롯된 것이다." 그러나 1,600여 년 전 동한東漢의 대시인 도연명陶淵明(365~427)은 영산홍映山紅[진달래]에 가득 흘러넘치는 도색은 꿈결처럼 낭만적인 색이고, 도화원桃花源은 이상적인 인간의 선경仙境이자 세상 밖의 선경이라고 말했다.

도색은 중국 한족漢族의 전통 복식에서 다른 함의를 가지고 있다. 명나라 때 개국 황제의 성은 주朱였으므로 점차 주홍색朱紅色이 정색이 되고, 제왕만이 사용하는 색이 되면서 일반 평민 여성들은 도홍桃紅, 자색紫色, 녹색綠色 등 간색間色의 옷만을 입을 수 있었다. 간색은 다섯 가지 정색 사이에 있는 혼합색을 가리킨다. 예컨대 청색과 황색 사이의 녹색, 적색과 백색 사이의 분홍색 등이다. 처첩이 많은 전통적인 봉건 사회의 대가정에서 경축 행사나 정식 연회가 있을 때는 정실正室만 정홍색正紅色 치마를 입도록 허용되었고 측실側室은 도색이나 기타 다른 간색 복장을 입는 것만 용인함으로써 신분의 존비를 구분하였다.

베이징 고궁故宮

'천지현황天地玄黃'은 중국 고대인이 처음으로 인정한, 반고盤古가 혼돈세계를 처음 열었을 때 나타난 원시의 색이다. 또한 황색은 만물을 낳고 기르고 번영하는 중국 민족의 대지를 대표하는 색이다. 황토는 고대인들이 경외하고 숭앙하던 대상이었다. 따라서 오행학설에서 황토는 토土에 속하며 생명의 기원을 의미하고 사방四方에서 최고 권위가 있는 중앙을 대표한다. 이전에는 제왕이 사용하는 지극히 존귀한 색이기도 했다.

황색은 중국에서 가장 오래된 직물의 염색 안료이자 그림 안료 중 하나이기도 했다. 불가에서 숭앙하는 종교색이기도 하다.

황黃

황색 020

C0 M8 Y65 K3

황黃 자는 전통적인 색 명사로, 원래 대지의 색을 뜻했다. 《설문해자》에 보면 "황은 땅의 색이다. 밭에 햇빛이 비추어서 드러나는 색이다."라고 기록되어 있다. 《석명釋名》〈석채백釋采帛〉편에는 이렇게 적혀 있다. "황黃은 밝다는 뜻이다. 눈이 부시도록 밝은 햇빛의 색이다." 황색이 해의 빛색을 대표한다는 의미이다. 황색은 중국 전통 문화에서 지위가 높다. 천자가 전용한 색으로서 정치상의 최고 권위, 정통, 존엄과 광명을 대표한다.

반고[중국에서, 천지개벽 후에 처음으로 세상에 나왔다는 전설상의 천자]가 세상을 열었을 때 '하늘은 현색이고 땅은 황색天地玄黃'이라 한 것은 중국 고대인이 제일 처음 혼돈한 세계를 인식했을 때의 색이었다. 또한 황색은 중국 민족의 군집과 번영, 대대손손 세대가 이어지고 만물이 자라는 대지를 대표하며, 고대인들이 경외하고 추존하는 대상이었다. 예로부터 한족은 가운데를 차지하는 자가 큰 권한을 가진다는 지

간쑤 둔황의 사구沙丘

(위) 황금색의 논 (아래) 칭하이靑海 황중湟中현 짱족藏族의 부처 햇볕 쪼이기曬大佛 행사

리공간 관념을 가지고 있었다. '중토中土', '중원中原'과 '중국中國'은 나라가 세계 한가운데 자리하고 있다는 표시이다. 이로 인해 중앙은 최고 권력을 지닌 제왕이 머무는 곳이었다. 춘추전국 시대(기원전 770~기원전 221)부터 전통적인 오정색五正色 색채관과 음양 철학사상, 오행학설 및 점성술 중의 동東, 서西, 남南, 북北, 중中 오방五方 관념이 서로 결합한 후 토土는 사방 중에서도 중간을 차지하는 것으로 인식되었다. 그리고 토는 모든 원소의 근본이며 황색은 토에 속하므로 '땅색地色' 또는 '중앙의 색中央之色'이라 불렸다. 오정색의 으뜸으로 지고무상의 의미를 가지는 색이었다. 동시에 황색은 정치 권위와 결합하여 황권을 상징하는 색이 되었다. 역대 제왕들이 황색을 존숭했으므로 지극히 존귀한 색이라는 함의를 가지게 되었고 20세기 초 중화민국이 세워지고 나서야 변화가 생겼다.

황색은 중국 전통 문화에서 또 다른 함의를 지녔다. 예컨대 '황도길일黃道吉日'은 상서로운 일을 비유하며 모든 일이 순조롭게 풀릴 것이라는 의미이다. 황금은 예로부터 몹시 귀하고 드문 색을 가진 금속으로 여겨졌다. 황금색黃金色은 짙은 종교적 분위기를 풍기는 불교의 대표색이기도 하다. 예컨대 불상을 '금신金身'이라 부르고 절을 '금찰金刹'이라 불렀다. 또한 동전의 동황銅黃 금속색은 민간에서 가장 오래도록 유통되었는데, 가장 전형적인 중국의 색이자 백성에게 제일 익

매년 음력 4월과 6월에 칭하이성의 티베트 불교 성지에서 진행되는 행사. 거대한 불상을 노천에 전시하는데, 불상이 변하거나 벌레에 의해 상하는 것을 방지하는 불상 보호의 측면도 있다. 가장 중요한 것은 부처의 탄생을 기념하는 것이다. 이런 행사를 통해 신도들도 목욕재계하고 부처의 은혜에 감사한다.

윈난雲南 다리大理

숙한 화폐의 색이다.

황색은 중국에서 가장 오래된 직물 염료이자 그림 안료 중 하나이다. 치자 열매로 염색하여 만든 치황색梔黃色 옷이 아마도 가장 먼저 등장한 복색일 것이다. 《시경》〈패풍邶風·녹의綠衣〉에 보면 "녹색 겉옷에 황색 속옷綠衣黃裡"이라 하여 옷의 색 배합을 묘사하고 있다. 전통 회화에서 사용하는 색 가운데는 등황藤黃, 석황石黃, 웅황雄黃 및 황단黃丹 등 각종 식물성과 광물성 황색 안료가 있는데, 이는 간쑤의 둔황 석굴 안에 있는 당나라 때 채색 벽화에 화공들이 많이 쓴 안료이다. 이마와 미간 사이에 찍은 황색 표시는 고대 여성들이 화장하고 미용할 때 유행했던 색이다. 그러나 경극京劇의 역할 중에서 황색

검보臉譜[**] 는 용맹함과 조급함을 상징한다.

민간의 식용품 중 미황색米黃色 곡식은 남방인의 주요 식량이다. 전통적으로 징황색澄黃色은 오이가 익어서 꼭지가 떨어지고 과일이 익어서 달콤한 향이 날 때의 색과 광택이다. 황매시절黃梅時節은 늦봄 초여름에 매실이 익는 유쾌한 때를 가리키는 말이다. 그러나 조설근曹雪芹은 《홍루몽》에서 "가을꽃 애처롭게 지고 풀잎마저 누렇게 시들고 잠 못 들어 뒤척이는데, 등불은 밝고 가을밤은 길기도 하네秋花慘淡秋草黃, 耿耿秋燈秋夜長."라고 읊었다. 초목의 고황색枯黃色은 계절의 변화를 느끼게 하는 색이고 대자연의 소슬하고 적막함을 알리는 색이며 표현할 수 없는 슬픈 가을을 대변하는 색이다.

중국어에서 황黃은 어리고 미숙하다는 의미가 있다. 예컨대 황구黃口는 갓 태어난 아이를 비유하며, 황모아두黃毛丫頭는 물정 모르는 계집아이를 가리킨다. 황화규녀黃花閨女는 규중에 있어 아직 시집가지 않은 아가씨를 이르는 말이다. 그러나 고대에 황발黃髮은 노인을 뜻하는 말이었다. "사람이 처음 늙을 때는 하얀 머리카락이 나다가 많이 늙으면 머리카락이 누렇게 된다."라는 말에서 보이듯 시간의 흐름을 상징하기도 하였다.

우아하지 않으며 공개적으로 논의되는 말을 가리키는 '황색 웃음거리黃色笑話'나 '황색 뉴스黃色新聞' 등은 근대가 되어 서양에서 전해진 말들인데, 원래 한인漢人들이 인지하고 있던 황색의 엄숙함, 성대함, 긍정 등의 의미와는 차이가 크다.

[*] 노래와 춤과 연극이 섞인 중국의 전통극

[**] 중국 전통극 배우들의 얼굴 분장, 용모, 얼굴 생김새

황 021
토
색

C0 M25 Y67 K23

황토색은 토질에 함유된 칼슘, 마그네슘, 칼륨 등의 원소로 이루어진 모래자갈 및 사암의 색을 가리키는 색이고 중국 내륙의 건조 지대, 즉 황토 고원 모래흙의 색과 광택을 넓게 지칭하는 말이다. 원시 시대 중국인들이 보고 인식한 가장 초기의 자연색 중 하나로 땅 색을 상징하였다. 또한 고대 중국에는 '황이 음양을 낳는다黃生陰陽.'라는 생각이 있어서 황토의 색과 광택이 결국 색 중의 왕으로 받들어졌다. 사방 중에서도 정중앙에 위치하여 정통과 지고무상至高無上을 대표하는 색이었다. 황토색은 질박함, 거칠고 난폭함, 원시적이고 강한 성질을 지녔다.

모래자갈 재질의 황토는 영어로 Loess라 한다. 이 글자는 독일어의 Löss에서 왔는데, 푸석푸석하다는 뜻이다. 황토는 갈홍색褐紅色의 자토赭土와 마찬가지로 매우 오래된 천연 토질로 지구 전역에 광범위하게 분포되어 있다. 황토를 갈황색褐黃色으로 보이게 하는 것은 주로 모래자갈 중에 있는 수산화철 성분이다.

산시陝西와 간쑤甘肅 사이에 있고 해발이 1천에서 2천 킬로미터, 면적이 약 40만 제곱킬로미터에 달하는 황토 고원은 고대 중국 문명과 황허黃河 강의 발상지이다. 황토 고원의 형성은 2백만 년 전으로 거슬러 올라간다. 중국 서부의 지표가 끊임없이 융기하고 건조한 기후에 오랜 풍화와 침식이 더해진 결과, 점차 끝이 보이지 않는 계곡과 산굽이, 황토로 덮인 지세가 형성되었다. 또한 수분과 토양 유실이 심각하여 농사 짓기에 적합하지 않은 지역이 되었다. 황토색은 중국 고대인이 태곳적 대지의 혼돈이 처음 시작될 때의 원시 대지의 색으로 여긴 색이다. 또한 황토 고원의 지세로 인해 한족은 예로부터 '하늘은 높고 땅은 두껍다天高地厚.'라는 지리공간 관념과 숭배 심리를 가지게 되었다. 당나라 때 한유韓愈는 〈제동상공문祭董相公文〉에서 이렇게 썼다. "하늘은 높아서 밝고, 땅은 두꺼워서 평평하다天高而明, 地厚而平." 시인은 문자를 사용하여 대지에 대한 선인들의 인식과 관념을 표현했던 것이다. 현대 중국어권 영화감독 중 촬영기사 출신인 장이머우張藝謀는 산시陝西 북쪽 황토 고원을 배경으로 〈황토지黃土地〉(1984)라는 영화를 찍어서 정교하면서도 독특한 영상 구도를 보여준다. 스크린 위에 펼쳐지는 서북 지방의 층층이 높이 쌓인 황토가 끝이 보이지 않는 하늘과 맞닿아 있고 기복이 심한 지형으로 이루어진 대자연의 경관은 서사의 발전을 강화하고 돋보이게 만드는 힘을 지녔다.

황토색은 원시 고대인들이 가장 먼저 추존했던 대자연의 색 가운데 하나이고 고유한 색 명사가 있다. 당나라의 유순劉恂이 쓴 《영표록이嶺表錄異》에 보면 "악어는 몸이 황토색이고 다리 넷에 꼬리가 달렸다."

• • • 신장 투루판

라는 기록이 있다. 황토색의 안료는 주로 흙 속에 있는 수산화철 화합물을 제련하여 만든다. 중국 남방의 옛 건축물에 있는 채색 그림에서 황토색은 바탕색으로 많이 쓰였다. 황토색 염색은 고대 견화絹畵[비단에 그린 그림]에서 바탕색으로 쓴다. 청나라의 주가주周嘉胄의 《장황지裝潢志》에서는 "기색이 깊어 볼 만하고 오래될수록 묘해진다."라고 그 작용을 묘사하였다.

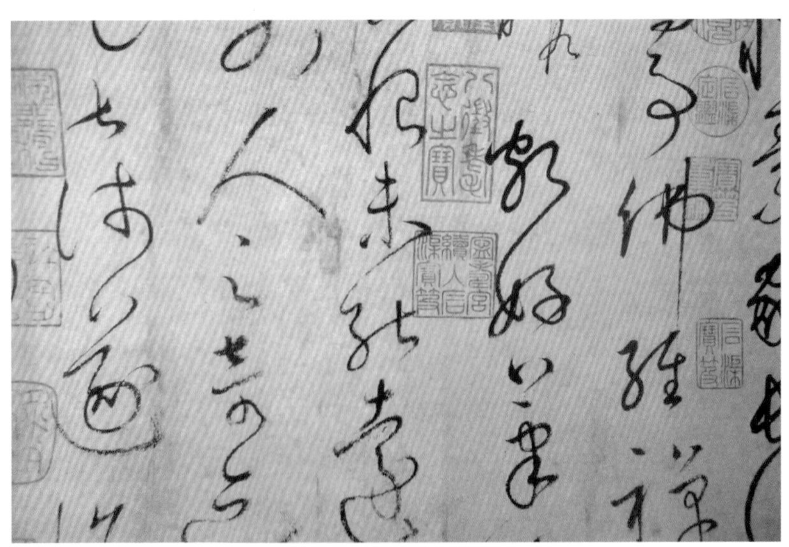

••• 회소懷素의 자서첩自敍帖(일부), 비단, 당나라

치자색 022

치梔는 식물 이름이고, 치자색은 치자나무의 열매의 황색 즙액에 직물을 직접 담그면 염색되어 나오는 색이다. 치자색은 홍색에 가까운 난황색暖黃色이며 중국에서 가장 초기에 나타난 직물 염색용 천연 황색이다.

치梔는 고대에는 '치卮' 또는 '치巵'로 불렸는데, 이는 중국 고대 술잔 이름의 하나이다. 그 모양이 치자 꽃잎 모양과 닮았다 하여 이런 이름이 붙었다. 치梔는 산치山梔, 산황치山黃梔, 황치黃梔로도 불렸고, 주로 중국 남방과 쓰촨四川 청두城都 및 일본 남부에 분포한다. 치자나무는 상록관목으로 꼭두서니과 치자속이며 봄 4~5월에 꽃을 피우고 가을에 열매를 맺는다. 열매는 타원형을 띠는데 황홍색黃紅色이고 '크로세틴'의 황색소를 포함하고 있어서 열매를 눌러 짠 후 나온 황색 즙액에 직접 직물을 담가 염색한다. 염색한 황색은 살짝 붉은빛을 띤다. 치자는 중국에서 가장 초기에 사용했고 쓰기 편한 염색제 중 하나였다. 일본에서도 8세기 나라 시대에

진홍수陳洪綬, 〈조매도調梅圖〉(일부), 비단, 명나라

치자(일본에서는 지자支子라 부름)를 사용하여 직물을 염색했다는 기록이 있다.

치자나무는 한나라 때 개간지에 대량 인공재배하기 시작하였다. 《사기》〈화식열전貨殖列傳〉에는 "1천 무의 치천巵茜 (……) 여기 사람들은 모두 1천 호를 받은 제후급이었다."라는 기록이 있다. 여기서 '치'는 치자이고, '천'은 홍색으로 염색하는 천초이다. 대량으로 치자와 천초 등 염색 식물을 재배하였는데 이들이 1천 호를 받은 제후 계급이었다는 말이다. 한 무제武帝(유철劉徹, 기원전 140~기원전 87 재위)의 복식은 늘 황색이었다. 옛 문헌《한관의漢官儀》에는 이렇게 기록되어 있다. "염원染園에서는 치자와 천초를 길러 어의御衣를 염색하는 데 공급한다." 이 기록을 보면 치자 염색이 당시 최고의 복색服色이었음을 알 수 있다.

또 한 가지 언급해야 할 사항은 송나라 및 그 이전의 문자 학자들이 '염染'이라는 글자의 기원이 치자와 연관되어 있다고 생각하고 있다는 점이다. 염染의 원래 의미는 직물 등에 색을 입히는 것이다. 송나라의 문자 학자 나원羅願(1136~1184)은 《이아이爾雅異》 4권에서 이렇게 기록했다. "치는 황색으로 염색하는 것이다. (……) 서리를 맞은 것을 취해서 염색한다. 그리하여 염染 자는 '목木'에서 나왔다." 그는 목木이 치자와 천초와 같은 종류라고

치자꽃

생각했다. 또한 송나라 사람 배광원裵光遠도 《집철고문集綴古文》에서 이렇게 말했다. "염染에서 수水는 물을 써서 물들인다는 것이다. 나무 목木은 치자와 천초 같은 것을 말하며 아홉 구九는 염색하는 횟수이다." 이것은 직물을 염색할 때는 물에 담가야 하고 치자와 천초를 염색 재료로 써야 하며 염색을 할 때 여러 번 담가야만 원하는 색을 얻을 수 있다는 말이다. 문자 기록과 서술을 보면 치자는 중국 전통 직물 염료 중에서 가장 오래되었다고는 할 수 없지만 최소한 보편적이고 중요한 자리를 차지하고 있는 것만은 분명하다.

벽황색 023

C3 M0 Y65 K0

벽황은 식물 염색 재료 색의 이름으로 황벽나무 껍질 속에 있는 황색즙액 색소에서 나온다. 벽황은 고대 중국에서 종이를 만들 때 종이를 염색하는 안료였다. 황지黃紙는 고대 문인이 글을 쓰거나 그림을 그릴 때 가장 애용하던 종이이다. 벽황은 장중하고 문기가 흐르며 우아한 색감을 준다.

종이는 고대 중국의 4대 발명 가운데 하나로 동한東漢 화제和帝 연간(89~105)에 환관 채륜蔡倫(63~121)이 선대인들의 종이 제작 경험을 배우고 그것을 개량하여 섬유질로 만든 매끄럽고 평평한 마지麻紙를 가리킨다. 이 종이가 개발된 후 정부 기관의 공문서 왕래가 더 간편해지고 효율이 높아진 것은 물론이고 대중 사이에 널리 사용되면서 그림과 서예 등이 크게 발전하였다. 종이 공예는 2세기 위진 시기가 되자 한층 더 발전하였는데, 종이 염색 기술이 발명되었던 것이다. 종이를 염색하면 미감을 높이기도 하지만 종이의 성능을 개선하는

《다라니경》 한문 인쇄본, 종이, 당나라

효과도 볼 수 있었다. 당시에는 황벽나무 껍질 안에 있는 황색 즙액으로 염색한 종이가 가장 일상적으로 사용되었다. '황潢' 자는 맨 처음에는 종이를 염색한다는 뜻으로 해석되었다. 따라서 황마지黃麻紙는 중국 최초의 염색 가공 종이이다.

황벽나무는 황벽黃蘗, 황백黃柏, 황파라黃波羅로도 불렸고 운향芸香과의 낙엽교목으로 중국 화북 및 동북 지역에서 많이 난다. 나무줄기의 즙액이 황색을 띤다. 맛이 쓰고 약한 향이 난다. 소금기가 있으므로 벌레를 막는 데 효과가 있다. 황벽의 즙은 백반을 매염제로 써서 고온에서 찌면 약간의 녹색을 띤 황색 액체가 나오는데, 이를 종이 염

금은박 염색지, 청나라

료로 쓸 수 있다. 동한의 연단가煉丹家 위백양魏伯陽의 《주역참동계周易參同契》에도 "벽檗으로 염색하면 황색이 된다."라는 구절이 있다.

진晉나라 때의 탁월한 서예가 왕희지王羲之(303~361), 왕헌지王獻之(344~386)도 황지에 붓글씨 쓰기를 좋아했다. 벽황지에 글씨를 쓰는 풍조는 남북조南北朝(420~589) 시대에 이미 성행하고 있었다. 그 원인은 황벽지를 쓰는 게 유리한 다음의 몇 가지 이유가 있었기 때문이다. 첫째로 황벽은 벌레를 막아주는 약효가 있어서 종이의 수명이 길고 향도 좋으며, 둘째로 황색은 오정색 중 하나로 우아함과 장중함을 대표하는 색이었다. 셋째로 벽황색은 보아도 눈에 자극적이지 않고

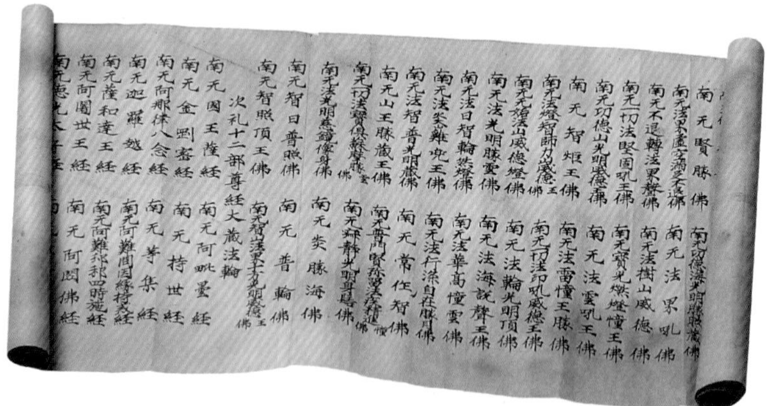

경을 베껴 쓴 종이

죽지竹紙, 명나라

오랫동안 읽어도 힘이 들지 않았으며 기운을 상하게 하지 않는 데다 묵색이 도드라져 보이는 효과까지 있었다. 그 작용과 효능은 1980년대에 와서야 미국에 등장한 옐로 페이지가 전화번호부를 분류하는 기능 및 목적과 일치하지만 무려 1천여 년이나 앞선 것이다. 넷째로 글을 쓰고 교정할 때 틀린 부분이 있거나 수정할 필요가 있으면 같은 황색 광물인 자황雌黃 안료를 써서 지우고 고쳐 쓰면 되었다.

황벽으로 염색한 황지는 중국에서 가장 오래도록 전해 내려온 문서 및 예술 용지이다. 또한 종교를 가진 신도들이 불경이나 도가의 경전을 베껴 쓸 때 늘 쓰던 종이다. 벽황색을 장중하고 위엄 있는 색이라 생각했기 때문이다. 둔황 석굴의 장경동藏經洞에서 벽황지에 베껴 쓴 옛 경문이 적잖이 발견되었다. 그리고 무수한 고대 회화 및 서예 진품들이 지금까지 보존될 수 있었던 것도 벽황색을 선호한 덕분이다.

자황 024

C0 M48 Y85 K0

자황색柘黃色은 행황杏黃이라고도 부르는데 약간 홍색을 띠는 난황색이며 중국에서 천여 년간 위엄과 명망, 권위와 정통의 지위를 누린 정치 토템의 색이다. 6세기에 수隨나라가 시작되면서 천자가 가장 먼저 용포龍袍로 선택하여 사용한 황색이기도 하다.

자황색은 산뽕나무柘樹의 황색 즙액 염색소에서 나왔기 때문에 얻은 이름이다. 산뽕나무는 뽕나뭇과 낙엽 관목 또는 작은 교목으로 중국에서 귀히 여기는 나무 중 하나로 쓸모가 많다. 산뽕나무는 재질이 촘촘하고 견고하며 탄성을 가지고 있어서 고대에 활이나 탄궁彈弓을 만들 때 좋은 재료가 되었다. 사람을 쏘거나 새를 잡을 때도 산뽕나무로 만든 활이면 백발백중이었다. 나무 재질이 매끄럽고 촘촘한 산뽕나무 줄기는 목판, 나무 방망이(쌀을 빻을 때 쓰는 공이나 빨래할 때 쓰는 나무 몽둥이) 등 일용 도구를 만드는 데 좋았다. 또한 산뽕나무는 생장이 지극히 느린 수종 중 하나이다. 그래서 중국에서는 '남단북자南檀北

작자 미상의 명나라 선종宣宗 좌상坐像, 비단, 명나라

黃

柘[남쪽은 박달나무, 북쪽은 산뽕나무]'라는 명예로운 호칭도 얻었다.

산뽕나무에서 얻는 황색 염색소를 써서 물들인 옷을 옛날에는 자황삼柘黃衫 또는 자황포柘黃袍라고도 했다. 자황포가 황제가 입는 어의가 된 것은 수나라 때 문제文帝 양견楊堅(581~604 재위) 때부터인데, 알려진 바에 의하면 자황색으로 물들인 직물은 달빛 아래 서면 홍색이 감도는 자황색赭黃色으로 보이고 촛불 아래서는 자홍색赭紅色으로 보이는 등 색과 빛이 눈을 현혹하므로 수나라 문제가 "자황색 도포를 입고 자황색 두건을 쓰고 자황색 띠를 두른 후 조정 일을 보았다."(《당육전唐六典》)라고 할 정도로 좋아하는 색이었다. 그러나 당시만 해도 아직 신민臣民이 황색 옷을 입지 못하도록 금하지는 않았다.

수나라의 제도를 승계한 당나라의 황제도 자황색 어의를 입었다.

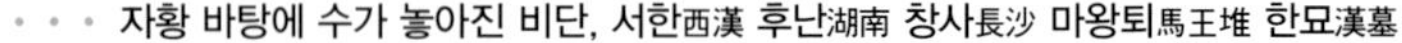

• • • 자황 바탕에 수가 놓아진 비단, 서한西漢 후난湖南 창사長沙 마왕퇴馬王堆 한묘漢墓

당나라 초기 고조高祖 이연李淵은 무덕武德 연간(618~626)에 신민이 황색 옷을 입지 못하도록 명령을 내렸다. "당나라 고조는 무덕 초 수나라의 제도를 이용하여 천자의 상용 복장을 황포로 정하고 점차 사대부와 서민이 입지 못하도록 금지하였다. 이로부터 황색 옷을 입는 것이 금지되기 시작하였다."(송나라, 왕무王楙, 《야객총서野客叢書》〈금용황金用黃〉) 당나라 고종高宗 이치李治가 총장總章 연간(668~670)에 신민들이 적황색赤黃色 옷과 장신구를 착용하지 못하게 했다는 설도 있다. 이때부터 자황색은 천자만이 사용하는 복색이 되었다.

자황색으로 용포를 삼는 전통적 관습은 청나라 때까지 줄곧 유지되었고, 청나라 때 와서 황제가 전용하는 색을 다소 밝고 고운 명황색明黃色으로 바꾸었다. 그러나 자황색은 이미 중국 전통 문화 및 색의 역사에서 지고무상의 권세를 대표하며 역사적으로도 가장 오래도록 사용한 정치의 색이다.

명 025
황

C0 M3 Y80 K0

명황은 색의 순도가 높고, 약간의 청색을 띠는 밝고 차가운 느낌의 황색이다. 색이 상쾌하고 약동적인 느낌을 준다. 청나라 역대 황제들이 조복朝服으로 사용한 색이다.

6세기의 수나라 문제 양견은 중국에서 처음으로 조정에서 정무를 볼 때 황포黃袍를 입기로 결정한 황제이다. 《독통감론讀通鑑論》에는 이런 대목이 나온다. "개황 원년 수나라 군주가 황복을 입고 황색을 복색 중 존귀한 색으로 정한 후 이를 영구적인 제도로 만들었다." 이로부터 역대 황제들이 수나라의 제도를 본받아 황색을 구오지존九五之尊이 전용하는 용포의 색으로 정했다. 당나라 때 이후로 신민은 감히 황색 옷을 입을 수 없었고 위반하는 자는 죽음으로써 그 죄를 물었다.

1644년 만주인滿洲人이 중원에 들어와서 청나라를 세운 후 청나라의 황제들은 여전히 한漢 문화를 추존하였고 한인漢人 전통의 '오색행五色行'설의 색채 관념과 논술을 따르면서 황색이 오정색五正色 중에서

작자 미상, 〈건륭조복도乾隆朝服圖〉, 비단, 청나라

도 가장 으뜸이고 사방四方의 중앙에 자리하는 정통 권력의 색임을 인정하였으므로 황포는 여전히 역대 청나라 황제들이 전용하는 조복의 색이었다. 다만 곤룡포衮龍袍, 즉 용포龍袍의 색은 1천여 년간 써왔던 자황색柘黃色에서 명황색明黃色으로 바꾸어 구별하였다.

톈진天津의 옛 문화 거리古文化街

황후의 조복도 명황색을 사용했으나 단자緞子로 만들었다. 명황사 혹은 주단을 원료로 바느질하여 만든 '황마괘黃馬褂[황색 마고자]'는 황제가 하사하는 최고의 상이어서 황족皇族, 어전대신御前大臣, 공훈이 있는 문무 관원 및 조정 특사 등이 칙명으로 지정된 후에야 사용할 수 있었다. 이 밖에도, 민간에서는 일률적으로 사용이 금지되었고 위반한 자는 '반역'죄를 지은 것으로 간주되어 죽임을 당하는 화를 부르게 되었다. 청나라 사람 장량기蔣良琪가 쓴《화동록華東錄》에 보면 청나라 옹정제雍正帝(1723~1735 재위) 때 칭하이青海의 반란을 평정하는 공을 세운 맹장 연갱요年羹堯(1679~1726)가 집 문 밖에 황토로 길을 깔고 사적으로 황색 보자기와 아황색蛾黃色의 두루주머니를 사용한 것이 결국 사형의 죄목 중 하나가 되었다.

청나라의 황궁 복색으로 2백여 년간 사용된 명황색은 1911년 나라가 망하고 중화민국이 세워진 후 색에 담긴 봉건적 사상도 시대 흐름이 바뀌면서 점차 퇴색하였다. 이로부터 명황색은 민간에서 백성도 자유롭게 사용할 수 있게 되었다.

자황 026

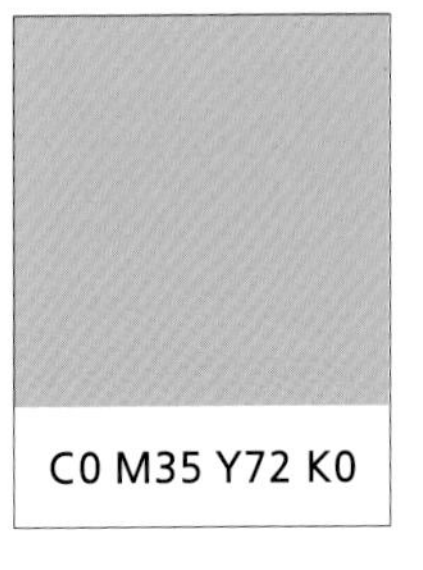
C0 M35 Y72 K0

자황雌黃은 동서고금 색의 역사에서 오랜 연원을 가진 황색 광물 안료이다. 자황의 영어 이름은 Orpiment로 '황금색의 안료'라는 의미의 라틴어 Auripigmentum에서 유래했는데 고대 그리스와 고대 로마에서 늘 사용하던 황색 안료이다. 자황은 단사결정의 광석으로 외형상 편암과 많이 닮았다. 그래서 중국 민간의 화가들은 "자황이 넉 냥이면 금조각 천 겹이나 다름없다."라고 말하곤 했다.

자황의 화학 성분은 3황화2비소로, 항상 웅황(황화비소)과 함께 생산된다. 자황은 비소 함유량이 60.9퍼센트에 달해, 비소, 유황을 만들어낼 때나 연금술을 행할 때 주요 광물재료가 되었다. 서양 화학사에서 처음으로 황화비소 화합물에서 비소 원소를 추출하는 데 성공한 것으로 공인받은 사람은 13세기의 성직자이자 연금술사였던 알베르트 폰 볼슈타트Albert Von Bollstadt이다. 중국에서는 3세기에 진晉나라의 유명한 연단술사鍊丹術士 갈홍葛洪(283~363)이 이미 황화비소를 이용하여 불로장생약을 만들었다. 고대인들도 유황, 자황 및 웅황 등의 광물을 합쳐 삼황三黃이라 부르며 중요한 약품으로 여겼다.

중국 전통의 회화 안료 가운데 자황은 황신석黃信石, 연황鉛黃, 석황石黃이라 불렸다. 성당盛唐 시기에 둔황 석굴에 그려진 벽화에 대량으로 사용되었다. 현대 고고학자 및 학자 들이 막고굴莫高窟의 채색 벽화와 장경동에 보존된 당나라의 견화를 분석한 결과 자황 성분이 검출되었다. 고대 문헌에는 간쑤 둔황현敦煌縣 츠황주雌黃州가 자황 및 주사朱砂의 생산지로 유명하다고 적혀 있다. 고대의 화공들은 현지에서 재료를 조달할 수 있었다. 자황은 고대 굴에 있는 채색 벽화에서

오백 인의 강도가 부처가 된 이야기, 채색 벽화, 서위西魏 둔황 막고굴 제285굴

흔히 볼 수 있는 광물 안료 중 하나이다.

안료인 자황은 고대인이 문서를 베껴 쓰다가 잘못된 부분을 고칠 때 쓰는 수정액이기도 했다. 20세기에 와서는 하얀 수정액이 같은 역할을 하고 있다. '신구자황信口雌黃'이라는 성어는 사실을 무시하고 입에서 나오는 대로 지껄인다는 말인데, 책임감 없이 진실을 호도한다는 의미이다.

연황/밀타승 027

C0 M50 Y70 K5

연황은 황단黃丹, 황연黃鉛, 연황화鉛黃花, 연타鉛陀 및 밀타승(이 이름은 페르시아어인 Mirdasang을 음역한 것이다)으로도 불리며 귤황색橘黃色의 광물 결정체이다. 고대 이집트 및 고대 중국에서 회화의 주요한 황색 광물 안료로 쓰였다. 연황은 고대 연단술사가 제련하여 만든 불로장생약의 원료 중 하나이기도 하다. '밀타승'은 도교의 방사들이 선단을 제련하는 비방秘方에서 연황을 은밀하게 가리키는 말이다.

연황의 화학 성분은 산화납이고 독이 있다. 당나라의 유명한 연단술사 장구해張九垓는 최초로 《금석영사론金石靈砂論》에서 이 광물이 납 금속을 함유하고 있음을 확인했다. "납은 흑연이다. (……) 황단, 호분胡粉, 밀타승으로 만들 수 있다." 호분은 연백鉛白으로도 불리는 고대 화장용품 중의 하나이다. 연황은 물에 녹지 않는다. 공기 중에서 섭씨 489도까지 가열하면 황색의 납 금속 분말이 생기고, 더 가열해서 600도가 되면 계속 공기 중의 산소를 흡수한 후 홍색의 산화납,

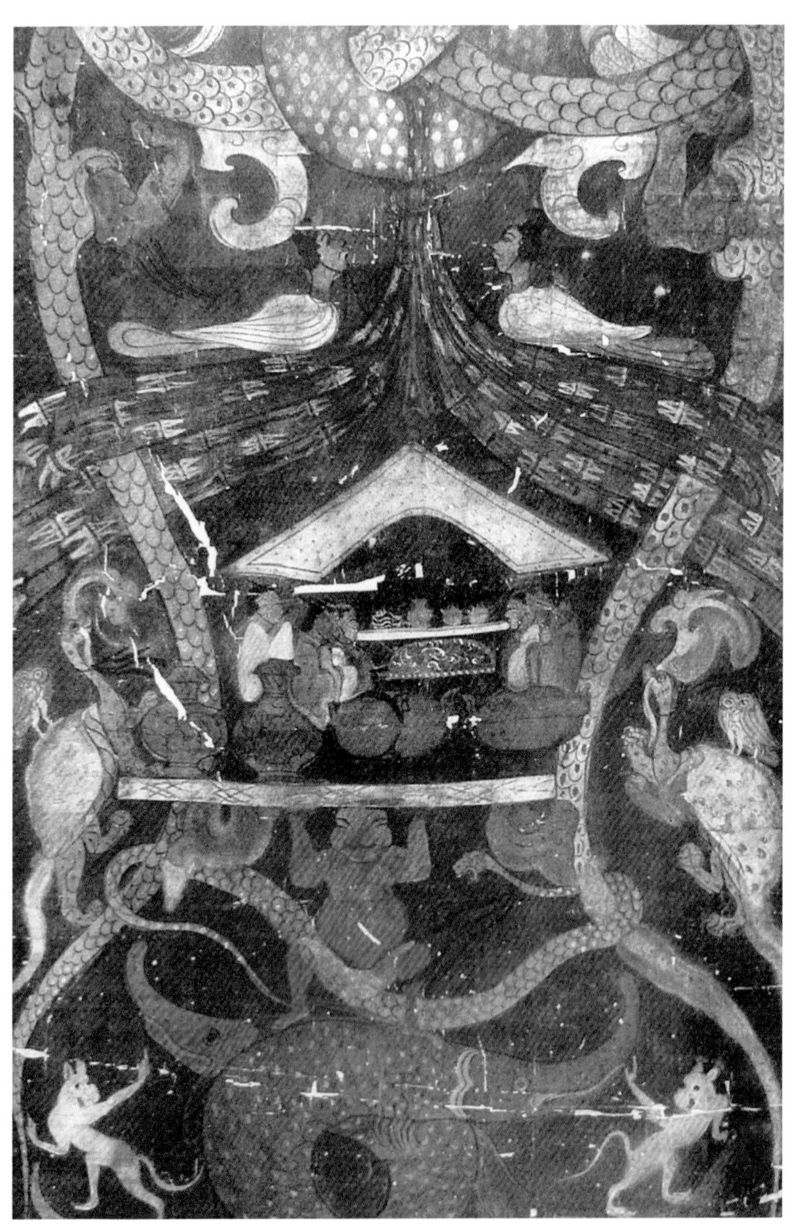

• • • 색을 넣은 비단(일부), 서한西漢 후난湖南 창사長沙 마왕퇴馬王堆 한나라 고묘

즉 고대에 연단鉛丹이라 불렸던 단약을 제련할 때의 원료 중의 하나가 된다.

중국 미술사에서 연황을 최초로 안료로 쓴 기록은 1972년 후난 창사의 마왕퇴 1호 한나라 고묘에서 출토된 T자형 백서帛書에서 나왔다. 당시 화공들은 이미 황단黃丹, 주사朱砂, 석록石綠, 석청石青, 백악白堊 등의 광물질 안료를 사용했는데, 고대 문물은 지하에서 2천여 년간 묻혀 있었지만 색과 광택은 여전히 선명하고 아름다웠다. 최근 중국학자들이 둔황 막고굴의 초기, 즉 북량北涼 시기(397~439)의 일곱 동굴에 있는 벽화의 안료를 분석한 결과, 그중 268호 및 272호 동굴의 채색 벽화에는 아직 다른 안료가 섞여 있지 않았다. 황색으로 사용한 연료는 오직 산화납 성분뿐이었다. 전문가들은 당시 미술 장인들이 연단술사가 금과 은을 제련하는 과정에서 나오는 연타(밀타승)를 사용하는 방법으로 최초의 인공 합성 황색 안료인 '연황'을 만들어냈다는 사실을 연구해 밝혀냈다. 당나라 때에 이르면 밀타승은 회화안료로 보편적으로 쓰였다. 다음으로 밀타승은 중세기만 해도 아직 목제 칠기의 건조제로 사용되고 있었다. 현대 전문가들이 일본 나라의 쇼소인正倉院[정창원]에 소장된 당나라의 칠기를 과학적으로 측정한 결과, 이 옛 물건은 밀타승이 건조제 성분으로 쓰인 것이 검증되었다.

연황은 고대 중국의 여성이 미안용美顏用으로 사용하던 화장품이다. 북송 시대의 문인 주방언周邦彦(1056~1121)이 매화를 선녀에 비유한 〈추노아醜奴兒·매화梅花〉란 작품에는 "연황을 다 닦아내고, 맨얼굴에는 처음에 아무런 화장도 하지 않았네洗盡鉛黃, 素面初無一點妝."라는 대목이 있다. '세진연황洗盡鉛黃'이나 '세진연화洗盡鉛華'라는 성어는 번

다하고 화려한 생활을 끝내고 소박하고 담백한 일상으로 돌아간다는 의미이다. 알려진 바에 의하면 밀타승은 고대에 남자들의 수염 염색제로도 쓰였다고 한다. 고대의 한방에 따르면 연황과 동유桐油를 섞어서 쓰면 겨드랑이 냄새를 없애고 치질을 치료할 수 있다고 한다.

연황의 영어 이름은 Litharge인데, 서양 유화에서 늘 쓰는 황색 안료이다. 현대 산업에서 연황과 기름을 섞으면 납비누가 되어 페인트칠을 할 때 건조제로 쓰인다. 광학유리, 도기와 자기 및 축전지의 원료로 쓰이기도 한다.

유리황 028

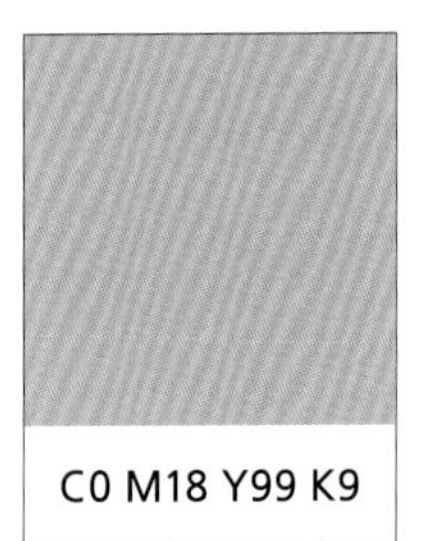
C0 M18 Y99 K9

유리황은 주로 고대 황궁 건축에 쓰인 유리기와의 색과 빛깔을 가리키는데, 지난날 제왕만이 머무는 곳임을 알려주는 색이다. 유리황색은 정통, 황권, 빛과 눈부심을 상징한다. 뛰어난 인재, 장엄함, 체통의 색감을 가진다.

유리琉璃의 옛 이름은 벽유리璧琉璃 또는 유리流璃, 유리瑠璃이며 서역에서 전해진 외래어이다. 중국에서 유리로 만든 물건 중 오래된 물건은 유리벽琉璃璧으로, 기원전 4세기 전국 시대에 만들어졌다. 유리그릇은 주로 이산화규소 및 산화알루미늄 등 금속원소를 함유한 자토瓷土를 재료로 삼아 1,100도 이상의 고온의 가마에서 구워 만든 후 산화구리와 산화코발트 등의 착색 유약을 바르고 다시 900도 이하의 저온에서 구워내 황색, 녹색, 남색 등 다양한 색의 완성품을 만들어낸다. 건축 재료로 사용되었음이 명시된 문자 기록은 《서경잡기西京雜記》, 《습유기拾遺記》, 《한무고사漢武故事》 등의 옛 문헌에 남아 있다. '유리기와'라는 호칭은 중국에서 처음으로 건축

베이징 고궁

··· 베이징 고궁의 오문午門

공정 방법과 규칙을 적은 관방의 문헌으로 송나라 원부元符 3년(1100)에 편집된 《영조법식營造法式》에서 관이 정한 명칭인데, 황단黃丹(산화납), 동말銅末과 낙석洛石(질산칼륨)을 구워서 만들어지는 황색, 녹색을 띠는 유리기와를 지칭하는 것으로, 이는 송나라 황궁 건축 전용으로 쓰이는 재료이자 황제만이 사용하는 색이었다.

13세기 말엽 원나라가 수도 연경燕京(지금의 베이징)을 세운 후 수도 내에 유리창琉璃廠(도요) 전용지구를 만들었다. 황궁에서 사용할 유리기와를 전담하여 만드는 곳이었다. 명나라 초기 주원장이 남경南京을 수도로 정한 후 남쪽 교외의 부용산芙蓉山에 황궁 건축에 쓰이는 유리기와만 전문적으로 만드는 도요를 수십 곳 만들었다. 당시 유리의 재료로 사용한 것은 대부분 안후이安徽 태평부太平府의 백색 내화 점토가 주였고, 황색, 녹색, 하늘색, 자색, 갈색, 흑색 등 다양한 색과 광택의 유리 상품을 구워서 만들고 있었다. 황유리색은 명나라와 청나라 두 시대에 황궁과 황릉 및 황가의 절에만 쓰이는 기와의 색이었다.

베이징에는 지금까지도 유리창 거리라는 이름이 남아 있지만 골동품과 완상용 기물 가게들이 모인 문화거리로 바뀌었다. 유리황색은 베이징의 가장 밝고 화려한 색으로 이 오래된 도시 풍경에 특별함을 주는 색이다. 현재 고궁 내의 높고 낮은 황금색 유리기와 지붕들은 푸른 하늘과 빛나는 햇빛 속에서 여전히 유구하게 황권皇權의 색채와 광활한 기개를 뽐내고 있다.

등황 029

등황은 중국화를 그릴 때 쓰는 순황색純黃色의 식물성 안료이다. 고대 문헌에 보면 "동황銅黃, 동황同黃, 월황月黃"으로 기록되어 있는데, 당나라 이전 동남아에서 중원으로 들어왔다가 다시 일본으로 전해진 착색 재료이다.

등황은 남방 열대림의 등나무의 나뭇진인데, 주요 산지는 베트남, 태국, 미얀마 등이다. 고대에 등황색의 재료를 얻는 방법은 등나무 줄기에 구멍을 뚫어 끈적끈적한 황색 즙액이 나오면, 그것을 죽통에다 받아 수액을 굳힌 후 죽통을 부수어 방망이 모양의 나뭇진을 만드는 것이었다. 이것을 벼룻돌에 물을 부어서 갈아서 쓴다. 지금까지도 등황은 전통 회화 안료점에서 무게로 달아서 판매한다.

유기질인 등황 안료는 그림에 색을 칠하고 나서도 보존만 잘하면 색이 쉽게 바래지 않는다. 등황은 안료 중에서도 투명도가 가장 높은 선황색鮮黃色이다. 사이아닌과 섞으면 투명한 연녹색이 생긴다. 현대

작자 미상, 〈유지황조도榴枝黃鳥圖〉, 비단, 송나라

학자들과 고고학 연구자들은 1,100년, 10여 개의 왕조를 겪은 둔황 석굴의 채색 벽화 물감을 표본을 떠서 분석하는 과정에서 고대 예술 장인들이 벽화에 사용한 안료가 대체로 유기질(식물) 안료와 무기질(광물) 안료 크게 두 가지로 나뉜다는 사실을 알아냈는데, 그중에서 색이 지금까지도 선명하고 고운 것은 등황을 사용한 색이었다.

등황은 전통 공예품을 칠하거나 약을 지을 때도 쓰인다. 이는 등황이 미독을 함유하고 있어서 독으로 독에 맞서는 한의학 치료법에 맞기 때문이다.

아황 030

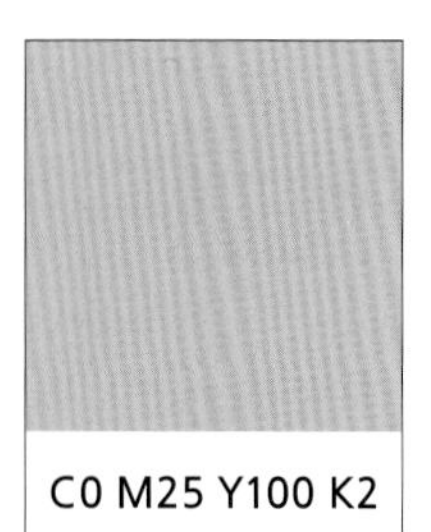
C0 M25 Y100 K2

아황鵝黃은 아황鴉黃, 약황約黃, 첩황貼黃이라고도 부르는 중국 전통색의 이름으로 가금家禽인 거위의 입 또는 발의 색과 광택을 가리킨다. 명도가 높고 약간의 붉은색을 띠는 난황색이다. 색감이 상서롭고 가벼우며 유쾌하다.

빛깔이 밝은 아황색은 옛 시문에 자주 보이는데, 사계절 절기를 담황색淡黃色을 띠는 일과 물건에 비유하는 경우가 많았다. 예컨대 원나라 양유정楊維楨은 〈양류사楊柳詞〉에서 "동가교의 버드나무, 아황 수만 가지를 늘어뜨렸네楊柳董家橋, 鵝黃萬萬條."라고 노래했는데, 이 구절에서 아황은 초봄 버드나무의 신록의 광택이다. 송나라의 시인 임통林通의 눈에는 아황이 초여름 새싹의 색으로 보였다. 그는 〈초여름初夏〉이라는 시에서 다음과 같이 표현했다. "밭 백무에 아황이 가득秧田百畝鵝黃大." 또 아황은 신선한 꽃의 색을 가리키기도 했다. 예컨대 당나라의 이섭李涉은 〈해바라기黃葵花〉에서 "이 꽃은 속인이 보라고 남긴 것이 아니니, 새로 물들인 아황색이 미처 마르지 않았네此花莫遺俗人看, 新染鵝黃色未乾."라고 노래했다.

중국 최초로 양조한 술도 담황색을 띠어서 황주黃酒라 불렸다. 아황은 숙성이 잘된 상태를 가리키기도 한다. 송나라의 대문호 소식蘇軾은 〈승주과가수수각乘舟過賈收水閣〉이라는 시에서 "작은 배는 푸른 물에 떠가고, 큰 국자로 누런 술을 따르네小舟浮鴨綠, 大杓瀉鵝黃."라 했는데, 이 시에서 압록鴨綠은 물의 빛깔이고, 아황鵝黃은 술의 색이다.

경쾌한 색감을 가진 아황색은 고대 여성의 복색이기도 하다. 송나라 주밀周密이 쓴 《제동야어齊東野語》에 보면 이런 구절이 나온다. "별십희는 옷을 갈아입고 꽃을 꽂은 후 나갔다. 하얀 꽃을 꽂을 땐 자색紫色 옷을, 자색 꽃을 꽂을 땐 아황색 옷을 입었다." 자색과 황색은 고대 중국에서 옷을 입을 때 관습적으로 함께 입는 색이다. 아황은 액황額黃이라고도 하는데, 고대 여성들이 미용을 하려고 황색 안료를 이마에 발랐기에 얻은 이름이다. 이러한 화장술의 기원은 기원전 5세기 남북조南北朝 시대로 거슬러 올라가는데, 이는 천축국天竺國(지금의 인도)에서 불교가 전해진 시기와 겹친다. 당시 중원의 여성들은 금칠을 한 불상을 보고 영감을 얻어서 아름답게 보이려고 자기 이마와 양미간에 황색 안료로 점을 찍었는데, 이를 '불장佛妝'이라 하였다. 이러한 화장이 북방 민족인 선비족 사이에서 먼저 유행했고 이후에 남쪽에 있는 중원에 전해졌다가 당나라 때에 와서 성행했다는 이야기도 있다. 액황은 송나라 때까지도 유행하던 미용술과 함께 유행하는 빛깔이었다. 역대 시인들도 이마에 찍은 황색 점의 아름다움을 읊었다. 예컨대 북주北周의 시인 유신庾信은 〈무미랑舞媚娘〉에서 이렇게 읊었다. "눈썹 가운데는 검은 점 찍고, 이마 모서리에는 가볍게 황색으로 발랐네眉心濃黛直點, 額角輕黃細安." 수천 년 동안 북방 민족 사이에서 전

··· 쑤저우蘇州의 고택

승된 민간 서사시 〈목란시木蘭詩〉에서는 두건 쓴 영웅 목란이 아버지를 대신하여 종군하는 이야기를 묘사하는데, 목란이 전쟁터를 누빈 지 12년 뒤 갑옷을 벗고 고향에 돌아와 여성의 몸으로 되돌아갔을 때의 모습을 시에서 이렇게 표현한다. "전투복을 벗고 옛날 입던 옷을 입네. 창문 앞에서 귀밑머리 다듬고, 거울 앞에서 황색 꽃을 꽂네脫我戰時袍, 著我舊時裳. 當窓理雲鬢, 對鏡貼花黃." 아황은 곧 아름다운 용모의 대명사였다.

삼채三彩로 만든 보조개 들어간 여인 인형, 당나라

상색 031

C5 M0 Y65 K0

상緗은 현재는 거의 쓰이지 않는 고대의 색을 가리키는 명사로, 약간 푸른 기운을 띤 천황색淺黃色이다. 《석명釋名》에는 "상緗은 뽕나무桑이다. 뽕나무 첫 잎이 나올 때의 색이다."라고 나와 있다. 상緗은 염색한 비단 직물의 빛깔이기도 하다. 《설문說文》〈신부자新附字〉 편에는 "상은 담황색으로 물들인 비단"이라고 기록되어 있다.

아담한 상색은 고대 여성이 옷을 물들일 때 보편적으로 사용했던 색이다. 옛 시 〈두렁 위의 뽕나무陌上桑〉에는 뽕잎을 따는 아가씨의 꾸밈새가 기록되어 있다. "상색 비단은 치마용이고, 자색 비단은 윗저고리용이라네緗綺爲下裙, 紫綺爲上襦." 여기서 기綺는 무늬 있는 비단이고 유襦는 무릎까지 내려오는 짧은 웃옷이다. 이 짧은 몇 글자의 묘사로 소녀가 옷 입고 꾸밀 때 필요한 색과 재료, 스타일이 일목요연하게 드러난다. 황색과 자색 두 가지 색의 배합은 고대 여성들의 복색에 대한 심미관을 보여준다.

상색은 영남嶺南 지역의 과일인 양도陽桃[다래 비슷한 과일]의 청황색靑黃色을 널리 일컫는 말이다. 양도의 옛 이름은 장초萇楚, 삼렴三廉, 양도羊桃, 오렴자五歛子, 오릉자五棱子(모서리가 다섯 개라 하여 생긴 이름) 등이다. 서진西晉 곽의공郭義恭이 쓴 《광지廣志》에 보면 "삼렴三廉은 화살의 깃과 닮았는데, 길이가 3~4촌이고 껍질이 가늘며 상색緗色이다. 꿀에 재워두면 시고 단 맛이 나서 술안주로 먹을 수 있다."고 되어 있다. 내용에서 알 수 있는 것처럼 잘 절여진 양도는 고대에는 술을 마실 때 먹는 간단한 간식이었다. 그 밖에도 중국의 과일류 중에

중국 남부에 있는 오령五嶺의 남쪽 지방. 현재의 광둥성, 광시 좡족 자치구, 하이난성의 전역, 후난성, 장시성의 일부 지역이다.

예로부터 수밀도라는 유명한 과일이 있는데, 이는 상핵도緗核桃(황색 씨를 가진 수밀도)라고도 부르며 주요 산지는 유명한 복숭아의 고향 중 한 곳인 간쑤성 란저우蘭州시 닝딩寧定 지역으로, 이곳에서 나는 여러 과일류 중에서도 상품上品이다.

상핵도는 명나라 때의 소설가 오승은吳承恩이《서유기》제7회에 천궁天宮에서 9천 년 만에 한 번 익는 과일 선도로 거론한 바 있다. 여래불이 천궁을 소란스럽게 하고 선도를 훔쳐 먹은 제천대성齊天大聖 손오공을 손봐주자 서왕모가 잔치를 베풀어 여래불에게 답례한다는 내용에 등장한다. 오승은은 이처럼 평범한 사람도 이 과일을 먹으면 신선들과 같은 수명을 누릴 수 있다고 묘사하였다. "절반은 붉고 절반은 푸르러 향기로운 안개 뿜으니, 아리따운 향기는 만년을 가리라. 무릉도원의 종자가 으뜸이라 웃지 마라, 천궁의 씨앗과 어찌 강함을 다투리오. 자줏빛 무늬에 부드러운 살결은 우주에 드물고, 누른 씨의 상큼하고 다디단 맛은 천하에 짝이 없다. 수명을 늘려 범태육골凡胎肉骨의 체질을 바꿔주니, 연분이 있어 이를 먹는 자는 스스로 비범해지도다."

다성茶聖이라는 명성을 가진 당나라의 육우陸羽(733~800)는 상색의 차는 향기가 진하고 맛있는 좋은 차라고 생각했다. 상색은 학자의 기운을 풍기는 색이기도 하다. 종이를 발명하기 전에 고대인들은 문서를 기록한 죽간을 상간緗簡이라 하였고, 상색의 비단을 사용해서 쓴 문서를 상첩緗帖이라 불렀다. 천황색淺黃色 견직물을 책 표지로 쓰기도 했는데 이를 상질緗帙, 서화의 두루마리를 우아하게 부를 때는 상축緗軸이라 하였고, 상도緗圖는 책을 그린 그림을 가리켰다. 어린 나이의 여성이 몸치장할 때 쓰는 천황색의 정교한 작은 상자는 상렴緗

奩이라 불렀다.

문아하고 유연한 느낌을 가진 상색緗色은 청나라 때까지 사용되다가 현대에 와서 점차 천황색淺黃色으로 대체되었다.

훤초색 032

C0 M52 Y95 K0

훤초꽃색은 황색 가운데 홍색을 품고 있어서 귤색에 가깝고 따듯한 느낌을 주는 황색이다. 고대에 유행한 색이기도 하고 어머니를 생각하는 의미를 담은 색이기도 하다.

훤초萱草의 옛 이름은 여로藜蘆, 훤초諼草이며 다년생 백합과의 초본 식물로 중국 남부가 원산지이다. 잎은 피침 모양이고 여름과 가을 사이에 꽃이 핀다. 꽃부리는 깔때기 모양이며 관상용, 식용으로 쓴다. '금침화金針花'라고도 부르는데, 푸젠福建과 광둥廣東의 일반 가정에서 늘 쓰는 식재료이다. 훤초는 '망우초忘憂草'라고도 부르지만 서양의 망우초와는 다르다. 《모시毛詩》에 보면 "훤초諼草는 근심을 잊게 한다."라고 적혀 있다. 고대인들은 훤초를 먹으면 친한 사람과 이별하는 슬픔을 잊을 수 있다고 믿었다. 한나라의 채염蔡琰은 〈호가십팔박胡茄十八拍〉에서 이렇게 읊었다. "훤초를 먹어도 근심이 없어지지 않으니, 금을 뜯는다 하여 정이 상하겠는가對萱草兮憂不忘, 彈鳴琴兮情何傷." 당나라 때부터 시인들

도 훤초로 먼 곳의 친한 이를 그리워하는 마음을 표현하였다. 예컨대 백거이는 〈별훤계別萱桂〉라는 시에서 "임이 머물지 못하시겠거든 훤초와 계수나무를 심어주오. 계수나무엔 이름을 남기고 훤초는 근심을 잊게 못하니, 강가에 뜬 달이 걸음걸음 다가와 전송해주는 것만 못하네使君竟不住, 萱桂徒栽種. 桂有留人名, 萱無忘憂用. 不如江畔月, 步步來相送."라고 노래했다.

훤초는 어머니를 멀리 떠난 아들을 상징하는 식물이기도 하다. 《시경》〈위풍衛風·백혜伯兮〉 편에 보면 "훤초를 얻어서 집 뒤꼍에 심어볼까焉得諼草, 言樹之背."라는 구절이 있는데 훤초諼草는 훤초萱草이고 수樹는 심는다는 의미이다. 배背는 《모전毛傳》의 해석에 따르면 "훤초는 사람으로 하여금 근심을 잊게 한다. 배는 북당北堂을 가리킨다." 고대의 주거 제도에서 북당은 주부의 침실

··· 작자 미상, 〈귀의군절도사歸義軍節度使 조의금曹議金 부인상夫人像〉, 둔황에서 발견된 천 그림, 오대五代 시기

이다. 옛날에는 멀리 떠나는 아들은 어머니가 머무시는 곳 바깥에 훤초를 심어서 어머니를 생각하는 마음을 표하는 것이 관습이었다. 훤초의 꽃색은 자애로운 어머니가 걱정하는 마음을 상징하는 색이다. 뒷날 훤실萱室, 훤당萱堂, 자훤慈萱은 모두 어머니가 머무는 곳과 그곳에 머무는 어머니를 상징하게 되었다. 원나라 말기 명나라 초기의 군사가이자 정치가 겸 시인인 유기劉基(1311~1375)도 "아침에는 뜰에서 형제를 생각하고 밤에는 배에서 어머니 꿈 꾸네朝原思脊令, 夜船夢萱草." 라는 시구를 남겼다. 옛 사람들은 아버지를 춘정椿庭이라 부르기도 했는데, 춘椿은 동백나무이므로 '춘훤병무椿萱并茂'라는 성어는 동백나무와 훤초가 꽃과 잎이 무성함으로 부모의 건재함을 비유한 말이다.

훤초의 귤황색橘黃色은 당나라 때 유행했고 석류홍색石榴紅色과 함께 평범한 아름다움을 가진 당나라의 색이다. 그래서 당나라의 만초萬楚는 〈오일관기五日觀妓〉에서 "아리따운 기녀는 훤초보다 곱고, 붉은 치마 시기하는 마음이 석류꽃을 죽이네眉黛奪將萱草色, 紅裙妒殺石榴花."라는 시구를 남겼다.

호박색 033

C0 M36 Y70 K24

호박색은 투명한 교질膠質의 황종색黃棕色을 띠는데, 빛깔과 색이 오래된 광물 호박琥珀에서 비롯되었으며, 화려하고 고상한 느낌을 준다. 화석인 호박은 고대 중동의 이집트, 그리스와 로마에서 모두 보석 장식품의 재료로 사용되었고 이미 6천 년에 가까운 역사 기록을 보유하고 있다.

호박은 중국의 고전 문헌인 《산해경》에서 육패育沛, 유옥遺玉 등으로 불린다. 고대인들은 호박이 죽음을 앞둔 호랑이의 형형한 눈빛이 응고되어 만들어진 밀랍 재질의 물체라고 생각했기 때문에 '호랑이의 혼虎魂'이라 불렀다. 그러나 중국어에서 '호박琥珀'이라는 단어는 고대 서역이나 시리아어의 'Harpax'를 음역한 것을 지금까지 고치지 않고 사용해왔을 가능성이 있다. 영어로는 Amber라고 하는데, 이는 '아교'를 뜻하는 아랍어의 Anbar에서 나왔거나 '정수'를 뜻하는 라틴어 Ambrum에서 비롯되었다.

호박은 상고시대 제3기의 송백松柏과 식물의 나뭇진으로 약 3백만

년 전 지각변동으로 인해 오래된 송백이 산의 흙에 뒤덮여 땅속 깊숙이 묻혔다가 오랫동안의 지층 압력 및 지열의 영향을 받아 형성된 반투명한 교질의 화석이다. 옛 책인 《촉본초蜀本草》에 이렇게 분명하게 기록되어 있다. "단풍나무의 나뭇진이 땅에 들어가 천 년이 지나면 호박이 된다." 그리고 가장 희귀한 품종은 나뭇진 속에 생생하게 살아 있던 곤충의 유체나 화훼 식물이 들어가 화석이 된 호박이다. 당나라 시인 위응물韋應物(737~792)은 이러한 특성을 관찰하고 〈호박을 기리다詠頌琥珀〉에서 이렇게 읊었다. "일찍이 오래된 복신茯神이었지만 본래는 굳은 소나무의 진이었네. 모기나 파리매가 그 속에 떨어져, 천 년 뒤에도 볼 수 있네曾爲老茯神, 本是寒松液. 蚊蚋落其中, 千年猶可覿." 시에 나오는 적覿은 보인다는 뜻의 글자이다. 현대 미국 할리우드 블록버스터 영화 〈쥬라기 공원Jurassic Park〉(1993)에서도 호박 속의 곤충 유체에서 뽑아낸 유전자를 복제하면서 모험이 펼쳐진다.

호박은 송백의 나뭇진에서 나왔기 때문에 향기가 있어 고대 로마의 여성들은 호박을 장신구로 손바닥에 지니는 습관이 있었다. 손바닥의 열기가 닿으면 호박이 온도가 변하면서 사람을 혹하게 하는 향기가 났기 때문이다. 한인漢人은 예로부터 소나무 향기를 맡기 좋아했으므로 호박을 진귀한 향료로 여겼다. 고대 문헌 《서경잡기》에 따르면 한나라의 성제成帝(기원전 33~기원전 6 재위)의 황후인 조비연趙飛燕이 호박으로 만든 베개를 가장 좋아해 거기에서 나는 그윽한 향기를 맡곤 했다고 한다. 이백李白은 〈백두음白頭吟〉이라는 시에서 "또한 호박 베개를 두시오, 혹 꿈에 오는 때도 있으리니且留琥珀枕, 或有夢來時." 라는 아름다운 시구를 남겼다. 또한 범어梵語에서는 호박을 아습마게파阿濕摩揭婆라고 부르는데, 불교의 칠보七寶 중의 하나이다. 《반야경

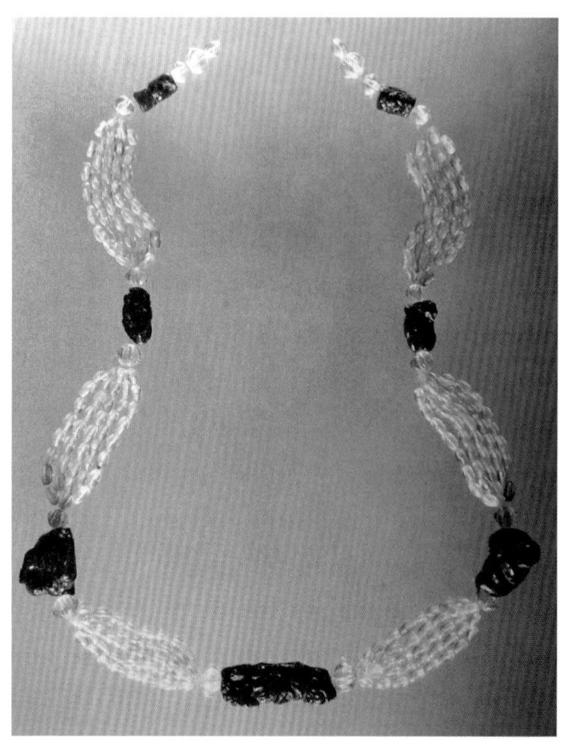

· · · 수정구슬과 호박으로 장식한 영락瓔珞, 요遼나라

般若經》의 기록에 따르면 이러한 황종색의 반투명 화석은 육진六塵(색色, 성聲, 향香, 미味, 촉觸, 법法)을 깨끗하게 하고 육근六根(눈, 귀, 코, 혀, 몸, 뜻)을 다스리는 선 수행의 성스러운 재료이다. 호박의 황색은 불교 밀교密敎의 수양과정에서 재운財運을 상징하기도 한다.

투명하게 빛나는 호박색은 중국의 전통색 명사로, 맛있는 술의 빛깔을 형용할 때 많이 쓰였다. 왜냐하면 중국에서 가장 일찍 등장한

청주清酒의 색은 귤황색橘黃色을 띠었고, 그래서 황주黃酒라 불렸기 때문이다. 고대의 시인과 묵객 들은 맑고 깨끗한 호박색을 술 색으로 비유하기를 좋아했다. 좋은 술의 고귀한 색감과 낭만적인 정감을 더했던 것이다. 예컨대 북송北宋의 재녀 이청조李清照(1084~1156)는 〈완계사浣溪沙〉에서 이렇게 읊었다. "잔이 깊어 술빛 짙어지게 하지 마오, 술도 취하지 않았는데 뜻이 먼저 섞일까莫許杯深琥珀濃, 未成沉醉意先融." 이 작품에서 시인은 술의 빛깔을 빌려 멀리 떠나는 남편에 대한 마음을 표현한다. 주선酒仙 이백도 〈객중행客中行〉이라는 시에서 "울금향 풍기는 난릉의 맛 좋은 술, 옥 술잔에 가득 부으면 호박빛이 나네蘭陵美酒鬱金香, 玉碗盛來琥珀光."라고 읊었다. 색과 향을 두루 갖춘 시구가 아닐 수 없다. 이하李賀(790~816)는 〈술을 권하며將進酒〉에서 아예 호박색을 황주를 가리키는 말로 대체해버렸다. "유리잔 호박빛 술, 작은 술통에 술방울이 진주처럼 붉네琉璃鐘琥珀濃, 小槽酒滴眞珠紅."

밝고 투명한 호박색은 술잔이나 유리그릇의 빛깔을 형용하는 말로도 쓰였다. 호박의 황혼은 문인들이 묘사하는 뜨거운 여름날, 불덩이 같은 등황색橙黃色 해가 저무는 아름다운 저녁 풍경을 의미했다.

황금색 034

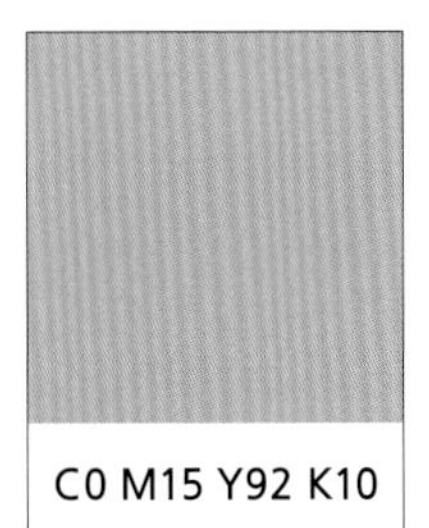
C0 M15 Y92 K10

황금색은 금속광택을 내면서 약간의 홍색을 띠는 난황색暖黃色이다. 《설문해자》에는 이렇게 나온다. "금金은 오색五色의 금이다. 황색이 으뜸이다." 여기서 오색은 황금黃金, 백은白銀, 적동赤銅, 청연靑鉛, 주석朱錫인데 전통적으로 말하는 오금을 가리킨다. 황금색은 예로부터 부귀함, 화려함, 휘황찬란함, 재산, 권세 및 종교를 상징하는 색이었다.

상고上古 시대 중국 신화에서는 맑은 황색으로 뜨겁게 타오르는 태양을 금오金烏라 불렀다. 옛날 도교의 방사方士는 금을 먹고 금제품을 쓰면 불로장생할 수 있다고 믿었다. 연단술사는 단사丹砂에서 제련해 낸 황금을 다시 금빛 찬란한 그릇으로 만들고 음식을 가득 차려낸다. 이렇게 해야 불사不死의 목적을 이룰 수 있다는 것이다. 신선이 되려고 애썼던 한나라 무제武帝(기원전 140~기원전 87 재위)도 한 점 의심도 없이 연금을 명했는데, 이는 누런 황금을 수명을 연장하는 용도로 썼다는 최초의 기록이다. 황금색은 중국 복식에서도 채택되어 쓰이고

칭하이靑海 탑이사塔爾寺

유행하였다. 이는 서역 여러 나라에서 온 공물과 천축의 불교가 동쪽으로 전해진 사실과 연관이 있다.

고대에는 서방의 각국에서 보내온 공물 가운데 금, 은, 보석 및 진귀한 짐승이 많았다. 그다음으로 불교가 전해진 영향도 있다. 황금은 인도 불교의 칠보 가운데 으뜸으로, 범어梵語로는 소벌자나蘇伐刺那라 불렀는데, 뜻을 풀이하면 '묘한 색' 또는 '좋은 색'이라는 의미이다. 불교 경전에서는 황금을 '색이 변하지 않고' '몸이 물들지 않으며' '사람을 부유하게 하고' '두루 행함에 거칠 것이 없다'고 생각하여 이것이 법신의 상常, 정淨, 낙樂, 아我 네 가지 덕과 상응한다고 보았다. 따라서 불가에서는 황금색을 존숭하여 황금색을 칠한 절을 금찰이라 불렀고, 부처의 몸을 금신金身이라 하였다. 알려진 바에 의하면 석가모니가 모습을 드러냈을 때 한 줄기 찬란한 금빛이 뻗어 나왔다고 한다. 절에서 모시는 불상에도 금박을 입히기를 좋아하였다. 〈삼세인과쌍세문三世因果雙世文〉의 한 구절을 보면 세인들이 불상을 금색으로 장식하고자 하는 이유를 알 수 있다. "이생의 부귀는 어찌된 영문인가? 전세에 재산을 들여 부처를 금으로 장식했기 때문이다." 이는 한족漢族의 황금색에 대한 호감을 더 늘렸다.

번영기의 당나라는 휘황찬란한 금빛의 풍조를 열어젖힌 시대이다. 금가루는 당나라 때 둔황 벽화의 안료로 사용되었다. 당나라 사람은 외모를 꾸미거나 화장하는 방법을 깊이 연구했는데, 머리장식부터 허리장식, 장신구, 신발은 물론이고 금실로 짠 온갖 화려한 복식에 이르기까지 금빛이 찬란하여 사람들의 눈길을 사로잡았다. 화려하고 사치스러운 유행 풍조가 송나라 때에 이르면 간섭을 받기 시작한다. 1014년 송나라 진종眞宗이 민간에서 금장식을 금지하라는 조칙을 내

(왼쪽) 칭하이 시닝西寧 (오른쪽) 금으로 만든 익선관翼善冠, 명나라

렸다. "대중상부大中祥符 7년, 민간에서 황금색 옷을 입는 것을 금하였다."(《송사宋史》〈여복지輿服志〉) 사회가 소박하고 절약하는 풍조를 회복하기를 바랐기 때문이다. 그러나 이러한 금령이 무색하게 부귀영화를 상징하는 금을 사용하는 풍조는 여전히 끊임없이 이어지고 있다. 황금색이 대표하는 유행과 귀중함이라는 관념은 조금도 바뀌지 않았다.

윈난 다리大理의 한 노인

고대 중국어에서 '남藍' 자는 원래 색 명사가 아니었으며 본래 의미는 직물을 염색할 수 있는 식물인 남초藍草를 가리켰다. 남초는 일찍이 주나라 때부터 인공적으로 재배되기 시작했다. 《순자荀子》 〈권학勸學〉 편에 보면 "청색은 남초에서 취하나 남초보다 파랗다."라는 대목이 나온다. 남색은 중국에서 가장 널리 보급된 의복에서 늘 쓰는 색으로 서민 계급을 대표하는 색이다.
고대인은 남색을 통상 '청靑'색이라 불렀다. 전통 '오색행'관에서 청(남)색은 오정색 가운데 하나로 목木에 속하고 방위는 동쪽을 대표하며 만물이 싹트는 봄을 상징한다.

남색 035

C90 M90 Y0 K2

남색은 중국 전통색 계열에서 이미 3천 년이 넘는 역사를 지녔으며 한족漢族의 일상생활에서 가장 익숙하고 보편적으로 응용된 색으로 프롤레타리아 대중의 옷에 자주 쓰이는 색이다. 남색은 전체 중국 역사와 서민 문화를 관통하는데, 그 색의 함의는 예로부터 지금까지 바뀐 적이 없다.

고대 중국어에서 남藍 자는 색 명사가 아니었다. 본래는 직물을 염색할 수 있는 식물의 일종인 남초藍草를 가리키는 말이었다. 《광운廣韻》에는 이렇게 적혀 있다. "남藍의 소리는 남이다. 청색으로 물들이는 풀이다." 옛 문헌 《통지通志》에서도 남초를 세 종류로 나눈다. "요람蓼藍은 녹색으로 물들이고, 대람大藍은 겨자처럼 벽색으로 물들이며, 괴람槐藍은 홰나무처럼 청색으로 물들인다. 이 세 가지 푸른색은 모두 정련하면 색이 원 재료의 색보다 더 짙어진다. 그래서 "청색은 남초에서 취하나 남초보다 파랗다靑出於藍靑於藍."라는 말이 나왔다." 이를 보면 청색이 원래는 심람색深藍色을 가리킨다는 것을 알 수 있

• • • 윈난 다리

• • • 쑤저우 둥산東山 조화루雕花樓

다. 또한 옛 사람들은 습관적으로 남색을 뭉뚱그려 청색이라 불렀다. 전통적인 '오행색'관에서 청색(남색)은 오정색 가운데 하나로, 목木에 속하고 동쪽을 대표하며 만물이 움트는 봄을 상징한다.

옛날에 '청靑' 자가 가진 함의는 다소 복잡한데, 녹색, 남색, 흑색으로 사용되었다. 예컨대 송나라 강기姜夔가 쓴 〈양주만揚州慢〉의 "십리에 춘풍 불었던 양주로揚州路를 지나자니, 도처에 냉이 보리 시퍼렇게 우거졌네過春風十里, 盡薺麥青青."에서 청청靑靑은 봄날 들판에 싹트는 보리의 녹색을 가리키는 한편, 송나라 육유가 지은 〈어부漁父〉의

"해질 무렵 위로 보고 아래로 보아도 푸른 하늘, 출렁이는 물결 위로 배 한 척暮景俯仰兩青天, 萬頃玻璃一葉船."에 나오는 청青은 남색이다. 마지막으로 이백李白의 〈술을 권하며將進酒〉의 "아침에는 검은 머리가 저녁에 눈처럼 희어진 것을朝如青絲暮成雪."에 나오는 청사青絲는 검은 머리를 가리킨다. 남색은 청青, 화청花青, 불청佛青, 회청回青, 장청藏青, 전靛 등 색 명사를 대신하여 쓰인다.

남색은 예로부터 오정색 중의 하나로 정해졌지만 정치권에서는 역사적으로 두드러지거나 고상한 자리를 차지해본 적이 없다. 예컨대 당나라, 송나라 때의 관직 복색에서 간색인 녹색 밑에서 미관말직에만 쓰였을 뿐 관직 상층에서는 쓰인 적이 없다. 한편 민간의 옷과 장신구에서 남색은 일반 백성이 쓰는 색이었다. 서한西漢의 성제成帝는 사회에서 화려한 옷을 입는 것을 금지하면서 영시永始 4년(기원전 13)에 다음과 같이 조칙을 내렸다. "청색과 녹색은 민중이 늘 입는 복색이다." 그 밖에도 '청의青衣'는 옛날 하녀를 대신하는 호칭으로 사용되기도 했던, 사회 하류계층의 색이다. 《진서晉書》〈효회제기孝懷帝紀〉에는 서진西晉 말기 회제懷帝 사마치司馬熾(307~313 재위)가 전조前趙의 흉노왕匈奴王인 유총劉聰에게 포로로 잡힌 후 유총이 연회석상에서 회제에게 "청색 옷을 입고 술을 따르게 하는" 방법으로 그를 모욕하였다는 기록이 있다.

남색 천으로 만든 적삼 웃옷을 옛날에는 청삼青衫이라 불렀는데, 이는 당시의 학생들이 관습적으로 입던 복색이었으며, 옛 학자의 태연하고 침착한 기질과 풍도를 느끼게 하는 색이기도 했다. 남색 천으로 만든 홑옷도 옛날 나이든 촌부가 즐겨 입던 복색의 하나이다. 청나라 때의 오경재吳敬梓가 쓴 《유림외사儒林外史》 제14회를 보면 "배를 타고 불공드리러 온 시골 부녀들은 모두 머리를 곱게 빗고, 푸른색이나 청록색 의상을 차려입었고, 젊은 여인들은 모두 빨간 명주로 된 홑치마를 입고 있었다."는 구절이 나온다. 이 밖에도 남방藍榜은 푸른색으로 쓰는 공고인데, 금방金榜에 오르는 이름이 어려운 시험에서 합격한 것이라 영광인 것과는 정반대로 옛날에 향시를 본 수험생이 쓴 문장이 수준에 미치지 못하면 시험 응시 자격을 취소하고 방에 이름을 올려 알렸는데, 이것을 남방이라 하였다.

대략 당나라 때부터 남색은 점차 청靑 자에서 분리되어 정식으로 색

• • • (오른쪽) (왼쪽) 칭하이靑海 짱족藏族의 부처 햇볕 쪼이기曬大佛

명사가 되었다. 당시에도 남藍 자는 문인들이 직접적으로 끝없이 밝은 하늘의 색깔을 형용할 때나 바닥까지 훤히 들여다보이는 물빛깔을 표현할 때 쓰였다. 예컨대 두보杜甫는 〈겨울에 금화산에 가서 진공학당의 유적을 수습한 까닭冬到金華山觀因得故拾遺陳公學堂遺跡〉에서 "위에는 푸른 남색 하늘이 있고, 내려온 빛이 경대를 감싸는도다上有蔚藍天, 垂光抱瓊臺."라는 구절을 남겼고, 이백도 어느 시에서 "산빛과 물색이 쪽빛보다 푸르구나山光水色青於藍."라고 청량한 느낌의 시구를 읊었다.

남색은 원나라에서 숭앙하던 색이다. 원나라 사람들은 몽골족이 푸

른 늑대蒼狼의 후예라고 생각했다. 창蒼은 하늘색을 가리키는데, 이로 인해 원나라의 황궁을 건축할 때는 남색 유리기와로 지붕을 덮었다. 지금까지도 중국 안팎에서 최상품으로 인정받는 옛 자기의 남색 유약의 색藍釉色은 정교하고 심오한 자기 굽는 공예기술을 대표하는 색이다. 남색은 불교에서 밝고 깨끗하며 거룩함을 대표하기도 하여, 시짱 불교도들이 성심성의껏 숭배하는 신성한 색 가운데 하나이다.

남색이 감정을 상징할 때도 있는데, 옛날 산시陝西성 란톈현藍田縣의 남계藍溪에 있던 남교藍橋(지금은 없다)는 애정을 상징하는 다리였다. 옛 책 《서안부지西安府志》에도 기록되어 있고, 《장자莊子》〈도지盜跖〉 편에도 이런 이야기가 있다. "미생尾生이 아가씨와 다리 아래서 만나기로 했는데 아가씨는 나오지 않았다. 물이 밀려오는데도 가지 않고 교각을 붙들고 기다리던 미생은 그 자리에서 죽고 말았다." 이로부터 '남교藍橋'는 연인들이 만나기로 약속한 장소를 뜻하는 대명사가 되었다. 후대인들은 남녀가 서로 약속을 했는데, 한쪽에서 약속을 어긴 탓에 다른 한쪽에서 이루지 못한 사랑 때문에 죽는 것을 일컬어 '혼단남교魂斷藍橋'라 하였다. 남색은 이러한 이야기들을 통해 절망적인 사랑이라는 낭만적인 색채를 띠게 되었다.

현대 영화 중 미국 할리우드에서 1940년에 촬영한 흑백 애정 영화로 〈애수Waterloo Bridge(이 다리는 실제로 영국 런던에 있다)〉가 있는데, 여주인공은 비비안 리, 남자 주인공은 로버트 테일러였다. 영화의 내용이 고대 중국의 남교 이야기와 비슷해서 이 영화의 중국 제목이 '혼단남교魂斷藍橋'가 된 적이 있다. 당시 영화는 동서양의 수많은 관객들을 감동시켰고, 이로 인해 영화사상 가장 슬픈 애정영화 가운데 하나라는 영예를 얻었다.

전람 036

전람은 짙은 남색으로 속칭 '천청天青(청전靑靛이라고도 함)'이라고도 하는데, 중국 역사에서 가장 오래되었으며 민간 속으로 가장 깊이 들어와 평민 사이에서 복색으로 통용되는 인조 색소이다. 전람으로 염색한 소박한 남색 무명 및 전통 남색 꽃무늬 천의 색을 옛날에는 '감청紺青'이라 불렀다. 영어로는 '차이나 블루China blue'라 부른다.

청전靑靛은 전통 식물 염색제로 남초藍草, 요람蓼藍, 산람山藍 등의 풀잎이나 뿌리, 줄기에서 채취하여 만드는데 중국에서 이미 3천여 년이 넘는 역사를 지니고 있다. 옛 문헌 《하소정夏小正》을 보면 "5월에는 요람에 물을 준다."라는 구절이 있어 고대 중국인들이 인공으로 남초를 재배했음을 알려준다. 《시경》 〈소아小雅·채록采綠〉 편을 보면 "아침 내내 쪽풀을 베었건만 앞치마에도 차지를 않네. 닷새면 돌아온다 하시더니 엿새가 되어도 돌아오시지 않네終朝采藍, 不盈一襜. 五日爲期 六日不詹."라는 구절에 남초를 채취하는 여성의 모습이 생생하게 묘

藍

• • • 윈난雲南 샤관下關

사되어 있다. 기일을 넘겼는데도 돌아오지 않는 남편 때문에 넋을 놓고 캐다 보니 하루 종일 캤는데도 앞치마에도 채우지 못한 것이다. 산람(마람馬藍 또는 유구람琉球藍이라고도 함)의 뿌리는 약으로 쓰이고 감기가 걸렸거나 기관지가 부었을 때 처방된다.

《순자》〈권학〉 편에 보면 "청색은 남초에서 취하나 남초보다 더 파랗다."라는 구절이 있다. 이 구절은 짙은 남색의 출처를 알려준다. 청나라 광서光緖 연간의 《통주지通州志》에는 다음과 같은 기록이 있다. "밭에 심은 남초를 5월에 베는 것을 두남頭藍이라 하고, 7월에 다시 베는 것을 이남二藍이라 하며 벽돌로 찧어서 연못물에 담그고 그 물에 석회를 넣은 후 오래 젓고 물을 덜어내면 전靛이 된다. 이를 천을 염색하는 데 쓰는 것을 소항청小缸青이라 한다." 두남은 짙은 남색이 되고, 이남은 조금 옅은 남색인 하늘색에 가깝다. 남색으로 염색할 때의 농도는 남초를 몇 월에 베느냐에 따라 달라졌던 것이다.

남초는 주나라 때 이미 민간에서 재배하는 소득용 작물이었다. 《주례周禮》에 보면 "지관이 염색하는 풀을 관리하였다."라고 기록되어 있는데 이는 당시 조정에서 전담 기구를 설치해서 염색하는 데 쓰는 풀과 농장을 관리하였음을 알려주는 것이다. 또한 염방染坊을 열어서 '염인染人'이라 불리는 전문 기술자가 직물 염색 작업을 담당하였다. 주나라 조정은 예의와 의관 등급을 제정할 때 청전으로 염색한 전람색 천을 서민이 사용하는 복식의 색으로 규정하였다. 이로부터 짙은 남색은 평범한 백성의 집에서 사용되었고 중국에서 수천 년간 가장 널리 보급된 유명한 대표색 중 하나가 되었다.

염색 기술이 발전하면서 날염이 개발되었는데, 날염은 고대에는 힐纈이라 불렸다. 중국 전통 날염 기술은 협힐夾纈, 납힐蠟纈, 교힐絞纈

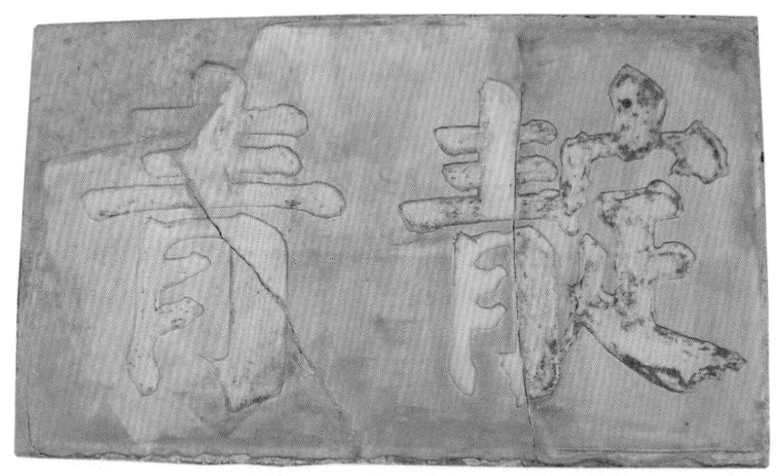

• • • (위) 돌 편액, 톈진天津 만의호萬義號 안료장顔料莊 (아래) 남색으로 날염한 천

및 회힐灰纈 네 가지로 나뉘는데, 오늘날의 협염, 납염, 교염, 남인화포藍印花布에 해당한다. 협염에 관한 최초의 문헌은 진한 시대까지 거슬러 올라간다. 고대 중국어에서 힐纈 자는 견직물에 꽃무늬 도안을 염색하는 것만을 가리켰는데 원나라 때에 이르러 인도로부터 들어온 면화가 보급되기 시작하면서 면직물이 점차 견직물을 대체하였다. 그러나 면직물의 흡수율이 견직물보다 월등히 높기 때문에 컬러 날염 원료의 재료 원가가 격증했고 그 압박으로 단색 염색이 발전하는 한편 염색력이 강한 염료를 선택하게 되었으며 결국 가장 보편적으로 재배하던 청전 풀이 가장 많이 선택되었다. 남색 바탕에 하얀 꽃무늬가 나타나게 염색하는 남협힐(또는 회힐)이 점차 면직물 날염에서 가장 유행하였고 지금까지도 이어져 내려오고 있다.

037

오수

C90 M75 Y0 K0

오수는 도자기의 유약으로 쓰이는 남색 광물 안료의 옛 명칭이다. 영어로는 '오리엔탈 블루Oriental blue'라 부른다.

오수는 중국 대륙이 원산지인데, 본오수本吳須, 당오수唐吳須라고도 부르며 다량의 코발트, 망간, 철 등을 함유한 흑갈색의 점토를 가리키는 이름이다. 지금으로부터 2,500년 전 전국 시대의 도예 기술은 산화망간을 착색제로 이용할 수 있는 수준이었지만, 원료에 불순물이 너무 많아 그 당시 오수의 색은 극도로 불안정하여 고대인들이 존숭하고 추구하던 '청(남)색'으로 보이는 효과를 얻을 수 없었다. 이 청색은 중국 고대인들의 우주관인 음양오행설에 따르면 정색 가운데 하나이자 상서로운 색이었다.

중국의 유명한 발명품 중 하나인 '자기'가 영어로 소문자 china로 쓰는 것을 보면 이것이 중국의 장식용 및 실용 그릇에서 나왔음을 알 수 있다. 고증에 따르면 '자瓷' 자는 한나라 때 이르러서야 나타나는

데, 그로 인해 후대인들은 자기가 최초로 나타난 시기를 가장 일찍 잡아도 한나라 때라고 본다. 청자靑瓷는 동한東漢 말기에 이르러 저장折江 사오싱紹興과 위야오餘姚, 상위上虞 등지의 월요越窯에서 불로 구워내는 데 성공하였고, 이후 수백 년간 월요의 청자는 중국 자기 제조업의 주류가 되었다. 명나라 만력萬曆 연간에 순도가 높은 페르시아의 스몰트Smalt(광물성 코발트블루)가 도입되면서 중국산인 오수를 점차 대체하였다. 이러한 제품은 짙고 윤기 있는 청색을 띠었는데, 주석빛을 내뿜는 수입품 페르시아 착색제로 인해 점차 명나라의 청화자기는 이채를 띠게 되었고, 그 명성이 멀리 전해지면서 후세에 각국 소장가들이 앞 다투어 수집하는 귀한 물건이 되었다.

청화람/소마리청 038

C80 M55 Y0 K30

청화람은 중국 자기 공업에서 가장 유명한 유약의 색으로, 동서고금에 걸쳐 700여 년의 역사를 지닌 중국 전통 공예의 색 중 하나이다. 청화는 백색 자기에 유약으로 청색 꽃무늬 도안을 그린 후 고온의 열산화 과정을 거쳐 나오는 남색의 일종이다. 착색 유약은 금속원소인 코발트를 함유한 광물이다. 5천 년 전 고대 이집트에서는 코발트 광물재료를 남색 유리를 구워내고 회화의 남색 안료를 만드는 데 사용했다.

사파이어 광택이 나는 곱고 아름다운 청화람색을 내는 데 빙기옥골氷肌玉骨의 유약 성분 및 굽는 기술을 제외하고 가장 중요한 것이 청화 유약인 코발트 재료의 질이다. 중국에서는 저장折江, 장시江西, 푸젠福建 및 광둥廣東 등지에서 코발트(옛날에는 오수, 당오수라 불렀다)가 생산된다. 오수는 산화망간과 다른 불순물을 다량 포함하고 있는 데다 옛날의 도자기 장인들이 불순물을 제거하는 기술과 경험이 부족하여 초기의 청화는 어두운 색을 띠게 되는 바람에 사람들이 감상하

• • • (왼쪽) 페르시아 남색 유리잔 (오른쪽) 청화 과일무늬 소반, 원나라

고 소장하고 싶어 할 만큼의 효과는 거두지 못했다. 반대로 서역에서 수입된 코발트 재료는 질이 우수해서 불순물이 적고 순도가 높았기 때문에 불에 구워내면 눈을 즐겁게 할 만한 유약 남색이 나왔다. 이 것이 13세기부터 원나라, 명나라 때 코발트 광물 재료가 대량으로 수입된 원인이다.

가장 초기의 남색 청화자기는 당나라 때 만들어지기 시작한 것으로 보인다. 가마터는 허난河南 궁현鞏縣에 있는데, 청화자기는 원나라 때 이르러 장시江西 징더전景德鎭에 관요가 설립된 후 자기 굽는 기술에 새로운 발전의 전기를 맞았고 페르시아(오늘날의 시리아와 아프가니스탄 일대)로부터 '소마리청蘇麻離靑'이라 불리는 코발트블루 재료를 대

• • • 아이가 노는 그림이 그려진 큰 청화 항아리青花嬰戲圖大罐, 명나라

량으로 수입하면서 원나라의 청화가 세상에 태어났고 징더전 또한 점차 중국 도자기 제조의 중심지가 되었다.

중국의 자기 품종이 변화하고 발전하는 과정을 살피면, 원나라 때 이전에 주류였던 것은 백자와 청자였는데, 원나라 때 이르러 이러한 공예 형태가 깨지고 청화자기의 빛깔 또한 몽골 통치자의 특별한 기호가 담긴 것이 당시에 유행하였다. 이렇게 된 것은 몽골 민족의 연원이 담긴 전설과도 연관이 있다. 원나라 가장 초기의 관찬 역사서인 《몽고비사蒙古秘史》에는 이런 기록이 있다. "당초에 원나라 사람들의 조상은 한 마리 푸른 늑대와 창백한 사슴으로…… 이들이 짝을 지어 한 사람을 나았는데, 이름을 파탑적한巴塔赤罕이라 하였다." 푸른 늑대의 푸른색은 하늘색을 가리키며, 또한 청화자기에 나타나는 남색이기도 하다. 창백한 색은 눈처럼 흰 색을 가리킨다. 따라서 몽골인

• • • 페르시아 고대 채색화 중의 남색 타일, 페르시아, 1427년

은 하얀색을 상서롭게 여긴다. 몽골 민족은 하늘과 조상을 존숭한다. 남색과 백색은 위대한 민족의 색이다. 남색과 흰색이 뒤섞인 청화자기는 원나라 사람들이 조상의 문헌에 나온 우의寓意를 잊지 않았다는 뜻이다. 수입한 소마리청蘇麻離靑을 착색제로 이용해서 불에 구워낸 청화의 남색 유약 색은 무겁고 안정감을 주면서도 부드럽고 따듯한 느낌을 주는 빛깔이었다. 약간 쇠 녹슨 색과 주석빛을 냈기 때문에 전아하고 고귀한 예술적 색감을 얻을 수 있었다. 그래서 원나라 청화는 마침내 중국 고유의 청화자기 생산의 황금시대를 열게 되었다.

이어서 명나라의 정화鄭和(1371~1433)는 일곱 차례나 서양으로 친목을 도모하는 여행을 떠났고 중화제국의 청화자기 또한 정화와 함께 바다를 건넜다. 청화자기는 물길을 따라 남양南洋을 거쳐 서양 각지에 운송 판매되었다. 삼보태감三寶太監 정화의 함대는 청화자기를 수출했을 뿐 아니라 고품질의 소마리청蘇麻離靑 유약 재료를 가져오기도 하였다. 정화의 친선 원정이 중지되자 이러한 우수한 재질의 청색 재료 수입도 중단되었다. 광택이 고아하고 대범한 청화의 유약 색은 한인漢人의 청색 숭앙을 극단적으로 보여주는 색으로, 중국의 조예 깊은 수공예의 성숙함을 대표했으며 후대 소장가들이 다들 수집해 소장하고 싶어 하는 희귀한 색의 보물이 되었다.

담람 039

중국어에서 담湛 자는 깊은 것 또는 물이 깊은 모양을 의미하는데, 《초사楚辭》〈초혼招魂〉 편에 보면 “넘실대는 강물 위에 백양이 너울거리고湛湛江水兮上有楓”라는 대목이 있다. 또한 담湛 자는 맑고 담백한 색을 가리키기도 한다. 예컨대 동진東晋 시대의 사혼謝混이 쓴 〈서쪽 연못에 노닐다遊西池〉를 보면 “물과 나무는 맑고 화려하구나水木湛青華.”라는 구절이 있다. 담람은 맑고 투명한 햇빛 아래 깊고 잔잔한 물의 색을 형용하는 것이다.

전통적인 청색 계열에 속하는 담람색은 대자연의 색으로, 색조가 맑고 깨끗하며 사람들에게 유쾌하고 편안한 느낌을 주므로 담湛 자는 탐耽 자와 통해서 정신없이 좋아한다는 의미도 된다. 담람은 한없이 멀고 끝없이 펼쳐진 푸른 하늘의 색을 우의하기도 한다. 소식蘇軾이 〈행향자杏香子, 칠리뢰를 지나며過七里瀨〉라는 작품에서 “물과 하늘은 맑고 그림자가 비치는데 물결은 잠잠하다水天淸, 影湛波平.”라고 읊었

• • • 칭하이호

藍

• • • 칭하이호

는데, 여기서 하늘빛과 물그림자의 담람색을 표현하고 있다. 고대인들은 색에 무척 민감했는데, 문인들도 담람색이 맑고 차가운 기운을 가진 색이라 여겼다. 예컨대 이백은 〈환공정桓公井〉이라는 작품에서 "시린 샘물에 맑고 외로운 달寒泉湛孤月"이라고 써서 가을날 시린 샘물에 비친 깨끗하고 맑은 달빛을 묘사하였다. 또한 고전 명저인 《서유기》 제15회에 보면 "좔좔좔 흘러내리는 물결 차가운 맥이 되어 구름을 꿰뚫고, 맑다 못해 짙푸른 파도에 햇빛을 되비쳐 붉은데涓涓寒脈穿雲過, 湛湛清波映日紅."라는 표현이 있는데, 이는 저자 시내암이 엄동설한에 삭풍이 몰아치는 가운데 사반산蛇盤山 응수간鷹愁澗에서 꽁꽁 언 물의 색을 표현한 것이다.

또한 담람은 어두운 밤 깊지 않은 빈 공간의 색을 상징하기도 한다. 예컨대 도연명은 〈신축년 7월, 휴가를 갔다가 강릉으로 돌아가며 밤에 도구를 지나다辛丑歲七月赴假還江陵夜行塗口〉에서 "서늘한 바람 일고 저녁이 다 되어, 밤경치는 비고 밝은 하늘은 깨끗하구나凉風起將夕, 夜景湛虛明"라고 읊었다. 또한 이백은 〈여산 동림사 밤의 소회廬山東林寺夜懷〉에서 "침착하게 본래의 마음 깨치고 나니湛然冥眞心"라 읊었는데, 이는 시인이 야밤에 절을 방문하여 마음을 비우고 고요히 앉아 깊은 생각에 잠겨 있는 깨끗한 마음의 경지를 표현한 것이다. 또한 담람은 불교 신앙에서 순정함, 맑고 깨끗함이 깊은 경지를 대표한다.

중국 칭하이성青海省 동북 변경에 있는 칭짱青藏 고원에는 둘레가 360킬로미터에 이르고 수심이 38미터에 달하는 칭하이호青海湖가 있다. 담람한 색과 속이 다 훤히 들여다보이는 듯한 맑은 호수로 이름이 높다. 중국 최대의 염수호이기도 한 이 호수는 티베트어로는 '처우원보湊紋波'라 부르고, 몽골어로는 '쿠쿠눠얼庫庫諾爾'이라 부르는데, 이 두 단어는 모두 '남색 큰 바다'라는 뜻을 가지고 있다. 남색은 짱족의 원시 신앙에서 중요한 지위를 점하고 있는데, 짱족 사람들이 믿는 천지는 세 부분으로 구성되어 있다. 상층은 백색으로 하늘이고, 중간은 홍색의 대지이며, 세상 만물이 머무는 곳은 하층, 즉 남색의 물 세계인데, 반룡蟠龍이 몸을 숨기고 있는 곳이다. 이로 인해 끝이 보이지 않도록 크고 물빛은 맑은 칭하이호는 짱족 사람들의 신앙에서도 아주 높은 지위를 차지하는 신성한 곳으로 대를 이어 짱족 사람들이 숭배하는 성스러운 호수이다.

색깔이 있는 보석 가운데 남색 보석 중에서는 역대로 붕소硼素(Boron) 성분을 함유하고 있어 투명하게 반짝이는 담람색의 보석이 가장 귀하게 여겨졌다. 고대 자기 중 청나라 강희康熙 연간(1662~1722)에 중국 저장에서 생산된 유약 재료로 구워 만든 자기가 있다. 빛깔이 화려하면서도 은은하고 보석처럼 담람색이어서 '불두람佛頭藍'이라 부르기도 하는데, 이러한 유약색이 원숙하고 매끄러운 남색은 강희 청화자기를 독보적인 위치에 올려놓았고, 심지어 명나라 선덕宣德 연간(1426~1435)의 청화자기와 함께 서로 명성을 드날렸다.

군청색 040

C97 M69 Y0 K26

군청색은 중국 역사에서 가장 유구하고 옛 그림에 가장 빈번하게 사용되는 광물 안료 색 중 하나이다. 안료는 청금석青金石을 부숴 만든 것인데, 공예에서는 '청금青金'이라 부른다. 청금석도 인류가 일찍이 발견한 귀한 장식품으로 가장 오래 사용해온 광석 중 하나이다. 군청색은 아름다움을 가득 담은 깊은 남색 광택을 보인다. 장엄함, 존귀함, 맑고 깨끗함 등의 색감을 가지며 신앙의 색채도 띤다.

천연 청금석은 서역에서 많이 났는데, 영어로는 Lapis Lazuli라 부른다. Lapis는 '돌'이라는 의미이고, Lazuli는 원래 아랍어에서 온 말로, 반투명하거나 투명한 남(청)색을 가리킨다. 청금 광석의 화학 성분은 납, 칼슘, 알루미늄, 탄소, 규소, 산소 등 다양한 원소를 함유하고 있으며, 광물은 등축 결정체로 12면체, 8면체, 또는 정6면체로 분류되고, 결정체의 색은 짙은 남색, 자줏빛 남색, 하늘색 및 청록색으로 나뉜다. 경도硬度는 5에서 5.5까지여서 자르거나 갈아서 보석으로 만들

• • • 청금석

기에 좋다.

청금석의 주요 산지는 아프가니스탄 및 시짱 지역인데, 황철석黃鐵石(Pyrite, 구리와 철의 황화물로 색은 황금색)과 함께 생산되기가 쉽기 때문에 짙은 남색 중에서 황금색이 점점이 번뜩인다. 청금석은 아랍인들 사이에서는 사막 밤에 반짝이는 별이라는 아름다운 이름으로도 불린다. 청금석은 기원전 7세기 중동의 바빌론 시대에 채굴되었는데, 산지와 생산량이 적어서 예로부터 제왕의 애호와 중시를 받았으며, 황제가 착용하는 장식품에 많이 사용되거나 갈아서 만든 염주, 인장, 담뱃서랍 등 남성의 신분과 지위를 상징하는 장식품에 이용되었다.

서양에서 청금석은 고대 그리스, 고대 로마, 르네상스 시대에 가루

• • • 시짱의 탱화

로 만들어져 그림의 안료로 사용되었는데, 군청색은 수많은 저명한 유화에 쓰였다. 고대 중국에서 청금석의 남색은 금정金精, 회회청回回青, 불청佛青, 군청群青이라 불리기도 하였다. 중국은 기원전 4세기 흉노가 세운 북량北涼, 북위北魏, 서위西魏부터 북주北周, 수나라, 당나라, 오대五代, 북송北宋, 서하西夏, 원나라 등 역대 대부분의 동굴 벽화, 특히 간쑤甘肅 톈산天山의 마이지산麥積山 석굴, 둔황의 막고굴 및 서천불동西千佛洞, 신장 베제클리크 천불동 등의 석굴에서 시짱의 탱화에 이르기까지 대부분 청금석 안료를 사용하였다. 이로 인해 비단길의 서반부는 '청금석의 길'이라 해도 무방할 정도이다.

군청색은 중국 고대 건축 채색화에 보편적으로 사용한 장식용 색이

藍

• • • 텐진天津 대비선원大悲禪院

• • • 신장 투루판 베제클리크 천불동

기도 한데, 늘 금색, 홍색, 녹색과 함께 깊이 있고 화려한 동양의 색 효과를 내는 데 쓰였다. 그러나 청금석 산지와 원석이 매우 희귀하기 때문에 지금은 거의 쓰이지 않고 있다. '군청'이라는 단어만큼은 지금까지도 유채 물감 등 인조 안료의 전용 명사로 사용되고 있다.

석청 041

C75 M60 Y0 K0

석청은 천연 광석으로 유리 광택이 나는 남색이다. 갈아서 가루 상태로 만든 후 회화의 안료로 사용한다. 청금석, 석록石綠, 주사朱砂 등과 함께 천연 순광물색이라 부르며, 중국 전통 회화에서 색으로 쓸 용도로 전해 내려오는 가장 오래되고 가장 중시되는 광물 재료이기도 하다.

석청은 남동광藍銅礦이라고도 부르는데, 늘 공작석과 함께 생산되며 청색 염기성 탄산구리에 속하고, 결정 구조는 단사 결정체의 단사주單斜柱이다. 석청과 석록은 물리적 성질이 같으므로 색을 혼합하여 각종의 짙고 옅은 색도와 녹색이나 남색을 띤 밝고 화려한 군록群綠(남)색 등을 만들어낼 수 있다. 석청 광석의 결정체는 순도가 다르면 다른 색조의 남색을 낸다. 중국 옛 문헌에서 석청은 수청獸青, 금정金精, 공청空青, 감청紺青, 백청白青 등 각종 색 이름으로 구분되어 불렸는데, 그중 빛깔이 짙은 남색을 감청이라 한다. 색 이름은 명나라, 청나라 때에 와서 '석청石青'으로 통일되었다. 회화용 안료인 석청은 17

세기인 에도 시대에 일본에 전해졌고, 천연 광물색인 석청람石靑藍과 청금석靑金石의 군청색群靑色이 매우 비슷하였으므로 일본에서는 '군청群靑'이라 불렀다. 군청색은 일본 에도 시대 민간 목판화인 우키요에浮世繪에 자주 쓰이던 남색이다.

• • • 석청 광석

중국에서 최근 발굴된 전국 시대(기원전 475~기원전 221) 초나라 묘 안에 있던 그림에는 가는 선으로 그려진 채색 도상이 있는데, 네 모서리에 나무가 그려져 있고, 각각 청색, 적색, 흑색, 백색 네 가지 색을 칠하여 사시와 사방을 상징하고 있다. 여기서 청색은 석청을 사용한 최초의 기록임에 틀림없다. 이밖에도 동한東漢 초기(약 25~100)에 불교가 승려의 발길을 따라 인도에서 톈산북로를 지나 중원에까지 널리 퍼졌다. 불교 예술도 신장까지 전해졌는데, 오늘날의 신장 바이청현拜城縣에 약 서기 2세기부터 3세기 무렵까지 창건된 베제클리크 천불동은 중국에서 지금까지 발견된 석굴 중 가장 오래된 것이다. 2킬로미터에 달하는 모래와 자갈 위에 고대인들이 1천 년 가까이 모두 200여 개의 동굴을 뚫었고, 1만여 제곱미터에 달하는 채색 벽화를 남겼는데, 그림의 내용들은 주로 부처의 일대기, 비천상飛天像, 진귀한 짐승들과 가장자리의 장식 도안 등이다. 색을 쓸 때 초기 벽화에서는 석청과 석록 광물을 안료로 많이 사용했고 화면에 펼쳐지는 색은 비교적 수수했다. 그 목적은 부드러운 남색과 녹색을 사용하여 조화롭고 고요한 불교 신앙의 색을 돋보이게 하는 것이었다.

남동광藍銅礦이라고도 불렸던 석청은 영어로 Azurite인데, 남색을

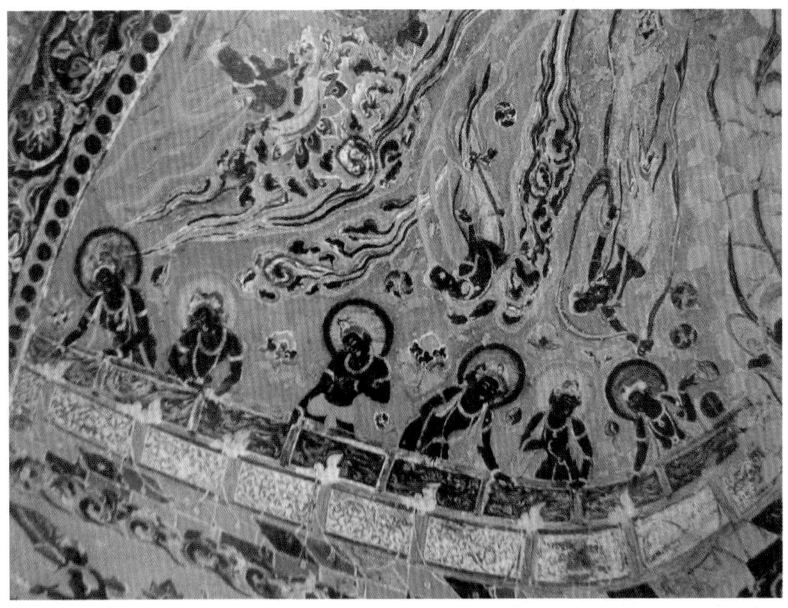

• • • (위) 〈천궁천녀〉(일부), 채색 벽화, 당나라 초기, 둔황 막고굴 제321굴 (아래) 일본의 우키요에

가리키는 아랍어 Azhward에서 온 것으로 짙은 남색을 의미하며, 일반적으로 지중해의 넓고 푸른 하늘의 색을 가리켰다. 그래서 프랑스도 눈부신 햇살 가득한 남부 연안을 '짙은 남색의 해안Cote D'Azure'이라 부른다. 석청은 시대의 변천에 따라 처음에는 종교, 장엄함, 신성을 뜻하다가 근대에 와서는 휴가, 편안함, 햇빛과 바다를 상징하는 대명사가 되었다.

경태람 042

C100 M70 Y0 K0

경태람은 고유한 색 명사로, 법랑채琺瑯彩에 바르는 유약색을 가리킨다. 명나라 때 경태景泰 연간(1450~1456)에 구워서 만든 법광의 사파이어 같은 밝고 투명한 남색이 가장 눈을 즐겁게 해 이러한 법랑 색을 경태람이라 불렀는데, 정식 명칭은 '동태겹사법랑銅胎掐絲琺瑯'이다.

법랑은 유리 질료(질산염)를 함유한 자기이다. 법랑채 안료는 붕산, 비소, 금, 안티몬 등 산화금속 광물질을 배합하여 만든 유약으로, 금속 태체胎體(주로 금태金胎, 은태銀胎와 동태銅胎 3종)에 바른다. 섭씨 677도에서 800도의 비교적 낮은 용해 온도를 거쳐 각종 다른 광택의 법광을 구워내는데, 색이 곱고 화려하며 제품은 유리와 같은 빛, 옥의 윤기, 자기의 정교한 질감 등과 같은 특성을 가지게 된다. 이 밖에도 부식, 고온에 강하고 빛깔이 노화되거나 변색되지 않는 특성이 있어서 중국 채색그림 자기 중 가장 유명한 품종 가운데 하나이다.

• • • 〈도사법랑삼환존掐絲琺瑯三環尊〉, 원나라

법랑은 구미에서 에나멜Enamel이라는 이름으로 불렸다. 가장 초기의 역사로까지 거슬러 올라가면 고대 이집트의 파라오가 쓰던 머리 장식품에 쓰인 것을 확인할 수 있다. 법랑이 중국의 문헌에서 가장 처음 등장하는 것은 13세기 원나라 때로, 서역 혹은 대식大食, 현재 중동의 아랍 지역에서 전해진 수공예 제품이 언급된다. 당시에는 공작람孔雀藍, 보석람寶石藍색의 유약을 바탕색으로 많이 사용했기 때문에 법랑이라는 이름은 '발람發藍'이 와전된 것일 가능성도 있다. 또한 법랑은 중국 북방에서 속칭으로 '소람燒藍', 남방에서는 '소청燒靑'이라 불렸다.

법랑채 자기의 생산은 청나라 때 절정에 이르렀다. 제작된 제품은 주로 황실 감상용 및 궁중의 장식품으로 공급되었다. 특히 궁정에서 생산한 제품은 더 정교하여 볼 만했다. 청나라 건륭 연간(1736~1795)에 들어서면서 법랑 자기는 전통적인 물고기나 곤충, 화초 문양 외에도, 중국의 자기 장인들이 서양의 유화 기법과 소재를 흡수함으로써 색 유약을 두껍게 칠하는 데까지 발전했다. 직업에서 쓰이는 은어로는 '퇴료堆料'라 불리는 신기술이었다. 회화의 내용에도 서양의 미인, 《성서》의 이야기, 천사와 구미의 풍경 등이 그림 소재로 등장하였다. 이와 동시에 법랑채는 속칭으로 '양채'洋彩라 불렸다. 법랑 자기는 심지어 해외에서도 유행했다.

법랑은 명나라 때의 경태람색에서 시작되어, 청나라 말기까지 500여 년간 전해지면서 아름다운 색과 눈길을 빼앗는 광택을 지닌 법랑채로 발전하였는데, 색상은 역시 호화롭고 고급스러운 감상용 색이었다. 법랑 공예 명품으로서 지금까지 세상에 남은 것은 무척 희귀하다. 알려진 바에 따르면 진품은 약 400점밖에 남지 않았다고 한다.

• • • 신장 하서주랑河西走廊의 옛 동굴

현재 대부분은 베이징 고궁과 타이베이의 고궁박물원에 보관되어 골동품 감상 애호가에게 널리 사랑받고 있다.

감색 043

C45 M38 Y0 K55

감紺은 고유한 색 명사로, 직물의 일종에 물들인 색을 가리킨다. 《석명釋名》에 보면 "감紺은 함含이다. 청색에 적색을 담고 있는 것을 가리킨다." 고 되어 있다. 《설문해자》에는 이렇게 풀이되어 있다. "짙은 청색에 적색을 띠는 것이다." 짙은 남색에 옅은 홍색이 내비치는 빛깔이라는 뜻인데, 깊고 엄숙한 색감을 가진 따뜻한 남색 색조에 속한다.

감람紺藍의 복색은 중국의 각 시대마다 다른 함의를 지녀왔다. 주나라 때 감색은 재계齋戒하는 복장의 색이다. 공자는 군자의 의관 복색에 대해 세밀하게 고려해 "군자는 감색과 추색으로 꾸미지 않는다君子不以紺緅飾."(《논어》〈향당鄉黨〉 편)고 했는데, 여기서 추緅는 검은색 중에 홍색을 띠는 복색으로 상복喪服의 색이다. 즉 군자는 감색과 추색(청색과 적색)으로 가장자리를 두른 옷을 입어서는 안 된다는 것이다.

기원전 206년 한나라 고조 유방은 진나라를 멸하고 서한 왕조를 세웠는데, 기본적으로 진나라의 옛 복식 제도를 이어받았다. 한나라 여

• • • 윈난 다리

藍

• • • 〈태을太乙〉(일부), 채색 벽화, 원나라, 산시山西 루이청芮城 영락궁永樂宮

성의 예복 및 관리들이 입는 조복도 진나라의 심의제深衣制를 활용하였다. 심의深衣는 웃옷과 아래치마를 한데 연결한 어깨가 넓은 복식이다. 《후한서後漢書》〈여복지輿服志〉에 보면 "태황태후, 황태후, 황후의 입조복은 위는 감색紺色, 아래는 조색皂色을 쓴다."고 되어 있다. 즉 황족의 귀부인이 황실 사당에 들어가 제사를 드릴 때 입는 심의의 상의는 감람색紺藍色이고, 하의는 조흑색皂黑色인데, 이로써 장중함과 천지를 경외하는 마음을 표현하였다. 또한 2세기인 삼국 시대에 감색

문금文錦은 고급 견직물이었다. 서진西晉의 진수陳壽가 쓴 《삼국지三國志》 〈오환선비동이전烏丸鮮卑東夷傳〉에는 이렇게 기록되어 있다. "특별히 너에게 감지문금紺地文錦 3필, 백연 50필, 금 8냥을 내리노니……." 이 글에 나오는 '너'는 동이솔선교위東夷率善校尉인 우리牛利를 가리킨다. 또한 감람색은 역대로 서민의 복색 가운데 하나이기도 했다. 마고자는 만주족 남성의 네 가지 제복 중의 하나로, 이 네 가지 제복은 각각 예복, 평상복, 비옷, 여행복이었다. 마고자는 여행복에 속하는데, 말을 탈 때 입는 복장이었다.

감색은 옛날에는 하늘색을 묘사할 때 사용되었다. 감벽紺碧은 짙은 남색 하늘 위에 옅은 홍색이 비친 자연의 색을 가리키는 말이었다. 또한 감전紺殿은 절과 같은 의미인데 당나라 사람 이백은 한 시에서 "절은 강 위에 걸쳐 있고, 푸른 산은 거울 속에 비추누나紺殿橫江上, 青山落鏡中."라고 읊었다. 《문선文選》에는 "감색 발에 붉은 주둥이, 녹색 옷에 비취색 깃털紺趾丹嘴, 綠衣翠衿"이라는 앵무새의 색을 묘사하는 구절이 있다.

공작람 044

C92 M92 Y0 K17

공작람색이라는 명칭은 진귀한 새 공작孔雀의 아름다운 깃털 색에서 비롯되었다. 즉 남색 중에 살짝 보라색 광택을 띠어 사람의 눈을 즐겁게 해주는 색이다. 영어로도 Peacock blue라고 부른다.

아시아의 열대 삼림에서 사는 공작은 인도, 네팔 및 스리랑카(옛 이름은 실론) 일대가 원산지이다. 예로부터 인도인들의 찬미와 경애를 받은 공작은 그 이름으로 세워진 도시와 왕조까지 있을 정도였다. 불경 중에도 공작왕의 전례와 고사가 있다. 인도에서 공작은 고귀함과 아름다움, 선량함을 대표한다.

《한서漢書》에 따르면 공작이 처음 중원에 들어온 것은 월남越南 왕이 공물로 서한西漢 황실에 바치면서라고 한다. 당시의 이름은 '공작孔爵'이었는데, 당나라 때에 와서는 '월조越鳥'라 불렸다. 간쑤 둔황 석굴의 벽화에도 인도나 동남아에서 전해진 것으로 보이는 공작상이 보인다. 유림굴楡林窟 유적 제25호 굴에 있는 중당中唐 시대에 그려진 채색 벽화에도 가슴을 펴고 날개를 펼친 모습이 담겨 있다. 아름다운 깃을 펴고 빙글빙글 돌며 춤을 추는 장면인데, 신의 형상 같은 공작의 채색화이다.

공작람은 서양의 봉건 시대에는 황실을 대표하는 색으로 고귀함과 우아함을 상징하였다. 고대 중국은 불교 사상의 영향을 받아 공작람색은 지혜와 밝고 깨끗함을 의미했다. 자기를 구워서 만들 때 녹색 발색제인 산화크롬에 약간의 금속 코발트 재료를 추가하면 산뜻한 공작람색이 나온다.

공작람색은 역대로 세상 사람들이 좋아하던 색이었다. 중국 현대 문학작가 가운데 장아이링張愛玲(1920~1995)은 처연하면서도 세심한 글쓰기에 능했는데, 대변혁의 시대에 결핍감이 있는 남녀관계를 묘사하였다. 장아이링도 각종 다른 색과 수사를 가지고 소설 속 인물의 성격과 분위기를 돋보이게 하였다. 예컨대 그녀의 초기작 《심경心經》에는 이렇게 묘사되어 있다. "그때는 한여름 저녁이었다. 옥처럼 맑은 하늘에는 별도 달도 없었다. 샤오한은 공작람색 셔츠와 하얀 바지를 입었다. 공작람색 셔츠는 공작람색 밤으로 파묻혔다. 어렴풋이 그녀의 혈기 없는 영롱한 얼굴만 보였다." 장아이링은

• • • 공작람색 유약 자기로 만든 사자, 원나라

• • • 영고릉永固陵 돌여닫개에 조각된 공작(일부), 북위北魏 산시山西 다퉁大同 영고릉 고묘古墓

이런 밝은 남색에 남다른 감정을 지니고 있었던 것 같다. 그녀의 처녀작인 《전기傳記》는 1944년에 자비로 출간했을 때 책의 장정을 그녀가 직접 디자인했는데, 앞표지, 뒤표지, 책등에도 모두 공작람색만을 썼다. 앞표지에 "전기, 장아이링 지음"이라고 큰 예서체로 적었을 뿐인 것을 보면 침울한 기운을 은연중에 드러내고 있었다 하겠다. 만년에 출간한 《대조기對照記》에서 장아이링 본인도 이렇게 언급하였다. "나는 첫 책을 출간할 때 나 자신이 디자인한 표지를 온통 공작람색으로 덮고 그림도 일절 넣지 않고 검은 글자만 인쇄하고 빈틈을 조금도 남기지 않아 빽빽함으로 사람을 질식시키고자 하였다." 이토록 숨도 제대로 쉬지 못할 정도의 짙음이야말로 이 현대 소설가가 남색에 대해 가진 개인적인 감각이었다.

유리람 045

C72 M45 Y0 K60

유리, 도자기 및 청동기는 모두 인류가 최초로 사용한 인공 재료로 만든 물건이다. 고대 중국에는 유리 원료가 희귀했으므로 금은金銀, 취옥翠玉, 도자陶瓷, 청동青銅과 함께 5대 명기라 불렸다. 유리람은 짙은 남색을 띠는 유리의 색상을 가리키는 말로, 장식물과 옛날 건축물의 장식재 또는 지붕을 덮는 구조물에 쓰였는데 색이 장엄하고 신중한 느낌을 준다.

유리琉璃는 파리玻璃의 전신으로 근대의 고고학 발견에 근거하면 최초의 유리 제품이 출현한 것은 중동의 유프라테스 강과 티그리스 강 유역 사이의 메소포타미아 평원, 즉 오늘날의 이라크 지역이다. 시기는 대략 기원전 2500년에서 기원전 1000년 사이인데, 그곳의 원주민들은 완전한 유리 재질의 그릇과 장식물을 만들 줄 알았다. 이후 유리를 제작하는 공예 기술은 시리아, 사이프러스, 이집트와 에게 해 지역에 퍼졌고, 이어서 서역을 거쳐 공물의 형식으로 중원에 전해졌다.

··· 남색 유리 연화잔蓮花盞, 원나라

중국에서는 이러한 인공 옥과 반투명한 유리는 약 기원전 11세기 서주西周 시기에 생산되었다. 초기의 유리 제품은 주로 황실 왕공王公의 장신구로 쓰였는데, 신분과 지위의 상징이었으므로 평민은 제대로 보기도 힘들었다. 옛 문헌에서 유리琉璃는 유리流璃, 유리瑠璃, 유려琉黎, 유려瑠瓈 혹은 파려頗黎 등 여러 명칭으로 쓰였는데, 모두 서역, 페르시아, 구자龜玆 등에서 들어온 외래어를 음역한 것이다. 서한西漢 후기, 즉 장건張騫이 서역에 다녀온 후에서야 그릇을 가리키는 명사로 처음 사용되었다.

유리는 고대 서역이나 중국을 막론하고 종교와 밀접한 관계를 가지고 있다. 이슬람교에서도 유리 제품은 제사 의식에 쓰이는 예기 가운데 하나이다. 중국의 도교에서는 신선이 사용하는 그릇이 대부분 유리이고, 삼계三界●의 생령을 다스리는 옥황상제가 머무는 곳도 유리로 만든 선궁이라고 말한다. 도사들이 거론하는 천계天界는 흔히 '유리선경琉璃仙境'이라 불린다. 불교의 세계에서도 유리를 귀하게 여기는데, 이는 유리가 사기邪氣를 피하고 병을 없애는 영물이라 생각했기 때문이다. 유리는 범어로 Vai Rya인데 우리말로 옮기면 '남색 보

● 하늘, 땅, 사람의 세 가지 세계.

• • • 베이징의 천단天壇

물'이란 뜻이다. 청색은 허공의 빛색에 속하는데, 맑고 깨끗하여 정신과 지혜의 투명한 깨달음을 상징한다. 따라서 유리의 빛은 부처의 덕을 비유하는 빛이기도 하다. 《서유기》에서 저자 오승은이 원래 천신이 사는 곳의 권렴대장捲簾大將이었던 사승沙僧이 실수로 남색 유리를 깨뜨린 벌로 인간 세상에 유배되어 유사하流沙河에 칩거하면서 식인食人을 업으로 삼지만 결국 스승인 삼장법사를 따라 서천으로 경을 구하러 떠나는 이야기를 쓴 것은 아마도 불교 사상의 영향일 것이다.

또한 중국 전통의 색채관에서 유리람은 하늘의 색을 대표하며, 지금까지 가장 유명한 유리람색 건축물은 베이징시 둥청구東城區에 있는 천단天壇이다. 이 건축물은 명나라 영락 18년(1420)에 짓기 시작하여 명청明青 두 시대에 황제가 하늘에 제사지내고 풍년과 비를 기원하는 곳이었다. 푸른 하늘을 상징하는 남색 유리기와가 지붕을 덮고 있는 천단은 현존하는 중국의 고대 건축물 중 규모가 가장 큰데, 명청 두 시대에 걸쳐 가장 큰 정치적 권위를 가진 제사 건축물이기도 하다.

인단트렌 046

C80 M55 Y0 K50

인단트렌은 20세기 초 유럽에서 중국으로 전해진 면직물 염료의 색으로, 짙은 남색藍色에 어두운 자색紫色 기운이 있는 빛깔이다. 민국 초기 상하이 여성들 사이에서 유행한 색이기도 하다.

'음단사림陰丹士林'이란 단어는 영어 Indanthrene을 음역한 것인데, 인공 화학으로 합성한 면직물 염료이다. 1901년 독일 화학공업기업 바이엘BYER에서 일하던 르네 본Rene Bohn이 발명한 것으로, 그 주요한 화학성분은 수산화나트륨이다. 직물은 다른 비율의 염료통 안에서 농도에 따라 상, 중, 하 세 단계의 남색으로 염색된다. 당시 중국에서 수입품이었던 인단트렌으로 염색한 면직물은 '인단포'라 불렸다. 중국산 남전藍靛과 구별하려고 '양전洋靛'이라 부르기도 했다.

멸망한 청나라 왕조를 이어서 상하이에 새로 설립된 군 정부의 지도 아래 '변발을 자르자'라는 구호가 상하이탄에 울려 퍼졌다. 옛것을 부수고 새것을 세운 상하이의 신사들은 겉모습을 바꾸기 시작해, 머

리칼을 가운데로 나누어 5:5 가르마를 타고 포마드를 바른 것을 문명과 유행의 상징이라 여겼다. 또한 위대한 여성복 개혁도 상하이에서 시작되어 전 중국을 풍미하였다. 그것은 바로 만주족 청나라의 옷차림인 치파오旗袍를 개량한 것이었다. 품이 넓고 소매가 넉넉한 옷을 몸에 착 붙게 하여 몸매의 굴곡을 그대로 드러내 보이는 신식 치파오로 개량했던 것이다. 마침 인단트렌도 이러한 시대적 흐름을 타면서 유행하게 되었다.

・・・ 인단포 포스터, 옛 상하이의 광고

• • • 인단포 포스터, 옛 상하이의 광고

복장이 변화하는 흐름에 따라 "영원히 선명한 색, 뜨거운 햇볕을 쬐이고 오래도록 세탁을 해도 퇴색하지 않는" 외국에서 온 남색은 점차 신식 치파오에 쓰이는 유행색이 되었고 새롭고 독특한 것을 추구하는 상하이 여성을 대표하는 색이 되었다. 민국 중후반기에 남색 인단포는 점차 유행이 되면서 대학교까지 펴졌고 고급 학부 인텔리의 우아함과 신중함을 대표하는 학생의 복색이 되었다.

이러한 빛깔은 독일 프러시안 블루와 비슷한데, 장중하고 대범한 느낌을 주는 짙은 남색이다. 상하이 모던을 상징하는 대표색이라고도 볼 수 있고 중국 전통 남색 계열에서도 일종의 변주된 유행색이고 지금까지도 사람들에게 끝없이 과거를 되돌아보게 하는 색이다.

제색 047

C60 M0 Y5 K0

중국어에서 제霽 자의 본의는 정지 혹은 비가 그쳤다는 의미이다. 《설문해자》에 보면 "제霽는 비가 멈추는 것이다."라고 되어 있다. 훗날 큰 눈과 비바람이 갠 후 나타나는 밝고 맑은 남색의 하늘색, 또는 달이 밝고 바람이 맑은 밤의 색을 가리키는 색으로 쓰였다.

고대에 제霽 자는 낮과 밤이 구분되지 않는 계절이나 바람과 비, 서리와 눈이 점차 멀어지고 난 후에 맑고 깨끗해지는 자연 현상을 묘사할 때도 많이 사용되었다. 예컨대 제일霽日은 큰 비가 내린 후 햇빛이 찬란한 날씨를 가리키고, 제조霽朝는 비가 멎고 난 후 처음 갠 새벽을 이르는 말이다. 제경霽景은 비바람이나 큰 눈이 지난 후의 선명한 정경을 가리킨다. 옛 시문 중, 송나라 때 시인 유영柳永이 지은 〈미인이 취하다佳人醉〉라는 시의 "저녁 무렵 주룩주룩 내리던 비가 멎으니, 높디높은 하늘엔 옅은 구름만 떠 있고 부드러운 바람 부누나暮景蕭蕭雨霽, 雲淡天高風細."라는 구절은 비가 오고 난 후 갠 날의 풍경을 묘사하고 있다. 또한 송나라 사람 임앙林仰은 〈소년유少年遊·조행早行〉이라는 시에서 "비 그치고 노을 흩어지니 새벽달 오히려 밝고, 성긴 나무엔 남은 별 걸렸네霽霞散曉月猶明, 疏木掛殘星."라고 읊으며, 동틀 무렵 아침 노을이 흩어진 후 밝은 달과 외로운 별이 여전히 하늘가에 걸린 고즈넉한 장면을 묘사하였다. 당나라 왕발王勃의 〈등왕각서滕王閣序〉에서는 "무지개 사라지고 비도 개니, 햇살이 구름 사이에서 드러난다虹銷雨霽, 彩徹雲衢."라 하여 비가 멎고 무지개도 흩어진 후 바람 불고 햇빛

··· 눈바람이 그치고 난 후의 맑은 풍광

찬란한 대자연의 아름다움을 묘사하였다. 이 밖에도 제색은 엄동설한에 눈 내린 후의 하늘에 드러나는 하늘색을 가리킨다. 예컨대 당나라 조영祖詠이 〈종남산에서 남은 눈을 보다終南望餘雪〉에서 "종남산 그늘진 봉우리 빼어나, 눈을 이고 구름 가에 솟았구나. 숲 위로 하늘 맑게 개었고, 성 안에는 저물녘 기운이 감도네終南陰嶺秀, 積雪浮雲端, 林表明霽色, 城中增暮寒."라 읊었는데, 시에 나오는 종남산은 서쪽 간쑤甘肅 톈수이天水에서 동쪽 허난河南 산현陝縣에 걸쳐 있는 산을 가리킨다. 당시 조영은 시인 왕유王維의 동창이었다.

또한 제월은 원래 비바람이 지난 후 유난히 맑고 깨끗한 달빛을 형용하는 말이다. 훗날 나온 '광풍제월光風霽月'이라는 성어는 정치가 맑아서 천하가 평화로운 국면을 비유하는 데 쓰이거나 인품이 광명정대하여 호탕한 기개를 가리켰다. 또한 이 성어는 마음이 맑고 평화로운 경지를 가리키기도 하였는데, 명나라 소준蘇濬이 쓴 《계명우기鷄鳴偶記》에 이렇게 적힌 것을 보면 확인된다. "풍광월제는 내 마음의 태허진경太虛眞境이다. 조어화음鳥語花陰은 내 마음이 생기가 무궁하다는 말이다." 그러나 제안霽顔 또는 색제色霽는 오히려 분노가 전부 사라져서 다시 기쁜 얼굴로 돌아왔다는 의미이다.

천청색天靑色과 비슷한 색 명사인 제색은 현대 중국어에서는 흔히 쓰이지 않게 되었다. 오로지 현대 학교에서 부르는 예술 가곡인 〈눈을 밟고 매화를 찾다踏雪尋梅〉의 가사에서만 그 흔적을 엿볼 수 있다. "눈 갠 하늘 맑고雪霽天晴朗 매화 향기 도처에 향기롭다. 나귀 타고 패교를 지나니 방울소리 딸랑딸랑 (……) 예쁜 꽃 꺾어 꽃병에 꽂아 내 공부에 벗하고 함께 좋은 시간을 보낸다."

천청 048

C65 M0 Y6 K0

천청은 큰 비가 내린 후 맑게 갠 하늘의 색, 즉 하늘색을 가리킨다. 또한 날씨가 좋아서 하늘에 구름이 하나도 없는 대자연의 색이기도 하다. 유쾌한 마음이 들게 하고 발걸음을 가볍게 하는 경쾌한 느낌의 색이다. 진晉나라 때의 서예가 왕희지王羲之(303~361)가 〈3월 3일 난정시서三月三日蘭亭詩序〉에서 길이길이 전해질 이런 빼어난 구절을 읊은 바 있다. "맑게 갠 하늘, 따사롭고 시원한 봄바람 속, 우러러 하늘의 광대함을 바라보고 굽어 만물의 번성함을 살폈다. 자유로이 눈을 돌리며 마음 가는 대로 생각을 달리니, 보고 듣는 즐거움이 극에 달하여 참으로 즐거웠다天朗氣淸, 惠風和暢, 仰觀宇宙之大, 俯察品類之盛, 所以遊目騁懷, 足以極視聽之娛, 信可樂也."

먼지 한점 없고 멀리까지 볼 수 있는 하늘의 색인 하늘색은 고대 서양에서는 귀족을 상징하는 색이었고 뭇 신들이 머무는 천당의 신성한 색이었다. 14세기 이전 유럽의 종교 유화 가운데 성모 마리아가

몸에 하늘색 두루마기를 걸친 모습은 순결하고 완벽한 이미지를 우의하는 것이다. 고대 중국에서 쓰인 색 용어 중 청색青色은 원래 남색藍色을 두루 가리키는 말이었다. 옛글 '천청일안天青日晏'에서 안晏 자는 하늘이 맑아 구름이 없다는 뜻으로, 해가 투명하게 빛나는 하늘색을 가리킨다.

천청색은 전통 중국에서 빛이 가득한 색을 대표한다. 명나라 말기의 은사隱士 홍자성洪自誠은 만력 30년(1602)에 지은 《채근담菜根譚》에서 이렇게 말했다. "군자의 마음은 하늘처럼 푸르고 해처럼 밝아서 모르는 사람이 없게 한다君子之心事, 天青日白, 不可使人不知." 즉 맑고 깨끗한 하늘색을 말하지 못할 비밀이 없는 군자의 당당하고 밝은 사람됨에 비유한 것이다. 청렴함으로 역사에 이름을 남긴 북송의 관리 포증包拯(999~1062)은 죽고 나서 민간에서 포청천包青天이라는 명예로운 호칭으로 불렸는데, 몸가짐과 덕행이 푸른 하늘처럼 맑고 깨끗했다는 뜻이다.

또한 천청색은 청나라 관직인 의인宜人의 복색이었다. 예컨대 청나라 조박曹樸의 《얼해화孽海花》에는 "몸에는 비가 갠 뒤의 천청색 같은, 큰 모란을 수놓은 장주漳州산 수자繻子 마고자를 입고 허리 아래에는 띠를 찼다."라는 구절이 있다. 고대 자기 중에 가장 유명한 것은 오대십국五大十國 시기 후주後周 세종世宗(954~959 재위)의 시요柴窯(가마터는 현재 허난河南의 정저우鄭州에 남아 있음)에서 천청색 유약으로 구운 자기인데, 전해진 바에 따르면 당시 세종의 신하가 어떤 모양의 자기를 구워야 할지 묻자 시영柴榮(세종의 이름)이 이렇게 지시했다고 한다. "비가 갠 뒤의 하늘엔 구름이 없으니 이런 색을 추후 만들어내도록 하라." 그 결과로 구워낸 자기는 "하늘처럼 푸르고, 거울처럼 맑

• • • 맑게 갠 하늘

藍

• • • 천청색 비단으로 만든 여성용 상의, 청나라

으며, 종이처럼 얇고, 두드리면 그 소리가 경쇠 같았다." 게다가 "(유약색은) 윤기가 돌고 매끄러웠다." 안타깝게도 시요에서 만들어져서 전해지는 작품이 드물다. 명나라 때부터 이미 보기가 힘들었는데, 알려진 바에 의하면 당시 시요에서 나온 작품은 황금, 취옥 등과 값이 같았다고 한다. 그래서 후대인들은 '시요의 자기 값이 천금이다.'라며 찬사를 보냈다. 당시 시요의 비가 갠 후의 하늘 같은 천청색 유약으로 구워냈다는 자기의 색을 오늘날의 사람들은 다만 옛 문헌에 실린 기록에 근거하여 추측해볼 수 있을 따름이다.

표 049 색

표縹는 견직물을 식물 염료로 염색하여 나온 색을 가리킨다. 《설문해자》에는 이렇게 적혀 있다. "표縹는 비단을 청백색에 물들인 색이다." 또한 표縹는 표漂와 통하는데, 색이 옅다는 의미이다. 따라서 표색은 옅은 청색 또는 오늘날 이른바 파우더 블루Powder Blue라 부르는 색이다.

고대 중국에서 사용한 염색을 거듭하는 방법으로 견직물을 계속 침염浸染하면 색이 점점 짙어지는데, 그렇게 염색한 직물들은 각각 다양한 색으로 구별되었다. 반복적으로 표백하고 염색해서 나온 표색 비단 직물은 백표白縹, 천표淺縹, 중표中縹 등 농도가 다른 남색 직물이 된다. 《석명釋名》에는 "표縹는 표漂이다. 표漂는 옅은 청색이다. 벽표碧縹, 천표天縹, 골표骨縹가 있는데, 각각 모양을 뜻하는 말이다."라는 구절이 있다. 다른 고전 《초사楚辭》〈왕王·구회九懷·통로通路〉 편에는 이런 구절이 있다. "붉은색은 상의, 비취색은 치마紅采兮騂衣, 翠縹兮為裳." 이 구절은 복색을 맞추어 입은 모습을 형용하는데, 글 속에

저장浙江 시탕西塘

서 성騂은 적색 또는 적황색을 가리킨다. 고대 중국에서는 상반신에 입은 옷을 의衣라 하고 허리 아래로 입는 옷을 상裳이라 부르며 남녀가 함께 착용했다. 위의 구절은 홍적색紅赤色의 상의가 취람색翠藍色의 치마와 잘 어울린다는 뜻으로, 옛 사람들이 따뜻한 색조와 차가운 색조의 옷을 서로 받쳐 입는 미감이 있었음을 확인할 수 있다.

나긋나긋한 색감을 가진 표색은 그 의미가 '표飄'와 같아 빠르게 휘날린다는 뜻이다. 예컨대 《한서漢書》 〈가의전賈誼傳〉에는 "봉황새는 훨훨 날아 높이 날아가니鳳縹縹其高逝兮."라는 구절이 있으며, 표묘縹緲는 가물가물하고 희미하다는 뜻으로 있는 것 같기도 하고 없는 것 같기도 한 경지나 풍경을 가리킨다. 예컨대 백거이白居易는 〈장한가長

베이징의 바다링八達嶺

恨歌〉에서 "그 산은 허무하고 까마득한 사이에 있다山在虛無縹緲間."라 하여 눈에 보이지 않는 먼 산들 사이에 숨어 있는 듯한 모습을 묘사하였다.

고대의 경서와 고적은 습관적으로 표색 직물로 장정을 하였는데, 그래서 표질縹帙은 옅은 청색의 책 덮개를 가리켰고, 표상縹緗은 책의 별칭이었다(담청색 비단은 표縹, 담황색 비단은 상緗). 표낭縹囊은 책을 넣는 가방이었다. 또한 '명일표낭名溢縹囊'에는 문인이 많다는 뜻과 책의 기록이 많다는 뜻이 있다. 표벽縹碧은 바닥까지 선명하게 보일 정도로 맑은 물의 색을 가리켰다. 예컨대 남조南朝 양梁나라의 오균吳均이 쓴 〈여주원사서與朱元思書〉에 보면 "강물은 맑아서 천 장 바닥이 다

물이 좋기로 유명한 쑤저우蘇州의 저우장周莊

들여다보이네. 헤엄치는 물고기와 작은 돌멩이까지 보이니 가리는 게 없어라水皆縹碧, 千丈見底游魚細石, 直視無礙."라는 구절이 있다.

중국에서 처음으로 등장한 자기는 청자靑瓷였다. 그 청자를 만드는 유약색이 옅은 회람색灰藍色이었는데, 그 원인의 하나는 유약의 성분 중 금속산화철이 함유되어 있었기 때문이고 또 한 가지 원인은 자기를 구워서 만들 때 받는 온도의 영향 때문이었다. 산화염에서 구워지면 황색이 나오고 환원염에서 구워지면 담청색이 나온다. 따라서 고대에는 청자를 표자縹瓷라 부르기도 하였다. 서진西晉의 문학가 반악潘岳(247~300)도 이 두 가지 유약색으로 구워진 자기를 〈생부笙賦〉에서 묘사한 적이 있다. “황색 자기를 드는 것은 맛이 좋은 술을 주기 위함이고, 표자를 기울이는 것은 술을 따르기 위함이라披黃苞以授甘, 傾縹瓷以酌醽.” 즉 한 가지는 황색 꽃잎처럼 생긴 자기이고 다른 한 가지는 파우더 블루의 자기이다. 여기서 유醽는 맛이 순정하고 진한 술을 의미한다.

색 명사인 표縹는 현대 중국어에서는 잘 쓰이지 않는다. 대부분 옅은 남색 또는 파우더 블루가 대체하였다.

비색 050

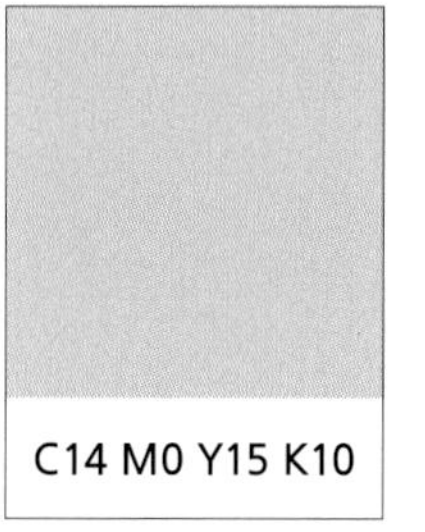

비색은 만당晩唐 때 처음 생겨났지만 송나라 때 와서 실전된 월요越窯의 명품 자기, 즉 비색 자기의 유약색이다. 이로 인해 비색이 담고 있는 함의와 그 색깔을 후대인은 옛 문헌의 관련 서술과 비유에서만 찾아볼 수 있다. 1980년대까지 과거 수백 년간 도자기 장인 간의 뜨거운 화제 중의 하나는 실제로 비색 자기 골동품이 다시 출토되어 이러한 소문 속의 오래된 비색 자기 유약색을 바야흐로 다시 볼 수 있을지에 관한 것이었다.

'비색'이 가장 처음 나타난 것은 만당 오대십국 시기인데, 알려진 바에 의하면 오월吳越 왕조의 두 번째 황제 전원관錢元瓘(932~941 재위)이 지정하여 월요越窯에서 구워낸 일종의 명품 자기로, 황제만 사용할 수 있었고 신하나 백성에게는 사용이 금지되었다. 비秘는 원래 밀密과 통하며, 향기로운 풀의 이름이기도 하다. 또한 '비秘'는 고대에 황제와 관련된 물건을 가리키기도 하였다. 예컨대 비가秘駕는 천자가 타는 수레이고, 비관秘館은 천자의 도서관이었으며, 동원비기東園秘器는 황실의 구성원이나 고관이 죽고 나서 쓰는 관재棺材 등을 뜻했다. 따라서 당시 오월은 이런 황제용 자기를 비색 자기라 불렀고, 월요 또한 '비색요秘色窯'로 불렸다.

전문적으로 자기를 구워내던 월요의 가마터는 주로 저장浙江의 위야오餘姚, 상위上虞, 사오싱紹興 일대에 분포되어 있는데, 고대에는 월나라 사람들이 살던 곳이었다. 기원전 4세기인 전국 시대의 월나라 땅은 당나라 때 월주越州로 개칭되었는데, 월요越窯는 이렇게 얻은 이름이다. 이 땅은 10세기인 오대십국 시기에는 오월국(907~978)의 봉토였다. 이 땅에서 생산된 자기는 청자가 주였고, 그 역사적 연원은 동한東漢 시대(25~220)로까지 거슬러 올라간다. 월요는 당나라 때 전국 6대 청자 생산지 중 하나였고, 중국 남부에서 청자를 구워내는 중심지였다. 월요는 1천 년 이상 유지되다가 송나라 때 가서야 생산이 끊어졌다. 안타까운 일은, '비색 자기' 또한 월요의 생산이 중단됨과 더불어 결국 실전되고 말았다는 사실이다. 후대인들은 옛 문헌에서 '금은구기金銀扣器', '금구월기金扣越器' 또는 당나라 오대 시기에 차를 사랑한 시인 서인徐夤의 〈공여비색다시貢餘秘色茶詩〉에 나오는 '달빛이 봄물을 물들이다月染春水', '얇은 얼음에 녹색 구름이 가득하다薄氷盛綠雲', '여린 연잎이 이슬에 젖다嫩荷涵露' 등과 같은 화려하고 아름다운 시구를 통해 이러한 월요에서 만든 자기의 윤기 도는 청색을 짐작해 볼 뿐이다. 그 밖에도 청나라 때 징더전 사람 남포藍浦가 자신의 유명한 책《경덕진도연景德鎭陶緣》에서 비색에 대해 이렇게 기록하고 있다. "비색요秘色窯는 표벽縹碧에 가까운 청색인데, 월요越窯와 같은 말이다." 고대인들은 윤기가 나는 청록색을 표벽이라 불렀다. 남포가

비색 자완瓷碗, 당나라

여기서 한 말은 비색의 색상이 벽록색碧綠色에 가깝다는 의미이다.

그러나 진정한 비색 자기의 유약색과 그 색조는 20세기에 들어서야 실증되었다. 1987년 중국의 고고학 발굴자가 산시성陝西省 푸펑현扶風縣에서 중국 최대의 불교 사원인 법문사法門寺의 보탑 기석 아래에 있던 지궁地宮에서 일련의 법기와 옛 물건을 찾아냈는데, 그 속에서 13점의 쟁반, 사발, 접시 등의 고대 월요의 자기가 발견되었다. 동시에 석비에 명세서까지 새겨져 있어 이 자기들이 비색 자기라는 사실이 확인되었다. 이 기물들을 발견한 고고학 발굴자에 따르면, "출토된 비색 자기의 '비색'은 확실히 옥의 질감을 가지고 있었고, 색은 쑥색과 청록색 중간의 보기 드문 유약색이었다". 이를 통해 사람들은 비로소 비색이 어떤 색인지 알게 되었고, 소문만 무성하던 비색은 그 신비한 색을 다시 드러내었다.

녹은 고유한 색 명사로 식물의 잎 색깔을 가리킨다. 《설문해자》에는 "녹은 백帛에 청색과 황색을 칠한 것이다."라고 되어 있다. 다시 말해 녹색은 청색과 황색이 조화된 색으로 고대에는 간색間色이라 불렸다. 전통적인 '오색행五色行' 색채관과 방위학에서는 녹색을 청색 계열과 동쪽 방위에 속하며 목의 성질을 지녔고 태양이 이곳에서 뜨기 시작하며 만물이 그에 따라 번성하며 시기적으로는 봄의 색이라 보았다. 그러나 한족의 색채 역사에서 녹색은 천색賤色에 속하기도 하는데, 사회 계층에서도 최하층을 대표하는 색이었다. 또한 녹색은 청록 산수화에 주로 쓰는 색이다.

녹綠

녹 051 색

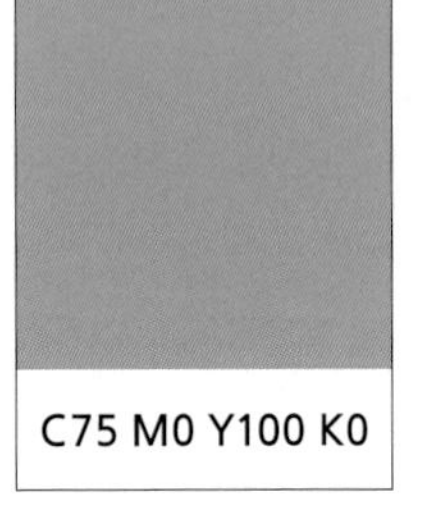

C75 M0 Y100 K0

녹綠은 가장 처음에는 음이 같은 녹菉과 통했고, 원래는 풀 이름을 가리켰다. 녹菉은 현재의 조개풀이다. 녹綠 자가 가장 먼저 나온 문헌은 《시경》이다. "아침 내내 풀을 캤건만, 한 광주리도 차지가 않네終朝采綠, 不盈一掬." 이 구절은 풀을 캐는 여인이 멀리 간 애인을 그리며 풀을 캐다 보니 아침 내내 풀을 캤는데도 두 손으로 받쳐 들 만큼도 안 되는 모습을 묘사하고 있다. 녹菉은 일종의 야생 식물로 잎 모양이 대나무 잎 같고 줄기가 등나무 줄기처럼 생겼다. 옛 문헌에 보면 녹菉은 또한 녹죽菉竹, 욕蓐, 왕추王芻, 여초戾草 등으로 불렸다. 또한 녹菉은 전통적인 황록색黃綠色 직물을 염색할 때 쓰는 재료로 명나라 때 이시진李時珍은 《본초강목本草綱目》에서 "이 풀은 녹색이고, 황색으로 염색할 수 있으므로 황黃이라고도 하고 녹綠이라고도 한다."라고 기록했다.

녹綠은 고유한 색 명사로서, 식물 잎의 색깔을 가리킨다. 〈고시십구수古詩十九首〉에는 "뜰에 있는 고운 나무, 푸른 잎에 꽃이 만발하였

칭하이清海 황중湟中 탑이사塔爾寺

네庭中有奇樹, 錄葉發華滋."라는 구절이 있고, 《설문해자》에는 "녹綠은 비단에 물들인 청황색青黃色이다."라고 적혀 있는데, 녹색의 직물은 남색과 황색의 염료를 전후로 겹쳐서 염색한 후에 얻는다는 의미이다. 또한 송나라 때 이학理學의 종사宗師인 주희朱熹(1130~1200)는 《시집전詩集傳》에서 "녹綠은 창蒼이 황黃을 이긴 간색이다."라고 했는데, 이는 녹색이 황색과 청색(남색) 사이에서 청색 쪽에 가까운 혼합색으로 간색間色에 속한다는 뜻이다. 전통적인 '오색행五色行' 색채관과 방위학에서는 녹색을 청색 계열과 동쪽 방위에 속하며 목木의 성질을 지녔고 태양이 이곳에서 뜨기 시작하며 만물이 그에 따라 번성하며 시기적으로는 봄의 색이라 보았다.

녹색은 간색으로, 물론 오정색에 비하면 고귀함과 정통성이 떨어진다. 중국 민족의 색의 역사에서 녹색의 위계는 때때로 청색보다도 더 낮게 여겨졌다. 녹색이 사회적 지위가 비천한 색을 대표하게 된 것은 대략 당나라 때부터로, 당시 법전은 녹색을 죄인을 모욕하고 징벌하는 색으로 기록하고 있다. 예를 들어 범죄자의 머리를 벽색碧色 두건으로 감싸도록 규정함으로써 모욕감을 주려 하였다. 당나라 때는 기원妓院에서 일하는 남자는 반드시 녹색 비단으로 만든 두건을 써서 직업을 알리게 하였다. 그래서 당나라 때 장안長安 사람 안사고顔師古는 이렇게 말했다. "녹책綠幘은 천한 사람이 입는 것이다." 여기서 책은 고대에 평민이 쓰던 두건을 가리킨다. 원나라 때 관에서 엮은 《원전장元典章》에는 한 걸음 더 나아간 다음과 같은 규정이 들어 있다. "창기 집의 가장과 친속親屬 남자는 청색 두건을 써야 한다." 명나라 초기 주원장은 이렇게 명을 내렸다. "남경 기원에 있는 남자는 반드시 녹색 두건을 쓰고, 발에는 털이 있는 돼지가죽신을 신으며, 외출할 때는 길 가운데로 다녀선 안 되고 벽에 붙어서 걸어 다녀야 한다." 청나라 때에 접어들어서도 녹색 두건은 여전히 연극배우, 창기 등 '천한 직업'에 종사하는 사람들이 쓰도록 되어 있었다. 그래서 사회적으로 일반인에게는 녹색 두건을 쓰는 일이 금기로 여겨졌다. 그리고 아내가 바람을 피운 남자는 '녹색 모자를 쓴 사람戴綠帽子'이라 불렸다. 이러한 불명예스럽고 폄하하는 단어는 지금까지도 줄곧 쓰이고 있다.

또한 녹색은 고대의 중하급 관리의 관포 복색으로 소소한 관리의 권위와 관계官階를 알려주는 역할을 하였다. 당나라 때의 6, 7품 하급 관리의 관복은 녹색이었다. 명나라의 제도에서는 8, 9품 관리가 녹색 복식을 입었다. 그래서 녹색은 조정에 들어가 상급 관료계급에 오르고자 하는 관리가 가장 낮은 단계에서 입는 복색이었다.

아울러 녹색은 대자연 만물의 생장을 상징한다. 초목이 무럭무럭 자라는 생기와 아름다운 풍경을 표현하는 색이기도 하다. 그래서 문인에게는 청춘과 넘쳐흐르는 봄기운을 연상케 하기도 한다. 예컨대 북송 때 주방언周邦彦이 쓴 〈만정방滿庭芳〉에 보면 "사람은 조용한데 솔개는 홀로 즐겁다. 작은 다리 밖, 신록이 졸졸 흐른다人靜鳥鳶自樂, 小橋外, 新綠濺濺."라는 구절이 나온다. 시구에 있는 신록은 봄날에 졸졸 흐르는 물의 색이다. 또한 '홍남녹녀紅男綠女'에서 녹녀는 젊고 아리따운 여성을 묘사한 것이다. '녹사창綠紗窗'은 부녀의 규방을 가리키는 말이다. 또한 '참록소년慘綠少年'은 화려한 옷을 입고 의기양양한 청년 인재를 표현한 것이다. '녹의綠蟻'는 새로 익혔는데 아직 거르지 않은 쌀술 위에 뜬 녹색 거품을 가리킨다.

역사적으로 가장 좋은 뜻을 가진 녹색은 성어에 나오는 '벽혈단심碧血丹心'일 것이다. 이 말은 정의로운 혈기로 가득한 충성스러운 마음을 뜻한다. 이 전고典故는《장자莊子》〈외물外物〉편에 나온다. "장홍은 촉에서 죽었는데, 그 피를 간직한 지 3년 만에 모두 변하여 푸른 구슬이 되었다萇弘死於蜀, 藏其血, 三年而化爲碧." 주나라의 정치가로, 경왕景王과 경왕敬王 두 왕 아래에서 대신을 역임한 유문공의 대부 장홍(?~기원전 492)이 주나라를 지키기 위해 항전하다가 불행히도 나라가 어려움에 처하여 죽음을 맞았다는 내용이다. 전설에서는 장홍이 죽고 나서 3년 후 그 피가 벽옥碧玉이 되었다고 한다. 후대에 이르러 점차 '벽혈단심碧血丹心'은 충심으로 애국하는 병사를 뜻하는 말이 되었다.

• • • 신장新疆 톈산天山의 톈츠天池

수당隨唐 시대에 시작되었고 주로 석록石綠 및 석청石靑 광물 안료를 사용하여 그려진 청록靑綠 산수화는 중국 산수화의 스타일을 열어젖혔다. 고대 중국의 심미 색채관 중 녹색은 홍색과 함께 어울려 시사詩詞는 물론이고 의복과 장신구의 조화, 고대 건축물의 장식에도 나타난다. 녹색과 홍색의 차고 따듯한 색조가 서로 보완하고 돋보이게 해줌으로써 더 발랄하고 선명하게 도드라져 보이는 것이다. 사람의 시각 자체의 조절 작용으로 인해 이 두 가지 대비되는 색은 조화와 균형을 이루게 된다. 북송北宋 때 시인 왕안석王安石(1021~1086)은 〈석류화를 읊다詠石榴花〉에서 "온통 초록 잎 속에 핀 붉은 꽃 한 송이, 마음을 들뜨게 하는 봄 색깔은 굳이 많을 필요가 없네濃綠萬枝紅一點, 動人春色不須多."라고 읊조렸다. 이 구절은 짙은 녹색 잎들 사이에 홍색이 한 점만 있어도 온 뜰에 내린 무한한 봄의 정취를 부각시킬 수 있다는 뜻을 담고 있다. 이는 중국 문화에서 녹색에 부여된 특수한 상징과 의미이다.

초록색 052

C65 M15 Y90 K0

綠

초록색은 중국의 고유한 색 명사로, 여름날 무성한 푸른 풀의 윤기 나는 빛깔을 가리키며 왕성한 생명력을 상징하는 색이다.

지구 각지에 고르게 퍼져 있는 푸른 풀 종류의 식물들은 생명의 완강한 의지가 가장 강한 식물로, 《주역정의周易正義》를 보면 고대 중국인들은 "하늘이 만물을 만들 때 풀을 만드는 것으로 시작했다"고 여긴다. 10월이 되면 중국 북부는 눈이 내리고 천리가 얼음으로 뒤덮인다. 녹색 초원은 하얀 설국으로 변하고 이듬해 4월 눈이 녹으면 새로운 연록색의 싹이 참지 못하고 땅을 뚫고 나와 서로 경쟁하듯 초봄의 찬 기운이 도는 햇빛을 향해 얼굴을 내밀고 신선한 공기를 들이마신다. 한유韓愈(768~824)는 〈봄눈春雪〉에서 이렇게 읊었다. "해 바뀌어 정월에 꽃이 필 일 전혀 없고, 이월 초에 돋는 싹을 보아도 놀랍기만 한데, 흰 눈은 도리어 더디 오는 봄이 미워서, 나뭇가지 사이로 눈꽃을 날리고 있네新年都未有芳華, 二月初驚見草芽, 白雪却嫌春色晚, 故穿庭樹作飛花."

• • • 칭하이靑海 초원

중국 북부의 유목민족은 여린 풀의 녹색을 새로운 생명의 상징으로 보았다.

고사릿과에 속하는 푸른 풀은 처음 나서 누렇게 마를 때까지 색계色階의 변화가 매우 광범위하며, 각각 대자연의 사계가 변하는 대로 색조도 바뀐다. 초봄의 초록색은 대지가 다시 부활하는 기쁨의 색이다. 한여름 산과 들에 무성한 풀의 색은 만물이 영화를 다투고 힘껏 피어나 사람의 마음을 편하게 하는 색이다. 깊은 가을에 접어들어 대지의 풀과 꽃이 시들고 잎을 떨군다. 누렇게 된 마른 풀은 겨울이 곧 다가올 것임을 알리는 징표다. 풀의 색 변화는 생명의 순환과도 같아서 해마다 이렇게 되풀이된다.

녹색 풀은 땅에서 끊임없이 나서 끝도 없이 자란다. 그래서 고대의 규원시閨怨詩●들은 이를 빌려 규중 부인의 끊이지 않는 마음을 표현하였다. 예컨대 송나라 이청조李淸照는 〈점강순點絳唇〉에서 "깊숙한 규방에 적막이 흐르는데, 여린 속 마디마다 천 갈래 시름 이네連天衰草, 望斷歸來路."라고 읊는다. 또한 〈고시십구수古詩十九首〉에는 "푸르디 푸른 강가의 풀, 울창한 정원의 버들. 어여쁜 누대 위의 여인, 하얀 달빛 받으며 창가에 서 있네. 곱디곱게 발그레한 분 바르고, 가늘고 예쁜 흰 손 내미네. 지난날엔 기생집 여인이었고, 지금은 방랑벽 걸린 사내의 아낙이라네. 길 떠난 사내는 돌아오지 않으니, 빈 침상 홀로 지키기 어려워라靑靑河畔草, 鬱鬱園中柳, 盈盈樓上女, 皎皎當窗牖, 娥娥紅粉粧, 纖纖出素手, 昔爲倡家女, 今爲蕩子婦, 蕩子行不歸, 空床難獨守."라는 구절

● 사랑하는 이에게 이별을 당한 여자의 한을 노래한 시가.

이 있다. 이 시에서 '청청靑靑'은 풀의 녹색을 강조하는 것이고 '울울鬱鬱'한 짙은 녹색의 감각은 버드나무의 모양을 운에 맞추어 표현한 것이다. 강가에 있는 풀의 색이 끝까지 이어지면서 착하고 여린 여인의 고독과 끝없는 기다림의 심경을 상징하는 데 쓰였다.

중국화에 쓰이는 안료의 색 가운데 초록색은 등황藤黃의 황색 즙액을 남색 염색제로 쓰이는 화청花靑에 섞어서 만들어낸다. 오늘날 초록색은 각국에서 군복으로 통용되는 보호색이기도 하다.

• • • 광시廣西 구이린桂林

창색 053

창蒼 자는 고대 중국어에서 색 명사에 속하는 글자로, 풍부하고 다양한 색을 대표하는데, 각각 심청深青(녹)색, 심람색深藍色, 회백색灰白色, 회흑색灰黑色과 흑록색黑綠色이다.

창蒼 자는 지천으로 핀 초록 풀의 빛깔을 표시한다. 예컨대 《설문해자》에서는 "창蒼은 풀색이다."라고 하였다. 또한 창蒼은 오래된 소나무, 잣나무의 침엽의 색, 즉 심록색深綠色이기도 하다. 창색은 윤기를 띤 흑록색을 형용하기도 한다. 예를 들어 옛 사람들은 비승飛蠅[파리]을 창승蒼蠅이라 부르기도 했는데, 햇빛 아래서 자세히 보면 이 곤충의 몸이 확실히 흑록색의 광채를 뿜어내기 때문에 붙은 이름이었다.

창蒼은 야밤에 하늘의 별들이 뿜어내는 청람색의 빛을 묘사하는 말이기도 하다. 《사기史記》 〈천관서天官書〉에 보면 "정월에는 목성이 두수斗宿, 우수牛宿와 함께 이른 아침 동방에 출현하는데, 이를 감덕監德이라 하며, 푸른색의 빛을 뿜는다色蒼蒼有光."라는 구절이 있다. 이 구

• • • 신장 톈산의 산기슭

절에서 우수는 견우성을 가리킨다. 또한 고대에는 봄의 하늘을 창천蒼天이라 불렀는데, 《이아爾雅》 〈석천제팔釋天第八〉에 보면 다음과 같이 사계절의 하늘 색을 세분하고 있다. "봄은 창천, 여름은 호천昊天, 가을은 민천旻天, 겨울은 상천上天이라 한다." 그러나 장자莊子(약 기원전 369~기원전 286)는 《장자莊子》 〈내편內篇·소요유逍遙遊〉 편에서 철학의 관점에서 하늘의 진정한 색을 따져 물었다. "하늘의 짙푸름이 그의 진정한 빛깔인가?天之蒼蒼, 其正色耶" 장자가 물었던 하늘색은 분명 심람색深藍色을 가리키는 것이다.

끝이 보이지 않는 풀로 덮인 들판도 창창蒼蒼하다고 한다. 먼 옛날부터 전해 내려오는 북제北齊(550~577) 시대 유목민족의 가요 중 〈칙

• • • 신장 톈산 톈츠

륵천敕勒川〉이라는 노래가 있다. "하늘은 창창하고 땅은 망망하네. 바람 불어 누운 풀이 소와 양을 보네." 북방 초원의 끝이 보이지 않는 대자연의 장엄한 풍경을 칭송한 내용이다. 끝이 보이지 않게 펼쳐진 녹색 벌판은 문인들에게도 감흥을 불러일으켰는데, 그래서 무어라 이름할 수 없는 감상이나 처량한 마음을 표현하는 색이 되기도 하였다. 예컨대 명나라 심채沈采의 《천금기千金記》〈해산解散〉에 보면 "본인이 보니 사방 들판이 창창하고 은하가 낭랑한데, 이런 정경을 보니 마음이 아프도다."라는 구절이 있다. 그러나 창창은 때때로 넓디넓은 바닷물의 남록색藍綠色을 비유하는 데 쓰이기도 하였다. 예컨대 오대 시기 제기齊己는 〈윤주에 사람을 보내 형제를 찾다送人潤州尋兄弟〉에서 "한가로이 북고산에 오르니, 동쪽으로 창창한 바다가 보이네開遊登北固, 東望海蒼蒼."라고 읊었다.

창蒼 자는 창로蒼老처럼 노쇠한 모양을 표현할 때도 쓴다. 또한 창蒼은 회백색灰白色을 가리키기도 한다. 예컨대 백발이 창창하다 할 때처럼 노인의 반백머리를 가리키는 것이다. 창蒼은 회흑색灰黑色을 가리킬 때 사용되기도 한다. 성어 '백운창구白雲蒼狗'는 인간 세계의 변화가 무상함을 비유하는 말로, 살면서 어떤 일도 생길 수 있다는 표현이다.

창색은 고대의 복식에 사용한 색이기도 하다. 《예기禮記》〈월령月令〉 편에 보면 "창룡倉龍을 타고 창옥倉玉을 차다."라는 기록이 있다. 고대에 '창倉'과 '창蒼'은 서로 통했으므로 이는 청록색青綠色을 가리키는 것이다. 한나라 때는 병사를 '창두蒼頭'라 불렀는데, 머리에 청색 두건을 써서 군 계급을 표시했던 까닭이다.

동록 054

C50 M0 Y35 K15

동록은 금속인 구리가 오랜 시간 공기에 노출되었을 때 표면이 천천히 산소 및 이산화탄소와 결합하여 화학적 반응을 일으켜 생기는 녹을 가리키는데, 그 녹의 색이 선명하게 녹색을 띠어 동록이라 부른다. 화학명으로는 탄산구리이다. 동록은 중국 전통색 중에서도 역사가 유구하며 중국 문화가 석기 시대로부터 청동기 시대 문화로 진입한 것을 나타내주는 공예 색이다.

청동青桐은 홍동紅銅과 주석, 납의 합금으로, 금속 제련의 역사에서 위대한 발명이다. 또한 이러한 합금의 색이 청회색青灰色에 가까워 청동이라 부른다. 기원전 11세기 주나라는 청동기의 전성기이다. 제련 기술의 발달로 청동은 제왕이 사용하는 제기, 예기 및 병기, 장신구 및 생활용품을 주조하는 데 광범위하게 사용되었다. 청동기 문화는 중국에서 2천여 년 전후의 역사를 가지고 있다가 진한 시대에 이르러서야 철, 칠기, 자기로 점차 대체되었고, 청동기 문명은 점차 역사의

• • • 톈진天津 천후궁天后宮의 옛 구리종銅鐘

• • • 베이징 고궁의 구리거북

무대 뒤로 사라졌다. 그러나 비범한 조예를 지닌 무수한 예술품들이 후대에 전해졌고, 옛날의 구리는 오랜 시간이 흐르면 구리 녹(동록)이 생겨서 옛 청동기 그릇이 쉽게 부식되지 않도록 막는 작용을 하므로(쇠에 생기는 녹은 이런 작용을 하지 못한다), 지하에 수천 년간 묻힌 모공정毛公鼎, 사모무대방정司母戊大方鼎, 편종編鐘 등의 가치를 따지기조차 힘든 수많은 옛 청동 물건들이 아무런 손상 없이 현재까지 보존될 수 있었다.

동록 또한 전통 회화에서 쓰는 안료인데, 인공적으로 만들어 얻는다. 기존의 인공 제조법은 먼저 황동黃銅을 펴서 얇은 판으로 만들어 식초에 담근 후 지게미나 쌀겨 속에 넣고 약한 불로 살짝 그슬려서 동록의 꺼풀이 생기게 한다. 그런 다음 황동 껍질을 벗겨내어 동록을 얻는다. 이는 중국에서 최초로 발명한 화학 안료이기도 하다. 동록을 녹색 안료로 사용한 것은 현대 학자들의 고증에 따르면 중국 서북 지역이 최초라고 한다. 또한 가장 광범위하게 응용한 것은 간쑤甘肅 하서주랑河西走廊 각처에 있는 옛 석굴과 묘실 안에 있는 채색 벽화이다. 동록을 가장 많이, 가장 오랫동안 사용한 곳은 둔황 석굴이다. 북량北梁 시대(397~439)부터 원나라 때까지 1천여 년간 줄곧 사용되었다. 안료인 동록을 사고판 문헌 기록이 처음 보이는 것은 둔황 막고굴의 장경동藏經洞에 있는 문서인데, 다음과 같이 기록되어 있다. "동록 한 냥은 최상품은 35문이고, 상품은 30문, 하품은 25문이다." 그러나 고대 중국에서 구리와 식초를 이용해 만든 동록 안료는 오래되면 퇴색하였기 때문에 결국 불동佛洞과 석굴에 사용하는 채색 벽화의 주재료는 서역 페르시아의 광물 색료인 석록石綠을 쓰게 되었다.

서구의 화가들도 19세기 말까지도 구리를 식초로 산화하여 얻은 선명하고 밝은 녹색 안료를 그림에 사용했다. 서양에서 지금까지도 가장 유명한 청동기는 미국 뉴욕시 항구에 서 있는 전신이 동록으로 뒤덮인 거대한 자유의 여신상이다.

조모록 055

C69 M0 Y53 K53

조모록은 일종의 희귀한 녹색 보석으로 자연 녹광석의 색 명사이다. 중국 전통색 계열에서 조모록은 가장 귀하고 애호를 받는 색이며 역대로 가장 환영받고 엄청난 가치를 가진 보석이다. 그 색깔은 반짝이는 광택을 지닌 심록색深綠色인데, 우아하고 아름답다.

조모록 보석의 원산지는 고대 서역인데, 페르시아어로는 'Zumurrud'라 불렀다. 고대 중국에서는 그곳을 '조목자助木剌' 또는 '자모록子母綠'이라 부르다가 17세기 이후에야 조모록으로 불렀다. 이로부터 지금까지 줄곧 같은 호칭으로 불렸다. 조모록이라는 이름의 유래는 순전히 페르시아어 원문을 음역한 것이다. 조모祖母와는 아무런 관련이 없다. 영어에서는 에메랄드Emerald라 부른다.

조모록은 녹주석綠柱石족에 속하는 규산염硅酸鹽 광물로 육방 정계에 속하는 기둥 모양의 결정체로 유리 광택이 나고 광석체 안에 작은 균열 무늬를 함유하고 있다. 빛을 받으면 눈을 현혹하는 반짝이는 빛

••• 현대의 비취 장식품

을 내는데, 그 색이 밝고 곱다. 또한 조모록은 금속원소인 크롬을 함유하는데, 함유량이 많을수록 보석의 색이 더 심록색深綠色을 띠며 희귀할수록 귀하다.

보석인 조모록은 기원전 3000년 전 이집트의 파라오가 장식용으로 사용하였다. 알려진 바에 의하면, 이집트의 매력적인 여왕 클레오파트라(기원전 69~기원전 30)가 가장 좋아한 것이 바로 이 심록색의 옥석이다. 그녀는 자신이 쓰는 왕관을 조모록으로 장식하여 고귀함과 화려함을 과시하였고, 조모록은 이로 인해 이집트인들의 각별한 사

• • • 녹옥綠玉 광석

랑을 받으며 대량으로 채집되어 소장되었다.

중국에서는 10세기의 요금遼金 시대에 이르면 조모록의 자취가 보인다. 당시 서역에서 온 색목인色目人들이 자국의 보석 장식, 귀한 광석 재료 및 향료 등을 중원에 가지고 와서 팔고 비단, 찻잎과 자기 등 중국 특산품을 사 갔다. 이들이 팔던 진귀한 보석 가운데는 "유리 모양을 하고 있으면서 반짝반짝 빛나는" 조모록도 있었다. 원나라 말기의 문학가 도종의陶宗儀가 지은 《철경록輟耕錄》에 보면 "회회回回에서 들여온 돌 제품이 무척 많았는데, 나무를 자르는 데 도움이 되는 밝은 녹색 돌도 있었다."는 구절이 있다. 또한 조모록은 황제와 귀족이 관심을 가지고 즐기게 되면서 장신구로 만들어 화려함을 과시하는 용도로 사용되었다. 이러한 흐름과 풍조는 명나라, 청나라 두 왕조를 거쳐 지금에 이르러서도 쇠하지 않았고 여전히 가장 귀중한 취옥翠玉 진품珍品으로 남아 있다.

현재 조모록의 주요 산지는 남아메리카의 콜롬비아, 브라질, 아프리카의 잠비아, 남아프리카 및 아시아의 인도 및 파키스탄 등지이다. 조모록의 밝고 화려한 색은 동서고금을 막론하고 온화함, 고귀함, 우아함과 대범함의 대명사였다.

석록 056

C55 M0 Y60 K37

석록은 전통 중국화 및 벽화에서 중요한 색 안료로, 밖에서 들어온 자연 광물인 공작석孔雀石에서 비롯한 색이다. 빛깔이 남록색藍綠色을 띠는데 평화롭고, 안정되며, 변함없다는 느낌을 준다.

공작석의 화학 구성은 염기성 탄산구리인데, 단사單斜 계열의 단사주單斜柱 결정체 구조로 이루어져 있다. 구리를 함유한 광석이므로 결정이 녹색을 띤다. 또한 색깔이 공작의 깃털에 있는 녹색 반점무늬에 가까워서 공작석이라 부른다. 영어로는 맬러카이트Malachite라고 부르는데, 희랍어 Mallache에서 비롯된 말로 녹색이라는 의미를 지녔다. 일찍이 4천 년 전 고대 이집트인들은 시나이와 수에즈 지역에서 공작석을 채굴하였다. 순도가 높고 색깔이 고운 것은 공예 장식품이나 아동의 호신부로 만들어졌다. 이집트인들은 공작석이 악령을 쫓아내는 데 신묘한 효과가 있다고 믿었기 때문이다. 또한 이집트인들은 공작석을 갈아 그 분말로 녹색의 아이 섀도

공작석

크림을 만들어 발라서 눈에 입체 효과를 줌으로써 아름다움을 돋보이게 하였다.

공작석은 대략 기원전 13세기 은殷·상商 시대에 중국에 전해졌다. 당시에는 머리를 묶는 돌비녀나 공예품을 만드는 데 쓰였다. 대량으로 중원에 유입되기 시작한 것은 7세기 당나라 때인데, 이때부터 회화용 안료로 사용되었다. 가루로 만든 공작석 분말은 중국에서 '석록石綠', '청록靑綠' 및 '청랑유靑琅俞' 등 다른 이름으로 불렸다. 석록은 당나라, 송나라 때의 청록 산수화에서 중요한 녹색 안료로 많이 쓰였는데, 그렇게 된 원인 가운데 하나는 불교 예술이 위진 시대에 전해져 홍색과 흑색을 주 색조로 하던 중원 회화의 전통적인 흐름을 바꾸어 청록색을 많이 사용하게 된 데 있었다. 천축국의 종교 색채관에서 청록색은 불교 사상의 정신과 잘 어울리는 경지를 상징한다고 보았기 때문에 석록과 교질을 함유한 재료를 혼합한 후 부드럽고 평온한 녹색을 그려냈는데, 색감이 평화와 안녕을 추구하는 신앙의 색채에 부합했기 때문이다.

또한 석록은 고대 중국의 연단가들이 선단을 만드는 데 쓰는 재료 중 하나이기도 했다. 술사들은 선단을 제조할 때 쓰는 약 이름을 공개하기를 꺼렸으므로 '청신우靑神羽'와 같은 은어를 사용하였다(당나라 매표梅彪의 《석약이아石藥爾雅》). 석록은 일본 나라 시대의 덴표天平 연간(729~749)에 중국을 거쳐 일본에 전해졌는데, 일본 화가들이 사용한 중요한 녹색 안료 가운데 하나였고, 일본에서는 '녹청綠靑'이라 불렸다. 고대 중국에서 석록은 한 가지 색에 불과했지만 현대에 와서는

• • • 왕희맹王希孟, 〈천리강산도千里江山圖〉 7권(일부), 비단絹本, 송나라

緣

석록 광석을 세밀하게 갈아서 1부터 18까지의 색계, 옅은 색부터 짙은 색에 이르는 분말로 생산되어 중국 화가들이 사용하고 있다.

오늘날 석록은 여전히 옛 그림과 사당의 채색 벽화를 보수하는 데 쓰이고 시짱西藏의 탕카를 제작할 때도 없어서는 안 될 중요한 광물 안료이다.

비취색 057

C98 M0 Y38 K49

비취는 원래 새 이름, 즉 비조翡鳥와 취조翠鳥이다. 비취색은 이 두 종류 새의 아름다운 깃털 색으로, 동한東漢 시대의 양부楊孚가 《이물지異物志》에서 이렇게 묘사하였다. "취조의 모양은 제비와 같고 붉은 수컷을 비翡라 하고, 푸른 암컷을 취翠라 한다." 다시 말해 수컷은 깃털색이 선명한 홍색으로 비조라 부르고, 암컷은 깃털이 선명한 녹색인데 이를 취조라 부른다는 것이다. 훗날 광석 한 종류를 발견하였는데, 새 깃털처럼 붉고 푸른 색을 지니고 있어 '비취翡翠'라 불렀다.

광물인 비취는 무척 귀한 보석으로, 세계에서 90퍼센트 이상을 생산하는 곳이 미얀마[중국어 표기로는 면전緬甸]이기 때문에 면옥緬玉이라 불리기도 한다. 비취옥은 그 색깔이 비취翡翠의 깃털 색과 같다 하여 얻은 이름이다. 이 옥석의 학명은 경옥硬玉이고 광석 중 휘석輝石류에 속하며 그 화학적 성분은 규산알루미늄나트륨인데, 재질이 세밀하고 반짝반짝 빛나며 윤기가 나서 반투명한 유리 광택을 띤다. 딱

• • • 비취옥석, 톈진 삼성당三省堂 전시관

딱해서 쉽게 부서지지 않으며 녹색, 홍색, 황색, 자색 등이 난다. 그 중에서도 비가 온 후 감탕나무 잎이 햇빛 아래서 빛날 때 나는 심록색深綠色을 가장 아름답고 귀한 것으로 친다.

옛 문헌에 따르면 비취옥석은 동한東漢의 영원永元 연간(89~105)에 미얀마로부터 윈난雲南 융창永昌(오늘날의 바오산保山)을 거쳐 중국에 유입되었다. 탄국撣國(현재 미얀마 동북부 흐파칸트Hpakant와 몽미트Mong Mit 일대)이 중국의 황제에게 조공으로 바치던 귀한 광석이다. 그러나 이러한 진귀한 '녹색 돌'은 당나라, 송나라 때에는 한족이 중시하지 않았다. 명나라 정부에서 윈난 바오산과 가까운 중국과 미얀마 국경 지역에 있는 텅충현騰衝縣에 성을 쌓고 병사를 주둔시킨 후 미얀마산

옥석 매매가 원활해지기 시작하였다. 심지어 중국 황제가 태감太監을 보내서 황실에서 쓸 보석 구매를 전담하게 하는 경우까지 있었다. 이런 일들로 인해 당시 면옥이 대량으로 중국에 전해졌고, 텅충현은 옥석이 모이고 가공되는 중심지가 되었다. 그런 연후에 다시 다리大理, 쿤밍昆明을 거쳐 내륙으로까지 판매가 확산되었다.

명말 청초가 되자 비취를 채취하고 가공하는 일이 전문 직종이 되었다. 강희康熙 연간에는 비취로 만든 옥기가 수도에서 고관과 귀족이 신분과 지위를 겉으로 드러내는 상징이 되었다. 조복 가슴 앞에 늘어뜨렸던 조주朝珠와 관모官帽 꼭대기의 영관翎管 및 손가락에 끼는 반지扳指를 가급적 가장 좋은 취옥으로 만든 것은 신분과 재산을 뽐내는 장치였기 때문이다. 이 밖에도 비취 장신구는 황후와 비빈, 귀부인의 총애를 받았는데, 이렇게 사랑받던 비취의 녹색은 점점 중국 전통색계로 들어갔고 부귀영화를 상징하게 되었으며, 그 함의는 지금까지도 변함이 없다.

청취색 058

C67 M0 Y35 K37

청취는《설문해자》의 해석에 따르면 "푸른 깃털을 가진 참새이다. 울창한 숲에서 나온다." 본래는 취조를 가리켰는데, 뒷날 청색, 벽색, 녹색 등 다른 색계와 명도를 가진 녹색을 넓게 지칭하는 말이 되었다. 청취색은 부드럽고 평온한 색으로 비취보다 순도가 다소 옅은 녹색이다.

청취색은 자연 풍경에서 중요하고 눈을 보호하면서 기분도 좋게 해주는 색으로, 봄과 여름 사이 풀과 나무 등 식물의 왕성한 생명력을 상징하는 색이기도 하다. 고대 일본에서 이러한 청취 녹색을 영생과 연관시키기도 하였다. 이슬람교의 세계에서 청취색은 천국을 대표하는 색이자 이슬람 문명을 상징하는 색이기도 하다. 무슬림은 사막 속의 오아시스를 인간 낙원이라고 여긴다. 중국 닝샤후이족寧夏回族 자치구 각지에는 약 4천여 곳의 청진사淸眞寺[중국에 있는 이슬람 사원]가 있는데, 청취색이 회당 건축물의 기본색으로, 광활한 황토 모래 언덕 속에서 단연 돋보인다.

중국의 옛 시문 중 청취색은 무성한 숲과 겹겹이 포개진 산색을 묘사할 때 늘 사용된다. 예컨대 당나라 이백의 〈기당도조소부염寄當塗趙少府炎〉에는 “차가운 산에는 청취색이 가득하니, 빼어난 색의 연주성寒山饒積翠, 秀色連州城.”이란 구절이 있다. 적취積翠는 겹겹이 포개진 청취색의 경치를 묘사한 말이다. 또한 취미翠微는 청취색의 산언덕 또는 산기운을 가리키는데, 송나라의 명장 악비岳飛(1103~1142)는 〈지주취미정池州翠微亭〉이란 제목의 시를 남긴 바 있다. “해가 갈수록 산하가 군비로 가득하구나, 말 달려 취미정에 가 아름다운 경치를 찾노라. 좋은 산수가 있는데 즐기지 못하랴? 말굽소리가 나에게 속히 돌아오라 재촉하네經年塵土滿征衣, 特特尋芳上翠微. 好水好山看不足, 馬蹄催趁月

••• 신장 카스의 청진사

초봄의 초록빛

明歸." 시에서 '특특特特'은 말발굽 소리이고, 지주池州는 지금의 안후이성安徽省이다. 이백은 다섯 가지 다른 색계와 명도를 가진 녹색 명사(벽碧, 창蒼, 청취靑翠, 녹綠, 청靑)와 달빛으로 전원의 풍경을 표현함으로써 차가운 색을 주조로 하는 탁월한 시 〈종남산에서 내려와 곡사산인의 집에 묵으며 술을 마시다下終南山過斛斯山人宿置酒〉를 썼다. "날 저물어 푸른 산에서 내려오니, 산 위의 달도 나를 따라 돌아가네. 오던 길을 되돌아보니, 짙푸름이 산허리 감았네. 서로 잡고 농가에 드니, 어린아이가 사립문을 여네. 푸른 대숲 그윽한 길에 드니, 푸른 덩굴 옷자락 잡아끄네暮從碧山下, 山月隨人歸. 却顧所來徑, 蒼蒼橫翠微. 相攜及田家, 童稚開荊扉. 綠竹入幽徑, 靑蘿拂行衣."

그러나 청취색이 청나라 소설가 포송령의 손에 들어가면 음울한 공포의 색으로 변질된다. 《요재지이聊齋志異》 〈화피畵皮〉 편을 보면 "그가 살금살금 걸어가 창문 틈으로 엿보았더니 얼굴색이 푸르뎅뎅하고 톱니처럼 날카로운 이빨이 돋은 흉측한 귀신 하나가 눈에 들어왔다."라는 대목이 있다. 현대 중국어로 제작된 귀신 영화에서 감독들은 연녹색의 등불을 많이 쓴다. 극 중의 귀신과 괴물이 한층 더 무섭게 보이기 때문이다. 푸른 얼굴과 뾰족한 이빨과 함께 사람을 놀라게 하는 시각적 효과가 있는데, 아마도 그 영감은 포송령의 지괴志怪 소설로부터 비롯되었을 것이다.

중국화 안료 중에서 청취색은 광물인 공작석孔雀石(석록이라고도 부름)을 갈아 만든 가루로 만든다. 청나라의 《개자원화보芥子園畵譜》에 기록된 석록의 제조 방법은 공작석을 갈아 물에 넣은 후 맨 위에 뜬 가는 분말을 '두록頭綠'의 안료(담록색으로 쓴다)로 쓰고, 물 중간쯤에 뜬 좀 더 거친 분말을 '이록二綠' 안료(두록보다는 짙은 녹색)로 쓰고, 마지막으로 가장 아래 뜬 거친 분말은 '삼록三綠', 즉 청취색 안료가 된다고 한다. 청취색 안료는 일반적으로 건축용 채색화에 쓰여서 생기를 더하고 안정감이 느껴지는 미감을 준다.

벽색 059

C90 M0 Y55 K0

벽碧 자는 원래 의미는 녹색의 옥석이다. 《설문해자》는 "벽碧은 돌의 푸른 아름다움이다."라고 기록하고 있다. 훗날 색 명사가 되었는데, 반짝반짝 빛나는 벽록색碧綠色을 가리키며, 영어로는 Jade green이라 부른다.

중국의 옛 시문 중에는 '벽碧' 자로 봄과 여름의 무성한 풀과 짙푸른 녹색의 잎을 형용한 대목이 많다. 두보는 이렇게 읊었다. "섬돌에 비친 푸른 풀 절로 봄빛이요, 나뭇잎 사이의 꾀꼬리 무심히 즐겨 노래한다映階碧草自春色, 隔葉黃鸝空好音." 송나라 시인 양만리楊萬里도 이런 구절을 지은 적이 있다. "하늘과 닿은 연잎은 한없이 푸르고, 햇빛에 빛난 연꽃은 유달리 붉어라接天蓮葉無窮碧, 映日荷花別樣紅." 진융金庸의 무협소설 《사조영웅전射雕英雄傳》에도 노완동老玩童 주백통周伯通이 원앙이 물장난치는 〈사장기四張機〉를 빌려 영고瑛姑에게 애정을 표현하는 대목이 나온다. 인용해보면 다음과 같다. "봄 물결에 푸른 풀, 새벽 한기 깊은 곳, 서로 마주 보며 붉은 옷을 적시

・・・ 광시廣西 구이린桂林 리장강漓江

고 있네春波碧草, 曉寒深處, 相對浴紅衣." 이 〈사장기〉는 송나라 사패詞牌[사의 곡조]의 이름이다. 또한 벽색은 봄의 맑고 아름다운 하늘색을 형용한다. 예컨대 청나라의 왕부지王夫之는 〈소운산기小雲山記〉에서 "추울 때는 퍼렇더니 봄이 되니 푸르구나寒則蒼, 春則碧."라고 말했다. 도가에서는 하늘을 벽락碧落이라 부르기도 하였다.

벽은 또한 속이 투명하게 보이는 물색을 가리킨다. 광시廣西 구이린桂林의 산수는 유달리 녹색이 짙고 수려하다. 상수湘水와 이수灕水가 나뉠 때부터 리장강灕江은 그야말로 녹색 물로, 구이린을 돌아서 양숴陽朔로 흘러간다. 당나라의 시인 한유는 이를 '푸른 비단 띠靑羅帶'라 비유하였다. "푸르고 푸른 숲 울창한 팔계, 이곳은 상수湘水의 남쪽에 있지, 강은 푸른 비단 띠 같고, 산은 푸른 옥비녀 같네蒼蒼森八桂, 玆地在湘南, 水作靑羅帶, 山如碧玉簪." 만약 월아산月牙山에서 굽어보았다면 벽수碧水가 발아래서 유유히 흘러가고 있었을 것이다.

중국은 산과 물을 관습적으로 함께 엮어서 부르지만 구이린의 벽록산수碧綠山水만큼 조화롭게 결합된 경우는 보기 어렵다.

綠

앵무록 060

C80 M0 Y73 K56

앵무는 옛날에 창鶬, 능언조能言鳥라 불렸으며, 속칭 앵가鸚歌라 한다. 온몸이 오색 빛깔의 깃털로 빛이 나기 때문에 오색조五色鳥라고도 부른다. 깃털색이 가장 선명하고 아름다운 앵무는 주로 열대 및 아열대의 삼림에서 서식한다. 옛날에는 서남부의 속국에서 중국 왕조에 조공할 때 쓰인 진귀한 새였다. 앵무록은 이러한 아름다운 깃털옷을 입은 야생 조류의 털색이다.

아름다운 색을 가득 담고 있는 앵무록은 전통색 명사로, 옛날 직물을 염색할 때 모방하던 대상이었다. 앵무록색은 황색과 남색 염료를 차례로 겹쳐 염색하여 얻는다. 옛날 앵무록은 민간 남녀가 함께 쓰는 복색이었다. 또한 고대 역사力士들의 옷과 군 장령의 전투복에 쓴 색이다. 고전소설 《수호전水滸傳》 제24회를 보면 무송武松이 눈길을 밟아 무대랑武大郎의 집으로 돌아갈 때 입고 있던 옷이 앵무록색의 모시풀 방한용 납의였다.

• • • 열대의 앵무

綠

• • • 〈천정 역사天丁力士〉(일부), 채색 벽화, 원나라 산시山西 루이청芮城 영락궁永樂宮

또한 앵무록은 문인들 사이에서 온순하고 평화로운 초목의 빛깔로 비유되었다. 예컨대 북송北宋의 서단舒亶은 "버드나무로 꺾어 만든 문 앞에 앵무록색, 강의 작은 다리엔 돌아가는 배 머무네折柳門前鸚鵡綠, 河梁小駐歸船."라고 읊었다. 전해지는 바에 따르면 당나라 때의 통혜通慧 선사禪師는 서른 살에 출가하여 홀로 태백산에 들어가서 수행하면서 야생과일로 주림을 해결하고 평소에는 나무 아래 부드러운 풀 언덕에 앉아 좌선하며 기원하였다. "언제 풀밭에서 일어났는지 옷이 서리에 흠뻑 젖었네, 거친 음식을 먹으니 이 몸에 탐욕이 없어라何時從草起, 何時從草起, 著衣霜濕重, 以粗惡飮食, 於身無貪著." "언제나 내가 누울 수 있을까, 나무 아래 부드러운 풀, 모두 앵무록 같으니, 지금 법의 기쁨을 누리도다何時我能臥, 樹下柔軟草, 如諸鸚鵡綠, 受現法喜樂." 통혜 선사는 성스러운 법이 주는 기쁨을 억제하는 삶으로 정의하였다. 이렇게 5년간 고되게 수행한 끝에 결국 크게 깨닫고 득도하였다. 시각과 미감의 효과에 있어 풀의 앵무록색은 이 이야기 속에서 한층 상서로운 선禪적인 분위기를 더한다.

또한 단색 유약 자기는 청나라 강희 연간에 이르러 색이 더 풍부하고 화려해졌으며, 이전에는 없었던 새로운 유약색이 수십 종 넘게 개발되었다. 그중 한 종은 앵무록색을 모방하여 유약을 칠한 면이 부드럽고도 청아하면서, 빛깔이 순수한 자기였다.

앵무록은 시간이 오래될수록 참신한 느낌을 주었기 때문에 시대가 흘러도 퇴락하지 않고 시종 중국인이 좋아하는 색 중의 하나로 남았다.

유색 061

C45 M0 Y90 K28

유색은 버드나무의 가늘고 긴 가지의 잎이 만들어내는 색으로 고유한 색 명사이다. 버드나무 잎은 계절의 변화에 따라 자연적으로 색이 변한다. 버드나무가 황색의 새싹과 어린 꽃봉오리를 초봄에 피워내므로 옛 사람들은 유색을 봄을 대표하는 색으로 보고 봄을 '유조춘柳條春[버드나무 가지의 봄]'이란 애칭으로 부르기도 하였다.

버드나무는 중국 강남에서 흔히 보이는 버드나뭇과의 낙엽 활엽 교목으로 남방의 한인漢人들이 자기 집 처마 앞이나 집 뒤곁 또는 강 언덕이나 호수 언덕에 많이 심는데, 봄날 경치에 아름다운 운치를 더해준다. 매년 초봄이 되면 버드나무는 늘 다투기라도 하듯 황색 꽃봉오리를 피워내므로 황류黃柳라고도 불렀다. 여름으로 접어들면 버드나무 가지가 촘촘히 서로 얽히고 짙은 녹색의 유색이 되어, 멀리서 보면 연기처럼 보인다. 바람이 부는 대로 따라 흔들리는 녹색 버드나무는 더운 여름에 왁자지껄하게 사람을 잡아끄는 풍경을 연출한다. 그

• • • 베이징北京의 스차하이什刹海

러나 가을이 깊어지면 유색은 사람을 고뇌하게 하는 색으로 변한다. 홍승洪昇의 《장생전長生殿》을 보면 "마른 잎에 붉은 연뿌리와 성긴 버드나무, 사방엔 으스스한 서풍이 사람에게 근심을 더하나니."라는 대목이 나온다. 한 해의 세 계절, 봄이 왔다가 여름을 거쳐 가을이 갔다. 그때마다 변하는 유색은 역대 문인과 묵객에게 무한한 시의詩意와 창작의 영감을 가져다주었다.

또한 유색은 마음의 상태를 비유하거나 봄에 대한 낙담을 비유하기도 한다. 예컨대 당나라 왕창령王昌齡은 〈규원閨怨〉이란 시에서 "규중의 젊은 여인이 근심을 몰랐더니, 봄날 곱게 단장하고 푸른 누각으로 올라갔도다. 문득 길가에 버드나무색이 새로워졌음을 보니, 외지에 공명을 찾으라고 낭군을 가르쳤음을 후회하네閨中小婦不知愁, 春日凝粧上翠樓, 忽見陌頭楊柳色, 悔教夫胥覓封候."라고 노래했다. 이 시에는 종군하

베이징北京의 스차하이什刹海

여 한자리 잡으려고 떠난 남편을 그리는 여인의 정서가 묻어 있다. 그러나 구양수歐陽脩는 〈생사자生査子〉에서 "달은 버들가지 위에 오르고, 그 사람과 황혼녘에 약속하였지月上柳梢頭, 人約黃昏後."라고 읊었다. 이 시에서 달빛을 가볍게 어루만지는 유색에는 서로 만나기를 갈구하는 연인들의 낭만적 색채와 정조가 담겨 있다.

유색은 중국화에서 쓰는 색 가운데 하나이다. 옛적에 유록柳綠의 안료를 만드는 법은 도종의陶宗儀의 《철경록輟耕錄》에 따르면 "가지의 녹색 잎과 회화나무 꽃을 섞어 만든다." 유록색은 또한 민간 연화年畵● 에 늘 쓰이는 색으로, 기개를 상징하는 색이기도 하다.

● 중국 민화民畵의 하나. 설날에 민가의 벽 따위에 장식되며, 서민의 이상이나 생활 감정 따위를 표현한 것이 많다. 목판 기술이 발달한 명대明代 이후에 일반에 보급되었다.

총록 062

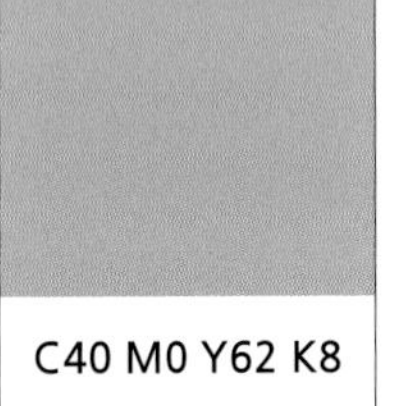
C40 M0 Y62 K8

총록蔥綠은 전통적인 색 명사로, 그 색조가 녹색 중에 옅은 황색이 들어 있으며 명칭은 백합과의 여러해살이풀로 채소 또는 맛을 조절하는 식품으로 쓰이는 파의 색깔에서 왔다.

녹색은 왕성한 생기를 상징한다. 또한 사람들에게 수려하고 고요한 느낌을 준다. 중국 고대인들은 이로 인해 아름다운 청춘 시절을 떠올렸다. 고전 문학에서 녹색은 늘 젊고 활발한 여성을 묘사하는 데 쓰인다. 특히 색계와 명도가 높은 녹색, 예컨대 송화록松花綠, 애록艾綠, 두록豆綠 등은 모두 젊은 시절의 여리고 고운 여성의 의복색이다. 총록색은 땀수건, 긴 치마, 배두렁이, 짧은 솜저고리 등의 복식에 쓰인다. 조설근은《홍루몽》제70회에서 "총록색 비단 적삼에 붉은 속바지를 입은 청문은 머리를 풀어헤친 채 웅노를 가로타고 앉아 있고"라고 묘사했고, 같은 책 제35회에서는 가보옥과 앵아의 대화에서 차갑고 따듯한 색상에 대한 저자의 조화로운 심미관을 보여준다. "앵아가 말했다. '무슨 빛

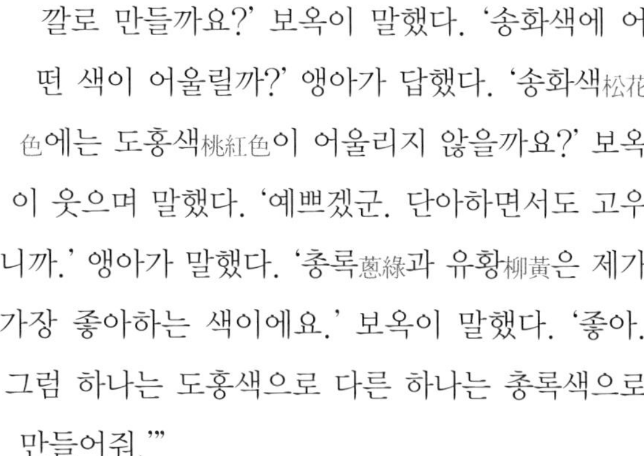

깔로 만들까요?' 보옥이 말했다. '송화색에 어떤 색이 어울릴까?' 앵아가 답했다. '송화색松花色에는 도홍색桃紅色이 어울리지 않을까요?' 보옥이 웃으며 말했다. '예쁘겠군. 단아하면서도 고우니까.' 앵아가 말했다. '총록蔥綠과 유황柳黃은 제가 가장 좋아하는 색이에요.' 보옥이 말했다. '좋아. 그럼 하나는 도홍색으로 다른 하나는 총록색으로 만들어줘.'"

총록은 또한 초목의 색을 묘사할 때 쓴다. 예컨대 총롱蔥蘢은 초록 나무의 무성함을 형용할 때 쓰는데, 더운 여름 대자연의 색을 상징한다. 현대 문학 작가인 빙신氷心(1900~1999)은 〈작은 독자에게〉라는 글에서 "고향에는 총록의 나무숲이 없다. 고향에는 두렁길에 난 향기로운 풀도 없다."라고 썼다.

푸른 파의 잎은 얇고 긴데 속에 구멍이 뚫린 원통형이다. 은백색이고, 옛날에는 여성의 섬섬옥수를 비유하는 데도 쓰였다. 동한東漢의 악부樂府인 〈공작동남비孔雀東南飛〉에 보면 "손가락은 고운 파 줄기 같고, 입은 붉은 진주를 머금은 듯하며指如削蔥根, 口如含朱丹"라고 읊고 있다. 또한 총록은 전통 중국화에서 쓰는 색으로, 황단黃丹과 남전藍靛을 섞은 색인데, 풀잎의 신선한 색조를 선염渲染할 때 많이 쓰이는 색이다.

죽청색 063

C60 M26 Y84 K0

죽청색竹青色은 식물인 대나무의 줄기와 잎의 색으로, 색조가 점잖고 함축적이며, 우아하고 소박하다. 청죽은 과거 문인들이 완상하고 시로 읊던 대상이었으며, 죽청색은 화초를 그리는 중국화에 자주 쓰이는 색이다. 또한 옛날 완숙한 나이의 여성이 통상 즐겨 입던 복색이다.

대나무는 중국 남부에서 사계절 내내 자라는 식물이며, 종이가 발명되기 전에 대나무 조각을 엮어 만든 죽간竹簡, 죽백竹帛은 고대에 주로 사용되던 쓰기용 재료였다. 대나무 조각은 인성靭性이 좋고 마디가 길어서 예로부터 사람들이 추구하는 고상한 정조와 기개에 비유되었고, 문인과 화가 들이 중시하는 식물 중 하나다. 대문호이자 대식가이기도 한 소동파蘇東坡는 기름진 돼지고기와 청죽을 놓고 고르다가 사람됨의 요지가 되는 이런 말을 남기기도 하였다. "고기를 안 먹을지언정, 대나무 없이는 살 수 없다."

옛글에서 시인들은 대개 색 명사를 사용하기를 좋아한다. '녹綠' 자

綠

는 대나무의 여린 녹색빛깔을 형용한다. 예컨대 백거이白居易는 〈제물2수齊物二首〉라는 시에서 이렇게 읊었다. "대나무 몸체는 3년이면 늙으나, 대나무 몸빛은 사시사철 푸르니竹身三年老, 竹色四時綠." 글자가 중복되는 대련對聯에도 절묘하게 대구를 이루는 구절이 있다. "눈 속에 하얀 매화, 눈이 하얀 매화를 비추고 매화가 눈을 비추네, 바람 속의 푸른 대나무, 바람이 푸른 대나무를 뒤집고 대나무가 바람을 뒤집네雪裡白梅, 雪映白梅梅映雪, 風中綠竹, 風翻綠竹竹翻風."

또한 죽청은 술인 죽엽청竹葉靑의 다른 이름이기도 하다. 중국 남부의 오래된 양조장에서 기원하였는데, 역대의 주객들이 모두 흠모하던 명주로 70도의 분주汾酒를 기초로 하여 거기에 대나무잎, 치자나무, 단향목, 당귀, 진피, 정향의 꽃망울, 얼음사탕 등 12가지 재료를 넣고 발효시켜 만드는데, 술의 색은 옅은 황록색을 띤다. 죽엽청주는 3세기 서진西晉 시대의 옛 문헌에도 이미 보이며, 당송唐宋 시대까지 상당량이 생산되어 장강 남북으로 넓게 퍼졌다. 백거이는 〈강남을 생각하며憶江南〉에서 이렇게 언급하였다. "강남을 생각하니, 그다음엔 오궁이 떠오르네. 오나라 술 한 잔과 죽엽청, 춤추는 오나라 미녀는 마치 부용이 취하는 듯 아름답구나. 언제나 다시 만나랴江南憶, 其次憶吳宮. 吳酒一杯春竹葉, 吳娃雙舞醉芙蓉. 早晩復相逢."

당시 시인이 강남에서 마셨던 술은 옛 오나라 땅이었던 쑤저우蘇州 일대의 죽엽청이었다. 명청 시대에 들어와 죽엽청은 궁정에서 마시는 미주가 되었다. 또한 옛날의 술도가에서는 문 앞에 이런 대련 구절을 내걸어 술 사려는 손님을 끌기도 하였다. "죽엽주 한잔에 응어리진 마음이 녹고, 술 마시고 나니 뺨이 복숭아꽃처럼 붉구나酌來竹葉凝懷綠 飮罷桃花上臉紅."

죽청색은 고대 건축의 지붕의 기와나 처마장식에 쓰이는 와당의 색이기도 하다. 전통적으로 집을 묘사할 때 많이 쓰이는 '붉은 담장과 푸른 기와紅牆綠瓦'라는 표현이 있는데, 여기서 '녹綠'에는 죽청색도 포함되어 있다.

• • • 톈진 천후궁天后宮의 희루戲樓

두 064
록

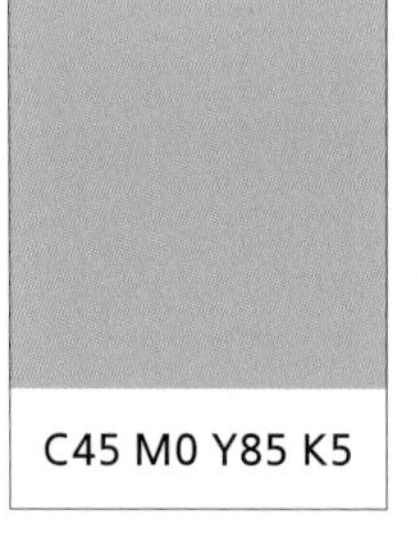
C45 M0 Y85 K5

두록豆綠은 중국 전통의 색 명사로, 황색에 가까운 일종의 옅은 녹색이다. 빛깔이 푸른 완두콩색과 닮았다 하여 붙은 이름이다. 두록은 색이 선명하고 청춘의 기운과 경쾌하고 활발한 색감을 준다. 이로 이해 고대 여성들이 애용하는 복색 가운데 하나였다.

중국의 염직 공업은 역사가 오래되었다. 상나라 때부터 식물의 염색소를 이용할 줄 알았고, 침염浸染 방법으로 청색, 홍색, 황색으로 섬유직물을 염색하였다. 염색 기술이 발전함에 따라 서주 시대(약 기원전 11세기~기원전 771)에는 염색 재료를 사용하여 투염套染하는 기술이 개발되었다. 투염은 두 가지 혹은 그 이상의 다른 염색제를 써서 차례로 염색하여 제3의 색을 얻어내는 것이다. 예컨대 황색 염료로 침염한 후 남초藍草를 사용하여 투염하면 녹색의 실이나 직물이 나온다. 직염 기술은 당나라 때에 이르러 상당히 개선되었다. 현대 고고학자들이 신장 투루판에서 출토된 당나라 때의 직물로 색표준을

• • • 두록색 유약으로 만든 보월병寶月瓶, 청나라

분석한 결과 청색, 녹색, 황색 등의 농도가 다른 색계色階의 색을 모두 24종이나 검출해냈고, 그중에는 두록색도 포함되어 있다.

고대 자기 중 두록색 유약으로 만든 자기와 하늘색, 천청색天青色, 월백색月白色 자기는 북송北宋의 관요인 여요汝窯에서 구워낸 명품 자기인데, 그 고아하고 소박한 색으로 명성을 얻었다.

유명하고 진귀한 비취 옥기에는 농도가 다른 녹색이 종류가 아주 많은데, 그중에는 황색에 가까운 두록 비취도 있다. 중국 문방사우 중 하나인 벼루 중에는 청나라 때의 유명한 벼루인 하란연賀蘭硯이 있는데, 닝샤후이족寧夏回族 자치구의 인촨시銀川市 서쪽 교외에 있는 허

톈진 광동廣東회관의 연극 무대

란산賀蘭山 군중커우滾鐘口 지역의 이름을 딴 것이다. 하란석賀蘭石의 특징은 천연적으로 짙은 자색紫色과 두록색 두 가지 색을 가지고 있다는 점인데, 색이 청아하면서도 소박한 느낌을 주므로 그것으로 벼루를 만든 것이다. 알려진 바에 의하면 이 벼루에 먹을 갈면 먹이 부드럽고 빛깔이 좋아서 오래 놔두어도 마르거나 냄새가 나지 않는다고 한다. 이로 인해 청나라 때의 문인과 묵객이 즐겨 썼다.

두록색은 바람과 햇빛 아래 황색에 가까운 강물색을 묘사할 때 쓰이기도 한다. 현대 작가 선충원沈從文(1902~1988)의 빼어난 작품《변성邊城》에 이러한 구절이 나온다. "오월 단오, 나룻배 주인 할아버지는 한 사람에게 대신 나룻배를 맡겨놓고 똥개를 데리고는 성에 들어갔다. 큰 강을 건너려고 배를 타러 갔는데, 강가에는 사람이 가득했다. 긴 주색朱色 배 네 척이 못에서 미끄러지듯 다니는데, 물이 막 불었는지 강물이 온통 두록색이었다. 날씨는 또 얼마나 좋은지……."

애록 065

애록艾綠은 쑥색을 가리킨다. 쑥은 중국 역사에서 오래되고 중요한 민생 식물 가운데 하나이다. 애록색은 녹색 중에서도 회백색에 가까운 자연색으로, 역사적으로 한족에게 가장 익숙한 색 가운데 하나이다.

쑥은 국화과의 여러해살이풀로, 아시아 각지에 널리 분포한다. 중국에서는 2,500여 년 전인 동주東周 시대의 기록에도 등장한다. 《시경》〈왕풍王風〉 편에 보면 "그녀가 쑥을 캔다. 하루를 못 봐도, 3년이 지난 듯彼采艾兮, 一日不見, 如三歲兮."이라는 구절이 있다. 이 시는 선인들이 쑥을 캐는 활동을 기술하고 있다. 쑥을 캐는 아가씨가 일하면서도 애인을 잊지 못해 하루를 못 보았을 뿐인데도 마치 3년은 보지 못한 것처럼 애틋한 마음을 지녔음을 표현한 것이다.

옛 시에서 쑥은 빙대氷臺라고도 불린다. 《설문해자》에 보면 "쑥은 빙대이다."라고 적혀 있다. 또한 진晉나라 사람 장화張華(232~300)는 자기가 쓴 《박물지博物志》에 "얼음을 깎아 둥글게 만들고 햇빛에 비추어 쑥에 그림자를 대면 불이 붙으므로 이를 빙대라 하였다."고 적고 있다. 이 설명을 보면 유리로 돋보기를 발명하기 전에 고대 중국인들이 투명하게 깎은 얼음을 태양을 향해 들고는 햇빛을 모으는 원리를 이용해 쑥에 불을 붙이곤 했음을 확인할 수 있다.

중국 민간의 풍속 가운데 음력 5월 단오 때가 되면 집집마다 들판에서 쑥을 캐다가 대문 밖에 걸어두고 벽사辟邪하는 것이 있었다. 실제로 이 쑥에는 특별한 향이 있어서 한여름에 태우면 모기를 쫓거나 소독 살균하는 효과가 있다. 이러한 남방의 전통 절기와 풍속은 지금까지도 이어지고 있다.

쑥은 녹색이고, 옛날에는 녹색으로 염색할 때 썼다. 따라서 녹색을 가리킬 때도 쓰였다. 애수艾綬는 옛날에 도장을 넣는 녹색 주머니를 가리킨다. 쑥색은 아름다운 여성을 가리킬 때도 쓰였다. 소애少艾는 젊고 아리따운 소녀를 가리킨다. 예컨대 《맹자孟子》〈만장 상萬章上〉에는 "여자가 좋은 줄 알게 되면 젊고 아름다운 여자를 생각하고知好色, 則慕少艾."라는 구절이 있고, 남송南宋 사람 장계유莊季裕의 〈계륵편鷄肋編〉 상권에는 아름답게 꾸민 젊은 소녀가 다음과 같이 묘사되어 있다. "찻집에 어린 소녀少艾가 있는데, 고운 옷에 아리따운 화장을 하고 은비녀를 꽂았다." 그러나 《시경》〈소아小雅〉에는 "밤이 얼마쯤 되었는지, 밤은 아직 새지 않고夜如何其, 夜未艾"라는 구절이 나온다. 이 문장에는 애艾 자는 색이 아니라 늦은 시간을 가리킨다. 밤이 아직 지나가지 않았다는 뜻이다.

차가운 색조의 녹색을 띤 쑥은 용도가 많다. 고대 중국의 남자들도 쑥을 엮어서 머리에 장식함으로써 벽사하고 미감을 높이는 습관이 있었다. 오승은이 쓴 고전소설 《서유기》 제13회에서는 당나라 삼장 법사가 고개가 높고 험한 숲 속에서 길을 잃고 헤매다가 결국 산에서 호랑이와 뱀을 잡고 사는 사냥꾼 유백흠劉伯欽을 만나 위험에서 벗어난다. 이 대장부의 사냥복장이 이렇게 묘사된다. "머리에는 쑥잎 무늬 얼룩 표범 가죽 모자, 몸에는 양털로 짠 윗도리에 통바지 한 벌, 허리에는 사자 무늬 사만대獅蠻帶를 두르고, 두 발에는 큰 고라니 가죽 장화를 신었다."

애록은 고대 자기 중 한 종류의 전용 호칭이기도 하고 염색한 실로 짠 직물에 상용한 색이기도 하다. 이 밖에도 신선한 쑥잎은 요리하여 먹기도 한다. 강남의 전통 간식 중에는 애록색의 찹쌀떡이 있는데, 신선하고 여린 쑥잎과 찹쌀을 주원료로 하고 땅콩, 깨와 하얀 설탕 등을 소로 넣고 쪄서 먹는다. 이런 단맛 간식은 원래 청명절 전후에 먹는 음식인데, 지금까지도 광둥廣東, 푸젠福建 및 타이완臺灣 일대에서 전해 내려온다. 또한 쑥뜸은 예로부터 전해지는 한방요법으로, 바싹 말린 쑥잎을 원추형으로 만든 후 불을 붙여서 나오는 향과 열로 혈도에 훈김을 쐬거나 데워서 감기를 몰아내고 병을 치료한다.

• • • 상하이 칭푸青浦 주자자오朱家角

농염한 자색 꽃

자색은 중국 전통색 가운데 가장 중요한 색의 하나이다. 자색은 한때 높은 지위에 무거운 권세를 누려, 황제의 용포에 쓰는 전용색이었고 관운의 형통함과 부귀함을 대표하는 빛깔이기도 하다.

또한 자색은 도교에서 존숭하는 색으로 최고 경지에 이른 신성한 색이다. 예컨대 '자황紫皇'은 천상 최고위의 신선을 대표하고 '자미성紫微星'은 천제天帝가 머무는 곳이며, '자금성紫禁城'은 제왕의 궁전이고, '자기동래紫氣東來'는 성현이 나타날 조짐이다. 이런 사례들은 종교적 색채가 가득하다.

자紫

자색 066

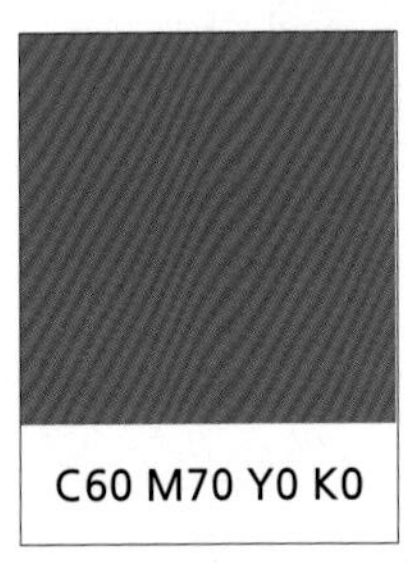
C60 M70 Y0 K0

따뜻한 색조의 홍색과 차가운 색조의 남색이 혼합된 자색紫色은 고대 중국에서는 이미 오정색 중의 주홍색朱紅色을 뛰어넘어 정치 및 사회적 지위에 있어 가장 존귀한 권력의 색이 되었다. 송나라 때 이전에 자색은 제왕의 색에 속하였다. 도교에서 자색은 신선의 경지와 길상吉祥을 뜻하는 색이다. 옅고 맑은 담자색淡紫色은 고귀하고 우아한 색감을 드러내고, 자색이 짙어질수록 신비함과 요염한 색감이 사람을 압도한다.

자색의 꽃이나 풀은 도처에서 볼 수 있다. 자색의 직물은 고대 중국에서 자초茈草의 뿌리를 염색 재료로 삼아 반복하여 침염하는 방법으로 만들었다. 자紫는 사糸에서 비롯되었는데, 이는 자초茈草로 염색한 견직물이라는 뜻이고 그 빛깔을 이르러 자紫라 하였다.

자紫 자는 비교적 늦게 등장하였다. 대략 금문金文 또는 전문篆文이 출현한 춘추전국 시대(기원전 770~기원전 221)로 짐작된다. 초기에는

• • • 장쑤江蘇 퉁리同里

紫

민간의 여성들이 좋아하는 복색이었다. 선진先秦 시대에 남방에서 뽕 따는 아가씨가 일하는 모습과 복색을 묘사한 〈채상도采桑度〉라는 노래가 있다. "따스한 봄날 뽕잎 따는데, 파란 잎사귀 얼마나 싱싱한지. 가지 잡고 나뭇가지 오르다가, 자색 비단치마 찢어졌었지採桑盛陽月, 綠葉何翩翩. 攀條上樹表, 牽壞紫羅裙." 또한 《악부시집樂府詩集》〈밭두렁의 뽕나무陌上桑〉에는 "담황색 비단으로는 치마 만들고, 자색 비단으로는 저고리 만들었네緗綺爲下裙, 紫綺爲上襦."라는 구절이 있다. 시에 나오는 상緗은 담황색淡黃色이고 기綺는 꽃무늬가 들어간 비단이며 유襦는 저고리다. 자색과 황색은 서로 보색補色이라 대비가 선명하고 강렬하다. 그래서 본래 색의 선명도를 강화할 수 있다. 이는 옛 사람들이 옷 색깔을 맞춰 입을 때의 심미관을 보여준다.

옛 사람들은 홍색과 남색 사이의 이 빛깔이 흠이 있어서 사람을 미혹하게 한다고 생각하였다. 《석명釋名》에 보면 "자紫는 자疵[흠]이다. 정색正色이 아니다. 오색의 흠으로써 사람을 미혹시킨다."라고 적혀 있다. 그러나 사료에 따르면, 처음에 자색 의복과 장신구를 황궁으로 지니고 들어간 것은 주나라의 의관 제도가 아니라 기원전 8세기 춘추 시대의 노나라 군주 환공桓公(기원전 711~기원전 694 재위)의 지시에 따른 것이었다. 《예기禮記》〈옥조玉藻〉 편에 의하면 "현색玄色 관과 자색 관복을 착용한 것은 노나라 환공이 시작한 것이다." 《주례周禮》의 규정에 따르면 제후는 '흑색 관과 마로 만든 관복'을 착용해야 했다. 그러나 노나라 환공은 현색(암홍색이 섞인 흑색) 관과 자색 관복을 좋아했다. 최초의 자복紫服은 황제의 복장으로 춘추 시대 첫 패주인 제나라 환공桓公(기원전 685~기원전 645 재위)이 그렇게 입자 전국에서 위아래 가릴 것 없이 모두 따라 입기 열풍이 불었고, 자색 옷의 공급이 수요를 따르지 못하게 되었다. 결국 자색으로 염색한 직물 값이 가장 비싸지고 말았다. 제나라 환공은 어쩔 수 없이 관중管仲(?~기원전 645)에게 말했다. "과인이 자색 옷을 입기를 좋아하여 자색이 심히 귀하니 나라의 백성들이 모두 자색 옷을 입기를 좋아하오. 과인이 어쩌면 좋겠소?" 제 환공은 명성을 떨친 황제였지만 간색間色인 자색 옷을 입기를 좋아했다. 이는 당시의 전통적인 오정색 관념과 예교적 측면에서 보면 반역 행위였다. 약 1백 년이 지난 후에야 출생한 공자(기원전 551~기원전 479)는 주례를 지키고자 했기에 자색을 혐오했다. 공자는 주나라 때는 적색赤色을 숭상하였다고 생각했으므로 주색朱色이 정색正色이고 자색은 잡색이고 간색일 뿐이라고 보았다. 한데 이제 자색이 주색의 지위를 빼앗았으니, 이는 나라의 멸망과 왕권의 교체를 상징하는 것이었다. 그래서 공자는 《논어論語》〈양화陽貨〉 편에서 "자색이 주색을 빼앗는 것을 미워한다."라고 말하였는데, 이는 색의 다툼일 뿐 아니라 반역하여 나라를 빼앗는 것을 반대한다는 정치적 함의를 가지고 있었다.

처음으로 자색 복장을 임금이 입는 용포로 정한 것은 한나라의 무제武帝(기원전 140~기원전 87 재위)였다. 무제는 정색이 아닌 자색을 어복으로 정한 것 외에도 전통적 관습, 예컨대 황제가 뭇 신하들에게 내리는 금인金印의 인끈도 모두 자색으로 바꾸었고, 결국 한나라의 상국相國, 승상丞相, 태위太尉 등 고관의 표준 관복에 갖추어야 하는 색이 되었다. '금인자수金印紫綬', '대금배자帶金配紫' 그리고 '회황패자懷黃佩紫' 등은 이렇게 생겨난 성어이다. 그러자 자색은 정식으로 황권이나 관료가 되어 귀한 사람으로서 명예를 떨치는 것과 같은 의미가 되었고, 부귀영화를 뜻하는 대표적인 색이 되었다.

자색은 도교에서는 지고무상의 경지를 뜻하는 것으로 여겨졌다. 노자가 자색 기운을 몸에 두르고 있었다고 전해지므로 '자기동래紫氣東來[자색 기운이 동쪽에서 오다]'라는 성어는 상서로운 기운과 성현의 출현을 예시하는 징조를 가리켰다. 또한 도교 신앙에서 천상에서 가장 높은 신선을 자황紫皇이라 하였고, 자미성紫微星(태일太一이라고도 부르는데, 북극성을 가리킨다)은 천제가 머무는 곳이며, 우주는 자주紫宙, 자궁紫穹이라 불렀고, 하늘은 자소紫霄, 자허紫虛, 자청紫淸 또는 자명紫冥이라 칭하였다. 자정紫庭, 자환紫寰, 자금紫禁 또는 자극紫極은 신선이 머무는 곳이다. 자양紫陽은 신선의 호칭인데, 신선이 자색 구름을 밟고 다니기 때문이다. 자전紫電은 서광瑞光[상서로운 빛]을 비유한다. 도사들은 자포紫袍[자색 도포]를 입는다. 도가의 방사들이 연단煉丹하는 방은 자방紫房이라 부른다. 《도경道經》은 자서紫書라 한다. 자암紫岩은 은사隱士가 사는 곳이다. 도교에서 자색은 최고의 경지와 신성한 색을 대표한다.

도교가 자색을 추숭하고 존중한 것은 결국은 역대 조정의 왕실 처소와 정부 주요 기구의 호칭에 영향을 주었다. 예컨대 황궁皇宮은 자궐紫闕, 자위紫闈라 불렀고, 자금성紫禁城은 황제의 처소였고, 자현紫縣은 중국을 뜻했으며 자력紫曆은 국운國運을 의미했다. 제왕이 천지에 제사를 올리는 장소를 자단紫壇이라 하였고, 자개紫蓋는 황제의 거마車馬였다. 자추紫樞는 조정의 중추 기구를 의미했다. 재상부宰相府는 자각紫閣이라고 불렀다. 이 밖에도 자마紫磨는 순도가 높은 질 높은 황금을 가리켰고, 홍동紅銅으로 주조한 동전은 자감전紫紺錢이라 불렀다.

당나라 때는 활발하고 개방적이었으며 화려한 색채의 시대였다. 당

• • • (위) 고승 소상, 당나라, 산시山西 우타이산五台山 불광사佛光寺 (아래) 황금거북이 인장, 당나라

• • • 석양에 물든 빛깔

나라 사람들은 사람을 미혹하게 한다는 자색을 한층 더 좋아했다. 당나라의 공주가 쓰는 양산은 자색으로 지정되었고, 또한 무측천武則天은 황제가 되었을 때 신하인 적인걸狄仁傑(무측천 시대의 재상으로 강직하고 현명했으며 엄격하게 법을 집행하기로 유명했다)에게 최고 영예인 자포紫袍와 황금거북이 인장印章을 하사했다. 당나라 초기의 관복은 전대인 수나라 때를 본받아 관복의 색으로 관급의 높고 낮음을 구분하였다. 당나라 고조高祖의 무덕武德 연간(618~620)에 1품에서 3품까지의 고위 관리의 복색이 자색이었고, 3품 이하는 순서대로 주색朱色, 녹색, 청색 관복을 입었다. 즉 간색인 자색 관복이 정색인 주색과 청색보다 높은 자리를 차지했다. 그리하여 '홍득발자紅得發紫'는 관운이 형통하고 착착 승진한다는 의미로 쓰였다.

이로 인해 자색은 당나라 때 황제의 권력을 대표하는 색이 되었다. 자색 가사袈裟는 불교가 중국화된 후 가장 명성이 높은 당나라 승려의 복색이었다. 일본인들도 당나라의 색채관을 본받아서 자색을 관리 위계를 대표하는 색으로 지정했으며, 다이호大寶 원년(701)부터는 일본 조신들의 관복색이 적자색赤紫色으로 정해졌다.

송나라 때의 조복색은 당나라를 그대로 물려받아 바뀌지 않았다. 명나라 초에 와서야 조복색도 바뀌었다. 개국 황제인 명나라(1368년 개국) 태조의 성이 주朱(이름은 원장)였고 주색이 정색이었으며, 주원장이 《논어》에 나오는 '악자탈주惡紫奪朱[악한 자색이 주색을 빼앗다]'라는 구절을 경계하였으므로 점차 자색은 관복색으로 쓰이지 않게 되고 주색이 고위 관복색이 되었다. 이로부터 1천 년이 넘도록 영광을 누린 자색은 자리를 내주었고, 주색과 홍색이 중국에서 가장 찬란하고 운이 좋은 색이 되었다. 이러한 풍속과 관습은 지금까지 전해 내려오고 있다.

짙은 자색은 여름과 가을 사이 해가 지려 할 때 하늘가에 보이는 아름다운 색으로 현대의 전문 촬영 용어로는 어두워지기 전에 잠시 빛나는 신비한 색의 시간이라 하여 '마법의 시간magic hour'이라 부른다. 그러나 사진기가 발명되기 한참 전, 지금으로부터 약 1천 년 전의 당나라 때의 시인 이하李賀(790~816)는 이미 〈안문 태수의 노래雁

門太守行〉에서 시로 이 아름다운 대자연의 색을 정확하게 포착하였다. “가을빛 속에 뿔피리 소리 하늘에 가득하고, 국경 요새의 연지는 밤의 자색으로 엉켜 있네角聲滿天秋色裡, 塞上燕脂凝夜紫.”

시에서 연지는 모색暮色의 노을빛이고, 밤의 자색으로 엉킨다는 말은 모색暮色이 점점 더 짙어져 국경의 하늘이 짙은 남자색藍紫色으로 물들어감을 묘사한 것이다.

포도색 067

C75 M90 Y45 K10

자색은 홍색과 남색을 혼합한 색이다. 중국 고대의 자색 계열 중에는 자색, 감자색紺紫色(남색에 가까움), 적자색赤紫色(홍색에 가까움)과 농자색濃紫色(심남색深藍色과 심홍색深紅色의 혼합색)의 네 가지 색조color tone가 있다. 포도색葡萄色은 농자색에 속하며 외래에서 들어온 과일의 색으로, 약 기원전 1세기 서한西漢 시대에 서역으로부터 중원에 들어왔는데, 포도 또는 포도주의 빛깔을 넓게 가리키는 색 명사이다.

포도는 고대 중국에서 포도葡萄, 포도葡桃(《한서》) 및 포도葡陶(《사기》) 등으로 불렸다. 포도라는 말은 고대 그리스의 Botrytis 또는 페르시아어 Budawa를 음역한 것이다. Butao는 중앙아시아의 소그드어(인도—유럽어 계통 인도—이란어 중의 고대 이란어 중 하나)로 '덩굴'이라는 뜻이다.

포도는 서한 시대의 외교가 장건張騫이 기원전 138년 서역에 사신으로 갔을 때 대완국大宛國(현재 우즈베키스탄의 페르가나 지역)에서 포

도 씨앗을 중원에 가져와 심은 데서 비롯되었다. 당시 대완인은 술을 빚는 방법을 전해주지 않았으므로 한나라 초기의 사람들은 포도를 과일로만 먹었을 것으로 추정된다. 초기에 서역의 여러 나라는 순도 높은 포도주를 중원 왕조에 공물로 바쳤다. 중국이 포도주를 빚기 시작한 것은 당나라 초기쯤이다. 원나라 4대 부서 중 하나인 《책부원구冊府元龜》에 따르면, 당나라 정관貞觀 14년(641)에 당 태종이 병사를 보내어 신장 투루판에서 동쪽으로 약 20여 리 떨어진 고창국高昌國을 침공했다. "태종이 고창국을 깨뜨리고, 말젖과 포도를 획득하고 술 빚는 법을 얻어냈다." 사료에 따르면 투루판 지역은 4세기부터 포도 농장이 있었는데, 고창국은 청색, 백색, 자흑색紫黑色의 세 가지 포도를 많이 생산하고 있었다. 고대 중국인은 과립顆粒의 모양으로 이름을 구분하였는데, 둥근 것(청색, 백색 포도)은 '초룡주草龍珠'라 불렀고 길쭉한 것은 '마유포도馬乳葡萄(자흑색의 포도인데, 모양의 말의 젖과 닮았다 하여 붙은 이름)'라 칭하였다.

중국 땅에서는 당송 시대 이래 마유포도가 주요 품종이었다. 당 태종 이세민은 수도인 장안의 황실 숲에 포도 농장을 만들고 직접 마유포도주를 양조하는 일을 감독하기까지 하였다. 《책부원구》에 따르면 "술이 되면 무릇 여덟 가지 색이 나는데, 향이 강렬하고 맛이 제호醍醐(중국 술의 통칭) 같았다. 군신에게 하사하였으므로 수도에서 그 맛을 알기 시작하였다." 크게 기뻐한 당 태종은 장안에서 사흘간 술을 마시고 즐기라고 명하였는데, 이것이 미주美酒로 벌이는 당나라 때의 한마당 축제 명절이 되었다. 결국 서역에서 전해진 농자색濃紫色의 미주美酒는 점차 성당盛唐 시대 궁중의 호화로운 연회와 귀족들 사이에서 유행하는 음료가 되었다.

사람을 끌어당기는 포도주의 빛깔은 문인들의 시흥과 영감을 이끌어냈다. 잘 익은 술의 색, 향, 맛은 끊임없이 말과 글 속에서 회자되었다. 예컨대 원나라 때 공성지貢性之의 〈제숙만방포도題肅萬邦葡萄〉에 보면 "말젖이 가득해 시렁을 누르니 향이 넘치고, 익으면 맛난 술이 삼백 잔이라馬乳纍纍壓架香, 釀就瓊漿三百斛."라는 구절이 있다. 오랜 세월 동안 전해진 당나라 왕한의 〈양주사涼州詞〉에서는 "맛좋은 포도주가 담긴 백옥 술잔. 입에 대려는데 비파 소리가 말 위에서 재촉하네. 취한 나머지 모래밭에 누웠지만 웃지는 말게. 예부터 몇 명이나 전쟁에서 돌아왔던가?葡萄美酒夜光杯, 欲飮琵琶馬上催, 醉臥沙場君莫笑. 古來征戰幾人回"라고 노래한다. 이 시는 변경의 요새인 양주(오늘날의 간쑤甘肅 우웨이현武威縣)에서 나서 죽은 한 장수의 삶을 묘사하였는데, 기쁨의 시간은 짧고 고통의 시간은 길며, 맛난 술을 한껏 마시지도 못했는데, 말에 올라 적을 맞으러 가야 하는 어쩔 수 없는 상황을 표현하였다.

이 밖에도 농자색濃紫色과 포도주는 서양에서도 종교와 밀접한 관계가 있다. 로마 가톨릭 초기에는 미사를 볼 때 신성한 색을 대변하는 자포紫袍를 입고 자홍색紫紅色의 포도주를 제단에 바쳤는데, 이는 구세주 예수 그리스도의 피를 상징했다. 중국에서는 명나라 때부터 로마 가톨릭의 복음이 마테오 리치 등의 선교사들을 통해 주장강珠江 하구를 거쳐 마카오를 통해 중국 내륙으로 전해졌다. 이리하여 중국

• • • 신장 투루판 고창高昌 고성古城 유적

紫

인들은 서양 종교의 홍자색紅紫色 액체에 대해 다른 측면에서 신성한 의미를 부여하게 되었다.

포도색은 고대 자기의 유약색 중 하나로, 명나라 선덕宣德 연간(1426~1435)에 처음 보이기 시작했다. 청나라 때에 이르자 온갖 유약색이 가능해지고 빛깔이 순정하였으므로 강희康熙 연간(1662~1722)에는 진귀하고 그윽한 자색 자기를 구워낼 수 있었는데, 이를 '포도유葡萄釉'라 하였다. 또한 복색 중 포도색은 고대에는 홍색으로 염색하는 소방목蘇枋木에 남초藍草를 섞어 겹쳐 염색하여 완성하였다. 포도덩굴로 만든 숯은 중국화 안료 및 서예용 먹 중에서도 좋은 흑색 재료로 쓰인다.

가지색 068

C70 M90 Y35 K10

가지색은 고유한 색 명사로 고대 서역으로부터 들여온 채소인 가지의 겉껍질의 색으로, 외래에서 들어온 색이며 색조가 흑자색黑紫色에 반질반질 윤기가 난다. 1천여 년간 중국요리에 쓰인 자색 채소 중 가장 보편적으로 반찬에 들어가는 채소의 색이다.

가지는 고대 인도가 원산지이며 약 4~5세기에 이르는 남북조 시대에 서역 비단길을 통해 중원에 전해졌다. 대략 청나라 말기에 다시 중국을 거쳐 일본에 전해졌다. 지금까지 중국에서 발견된 가지에 대한 문자 기록 중 가장 이른 것은 1,500여 년 전 북위北魏(531~550) 시대, 농학자인 가사협賈思勰이 편저한 농서農書인 《제민요술齊民要術》 제2권에 나온다. 최초에 재배된 가지는 계란형이었던 것으로 보이며, 원나라 때 가늘고 긴 몽둥이 모양의 가지를 길러냈다. 가지색은 자색 및 감자색紺紫色이 주류이며 현재에 이르기까지 장강 남북에서 모두 재배한다.

가짓과의 한해살이풀인 가지는 자색 꽃을 피우며 고대 중국에서는 낙소酪酥, 곤륜과崑崙瓜라 불렸다. 송나라 때는 낙소落蘇, 저장浙江 사람들은 육소六蔬 또는 오가五茄라 불렀고, 광둥廣東 사람들은 애칭으로 왜과矮瓜라 일컬었다. 껍질색이 선명한 자색인 가지는 건강에 좋으며, 맛이 특별하지 않고 담백하다. 남송南宋의 선비 정청지鄭清之(1176~1251)는 〈가지를 읊다詠茄〉에서 "청자색 피부는 재상을 닮았고, 빛나고 둥근 머리는 중처럼 보이네. 어찌 중이 세속과 같은 기호를 가졌을까, 입에 넣고 나면 결국 마찬가지라네青紫皮膚類宰官, 光圓頭腦作僧看, 如何緇俗偏同嗜, 入口原來總一般."라며 맛을 평가했다. 고전소설 《홍루몽》 제41회에는 왕희봉이 맛있는 가지 요리를 유노파에게 먹여 혀를 내두르게 하는 장면이 나온다. "희봉은 빙긋이 웃으며 말했다. '별로 어려운 것도 아니에요. 사월이나 오월에 가지를 따서 껍질을 벗기고 속을 말끔히 빼낸 다음 살만을 실오리같이 가늘게 썰어 햇볕에 바짝 말리는 거예요. 그런 뒤에 살찐 암탉 한 마리를 고아서 그 국물에다 말린 가지를 넣고 시루에 찐 다음 그것을 다시 볕에 말리는데, 이렇게 찌고 말리기를 아홉 번은 해야 해요. 그래서 그것을 흰 항아리 같은 데 넣고 입구를 단단히 봉해 두었다가 먹을 때는 한 접시쯤 꺼내 기름에 볶은 닭고기와 한데 섞으면 되는 거예요.'"

검은빛이 도는 자색의 가지는 《홍루몽》에서 고급 모직물의 색으로도 등장한다. "보옥은 가지색 트위드를 입고 호피 저고리를 입었다." 트위드는 청나라 때 유럽에서 수입한 거친 모직물 재료이다. 알려진 바에 의하면, 고대 자기 중 의도치 않게 형광처럼 우아하고 가지껍질과 같은 자색을 내는 물건이 구워져 나왔다 한다. 북송北宋 후기에 발흥한 균요鈞窯(옛 도요 자리는 오늘날 허난성河南省 위현禹縣)는 황실에서 쓰는 자기만을 구워내던 관요官窯였다. 균요의 기본 유약색은 농도가 제각기 다른 각종 청색이었고 당시 장인들은 유약 재료에 무의식중에 구릿빛 유약(산화구리)을 섞어 넣었다. 그 결과 구워져 나온 자기는 생각지 못했던 홍자색紅紫色이었다. 그리하여 해당화와 같은 홍색海棠紅, 닭의 피와 같은 홍색鷄血紅, 가지의 자색紫色 등 여러 가지 선명한 유약색이 나타났다. 전해지는 말에 따르면 전체 자기가 홍색과 자색이 서로 어울리는 가운데 신비한 빛깔을 뿜어냈다고 한다. 아쉽게도 지금까지 전해지는 가지색 자기는 무척 드물기 때문에 후대인들은 문헌 기록을 통해서 당시 균요에서 나왔던 자기의 색을 추정해 볼 수밖에 없다.

자사색 069

C42 M78 Y82 K50

자사색紫砂色은 쇠돌과 흙에 속하는 색으로, 장쑤江蘇 이싱宜興 지역에서 자홍색을 띠는 자토瓷土로 구워낸 다구茶具의 외관 빛깔을 가리키는 고유의 색 명사이다. 10세기 북송 시대부터 운치를 추구하는 선비들이 한가롭게 차를 마시면서 눈을 즐겁게 할 수 있는 색이었다. 또한 자사색은 풍류와 문아, 교양과 고상한 품위를 상징하는 색조이다.

자사 진흙의 주요 산지는 장쑤성江蘇省 이싱시宜興市 딩수진丁蜀鎮의 룽산龍山 일대로, 그래서 이싱 자사라 부르게 되었다. 광화 작용이 이루어진 것은 약 3억 5천만 년 전인 고생대 데번계 시기로, 자토瓷土 성분은 석영, 점토와 구리를 함유한 운모 및 적철석으로 구성된다. 희귀 토질에 속하므로 성 하나만큼의 값어치가 나간다 하여 속칭 '부귀토富貴土'라 불리기도 한다. 진흙 재료 안에 적당량의 산화착색제가 들어가 있으면 어떤 유약을 첨가하지 않아도 자기가 구워져 나올 때 간자색肝紫色, 대추색棗紅色, 자당색紫棠色, 자운색紫雲色 또는 철회연색

・・・ 연꽃 모양의 자사 주전자, 청나라 천밍위안陳鳴遠 제작

鐵灰鉛色 등 다른 빛깔의 자색이 나온다.

자사 다기의 기원은 지금까지 북송 연간(960~1127)에 시작된 것으로 여겨진다. 1976년 7월 장쑤성 이싱의 양자오산羊角山에서 자사의 옛 가마터가 발견되어 이 사실을 확인해주었다. 북송 문인들도 자사와 관련한 기록을 남긴 바 있다. 예컨대 유학자 구양수歐陽脩(1007~1072)는 "함께 자색 사발로 따르고 마시니, 그대의 넉넉한 소탈함이 부러워라喜共紫甌飮且酌, 羡君瀟灑有余情."라고 읊었다. 같은 때 북송 시인 매요신梅堯臣(1002~1060)이 "자색 진흙으로 빚은 신품에 봄빛이 넘쳐라紫泥新品泛春華."라고 읊은 아름다운 구절도 전해 내려온다.

눈을 편안하게 해주는 빛깔을 가진 자사 주전자는 전형적인 '문인의 다구茶具'이다. 예스럽고 소박한 모양새는 평가받을 만하며, 재질이 세밀하면서도 아이의 피부처럼 윤기가 도는 몸체가 언제고 만져보며 완상할 만하다. 깊고 독특한 자사 주전자의 색은 눈으로 감상하기에도 좋아서 차를 좋아하는 묵객들이 감탄을 금치 못한다. 기름진 고기를 좋아했던 송나라의 대문학가 소동파도 산수와 명차, 자사에 애정을 기울였다. 그는 이싱 수산蜀山(원래 이름은 두산獨山) 산자락 아래 땅을 사서 '동파서원東坡書院'을 짓고 은퇴 후에 은거할 거처로 삼았다. 알려진 바에 따르면 그는 자사 주전자를 직접 디자인하고 주전자 몸통에 '솔바람과 대나무 화로, 손 주전자가 서로 어울리네松風竹爐, 提壺相呼.'라는 구절을 써 넣기도 하였다.

중국의 차 문화는 자사 예술품으로 인해 빼어난 도예의 차원과 예술적 감상의 경지에 올라섰다. 자사색은 지금까지도 여전히 한가로움, 소중히 보관함, 귀함, 유유자적하는 행복이라는 함의를 담은 색으로 여겨진다.

자등색 070

C8 M17 Y0 K22

자등색紫藤色은 넝쿨식물인 자등화의 꽃색으로, 분자색粉紫色 계열에 속한다. 먼 옛날 꽃을 아끼던 사람들은 자색 꽃을 감상하면서 짙은 자색이 화려한 아름다움을, 분자색粉紫色은 청순한 아름다움을 대표한다고 생각했다. 분자색 자등화의 꽃받침은 꽃모양이나 빛깔을 막론하고 고대로부터 사람들 사이에서 사랑받고 감상되었다. 밝고 경쾌해 보이는 색감을 주는 자등색도 이로 인해 명성을 얻었다.

자등紫藤은 등라藤蘿라고도 부르는데, 별칭으로는 주등朱藤이라 한다. 자등은 콩과의 낙엽 덩굴성 식물로, 원산지는 중국이며 오랜 역사를 지닌 관상화이자 만생蔓生 식물 중 하나이다. 자등이 가장 먼저 등장하는 것은 중국 신화 이야기인 《산해경》인데, 중국 민족의 전설 중에서도 인류를 만든 여신 여왜女媧와 관련이 있다. 전설에 따르면 어느 날 여왜가 손 가는 대로 산 바위에 붙은 거칠고 큰 자등을 잡아당기자 자등과 진흙이 함께 허공으로 솟구쳤고, 흩뿌려진 진흙이 땅

··· 자등화

에 떨어지자 수많은 사람 모양으로 변했다. 남자도 있고, 여자도 있었는데 이로부터 세상에 인류가 번성하여 대대로 살게 되었다.

덩굴성 식물인 자등은 매년 4~6월 분자색 꽃봉오리를 피우는데, 향이 좋고 많은 수의 꽃이 모여 아래로 드리워진 꼬치 같은 모양의 꽃차례를 이룬다. 한창 필 때는 가까이서 보면 무성한 꽃이 풍경이 줄줄이 걸린 듯한 모양이 되고, 멀리서 보면 은근히 자색빛이 돌아서 마치 자색 비가 나긋나긋하게 흘러내리는 듯하여 눈과 마음이 한껏 즐거워진다. 뱀처럼 구불구불한 자등의 줄기는 간단한 가구나 사람이 타는 가마를 만들 때도 쓰인다. 원나라 마치원의 잡극 《서화산진박고와西華山陳 摶高臥》에 보면 "순풍을 타고 한조각 구름에 오르니, 빠르기가 늙은 선무사가 자등으로 만든 가마를 타는 것 같아라只消的順天風坐一片白雲, 煞强似你那宣使乘的紫藤兜轎穩." 라는 구절이 나온다.

청나라 옹정擁正 연간(1723~1735)의 저명한 학자 기윤紀昀(자는 효람曉嵐, 1724~1805)은 자등에 남다른 애정을 가지고 있었는데, 자신이 쓴 《열미초당필기閱微草堂筆記》에 다음과 같이 기록하였다. "등은 지금도 여전히 있는데, 기둥의 재료로 사용하면 능히 기둥 역할을 할 수 있고, 그 그늘이 건물을 다 덮고, 그 덩굴은 잡아당기면 서편의 서실을 다 덮는다. 꽃이 필 때는 자색 구름이 땅에 드리워지듯 한데, 향이 코를 찌른다." 현재 베이징 주스커우珠市口의 시다제西大街에는 기윤의 옛집인 열미초당이 있는데, 여름에 가면 옛날처럼 자등이 탐스럽게 자라나 있다. 분자색 꽃 빛깔은 세월이 지나도 여전히 새로운 느낌을 주며 오늘날까지도 퇴색하지 않고 널리 퍼져 있다.

청련색 071

C21 M67 Y0 K10

연화蓮花는 태생적으로 다양한 아름다운 색을 지녔다. 청련색青蓮色은 남색에 가까운 자색 연화의 색을 가리킨다. 청련색은 전통적인 색 명사로, 고대에는 남녀가 함께 쓰던 복색이었다. 불교에서 청련은 정결과 수행의 믿음을 상징하는 색이었다.

천축에서 발원한 불교는 연화를 잡스러운 것이 없이 정결하다고 여겼다. 청련은 맑고 깨끗한 부처의 눈을 비유하는 데 쓰인다. 예컨대 《유마경維摩經》에는 이런 구절이 나온다. "부처의 눈은 길고 커서 청련과 같다目淨修廣如青蓮." 청련은 또한 범어梵語로 기록된 불전佛典을 대표한다. 중당中唐의 시인 유우석劉禹錫(777~842)은 〈동평사가 아프다는 말을 듣고 편지를 쓰다聞董評事疾因以書贈〉라는 제목의 글에서 "번로로 가학을 이었고, 청련은 불경을 번역한 책이네繁露傳家學, 青蓮譯梵書."라고 적었다.

당나라는 임금과 백성의 사상이 개방적이었던 시대로, 당나라 사람

• • • 청련

紫

• • • 청련색 비단 조끼, 청나라

들은 천축에서 온 불교의 영향을 받아 자색을 귀하게 여겼고, 3품 이상 고관의 복색도 자색이었다. 자색은 비색緋色과 홍색을 압도한, 최고 관료의 권위를 가진 색이었다. 불가의 승려들은 '자색 가사'를 받아 입는 것을 가장 명예로운 일로 여겼는데, 이는 당나라 영창永昌 원년(689) 측천무후가 대운사大雲寺 승려 10명에게 《대운경大雲經》을 다시 번역한 공로로 자색 가사를 하사했기 때문이다. 《대운경》은 북량北涼 시기에 담무참曇無讖이 최초로 번역하였는데, 경문 가운데 남인도 안달라 왕조의 공주(이름은 증장增長)가 왕위를 계승한 이야기가 기록되어 있으나 원래는 중국과 무관한 내용이다. 《구당서舊唐書》〈측천

황후본기則天皇后本紀〉에 보면 당시 대운사의 승려들은 명을 받아 《대운경》에 새롭게 주석을 달면서, 측천무후는 미륵불이 세상에 내려온 사람이므로 당나라를 대신해 천하의 주인이 되는 것이 마땅하다고 선전했다. 새롭게 번역된 《대운경》은 황제를 칭하고자 한 측천무후에게 이득이 되었기 때문에, 천하에 명을 내려 뭇 승려들이 《대운경》을 강해하도록 하여 천명이 그에게 내렸음을 과시할 수 있었다. 또한 측천무후는 공이 있는 사람에게 청련색 가사를 하사함과 동시에 불교의 지위를 도교의 위에 두었다. 이로부터 청련색 승려복은 중국 불교만의 특색을 지닌 법의의 색으로 쓰이게 되었고, 그 후로 줄곧 송나라 때까지 사용되었다. 심지어 동남아 이웃나라 승려들의 복색으로 쓰이기도 하였다.

청련색은 청나라 광서光緖 연간(1875~1908)에 이르러 왕손과 귀족 계층 사이에서 유행한 복색 중 하나이며, 청나라 때 건축 장식에 빈번하게 쓰이기도 하였다.

우합색 072

C0 M22 Y25 K0

염색 재료인 소방목蘇枋木은 나무 자체에 홍색 색소가 들어 있어 섬유를 염색할 수 있는 가장 중요한 홍색 염료이다. 아시아에서 이 재료를 활용하여 직물을 염색한 것은 수천 년의 역사를 가지고 있다. 우합색藕合色은 소방목 염색제에 촉매제를 넣은 후 염색되어 나온 색이다. 빛깔이 연뿌리 색과 가까워 얻은 이름으로, 고유한 색 명사이다.

관목이나 교목에 속하는 소방목은 열대성 식물로 원산지는 중국 남방과 동남아 일대인데, 특히 인도네시아는 남양南洋 군도 소방목의 주요 산지이다. 고대 페르시아에서도 남양 군도 여러 나라에서 수입한 소방목을 염색 재료로 사용했다. 소방목은 경제적 효과와 이익이 있었기 때문에 알려진 바에 따르면 고대 남중국해 일대에서 해적이 횡행할 때는 소방목을 싣고 가는 페르시아 상선만을 전문적으로 약탈해 값이 오르기를 기다렸다가 파는 경우도 있었다고 한다.

소방목은 직물을 홍색으로 염색할 때 중요한 재료이기도 했지만 다

른 촉매제를 사용하여 다른 색의 직물로 염색해내기도 하였다. 명나라 때 출간된《천공개물天工開物》에는 이런 설명이 나온다. "자색은 소방목을 바탕으로 하고, 거기에 청반青礬을 매염재로 하여 염색한다. (……) 천청색天青色은 남전색 물이 담긴 항아리에 넣어 연한 남색으로 물들이고, 다시 소방목을 삶은 물로 짙게 염색한다. 포도청색葡萄青色은 남전색 물이 담긴 항아리에 넣어 짙은 남색으로 물들이고 다시 소방목을 삶은 물로 염색한다." 이 글에 나오는 청반은 황산철을 함유한 광석인데, 매염제로 사용한다. "소방목 물로 연하게 염색하고 연꽃 열매껍질과 청반 물을 넣어 엷게 염색"하면 연뿌리와 같은 연한 갈자색褐紫色의 옷을 만들 수 있었다.

우합색은 중국 역대로 서민들이 입을 수 있도록 허용된 민간의 복색이었다. 또한 옛날에 승려들이 평소에 입는 가사의 색이기도 한데, 불교에서는 잡색雜色에 속한다. 고대 일본에서도 소방목의 염색소에 연기나무의 껍질을 섞어서 우합색으로 염색하는 효과를 얻기도 했다. 일본 고서 중 염색에 관한 문헌인《연희식延喜式》에는 우합색 옷의 제염법이 나와 있다. "연기나무색 능綾 1필을 만드는 데는 연기나무 14근, 소방목 11근, 식초 2승昇, 재 3곡斛, 땔나무 8하荷가 필요하다." 여기서 능은 얇고 꽃무늬가 있는 비단인데, 한 면이 매끄럽기가 마치 새틴 같다. 우합색은 고대 일본 궁정복의 색이기도 하다.

시안西安의 참기름집

갈은 원래 동물인 갈색 토끼의 털색을 가리키는 것으로, 중국 전통색 계열에서 역사가 오래되고 널리 퍼진 색 가운데 하나이다. 갈색은 황색, 홍색과 흑색 세 가지 색이 조화된 색으로 종색棕色이라고도 부른다. 색감이 담백하고 가라앉아서 눈이 편하다. 옛날에는 하층사회와 가난하고 천한 백성이 입는 옷의 대표 색이었다.

또한 갈색은 전통 목기와 가구에서 흔히 볼 수 있는 빛깔이다. 찻잔 중의 다색茶色은 우아하고 한가로운 느낌을 주고, 수양과 깨달음을 상징하는 색으로, 중국 전통 문화를 이루는 중요한 요소 가운데 하나이다.

갈褐

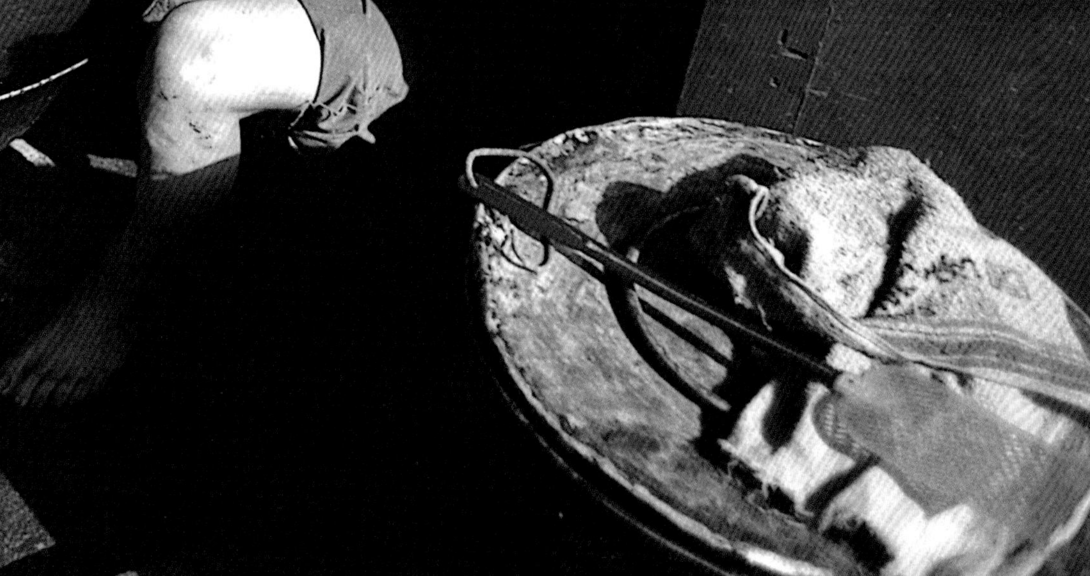

갈색 073

C0 M86 Y100 K53

갈색褐色은 황색, 홍색과 흑색의 세 가지 색이 조화된 색으로, 종색棕色이라고도 부른다. 중국 전통의 오정색관에서는 간색에 속하며 색감이 담백하고 가라앉아 있어서 눈이 편하다. 중국색 계열에서 널리 퍼져 있고 오래된 역사를 지닌 색 가운데 하나이다. 고대에는 하층사회와 가난한 백성이 입는 옷 중 가장 흔했다.

갈褐은 원래 갈색 토끼의 털색을 가리켰는데, 당나라 때 이조李肇가 쓴 《당국사보唐國史補》 하권에는 다음과 같이 기록되어 있다. "선주宣州에서는 토끼털이 갈색이었는데, 비단에 버금갔다. 또한 염색한 직물은 더욱 묘해서 당시 사람들은 진짜 토끼의 갈색이 염색한 가짜 갈색만 못하다고 여겼다." 즉 갈은 색 명사로, 옷이나 기타 물품에 드러나는 색을 가리킨다. 북송北宋의 시인 황정견黃庭堅은 〈차 달이는 글煎茶賦〉에서 이렇게 읊었다. "술을 따를 수 있는 토갈구요, 어안이 솟도록 삶는 솥이로다亦可酌兎褐之甌, 瀹魚眼之鼎者也." 여기서 토갈구는 작은

• • • 칭하이青海 시닝西寧

褐

그릇 또는 와기瓦器를 가리킨다. 약瀹은 삶는다는 뜻이고, 어안魚眼은 끓는 물에서 솟아오르는 기포를 말한다.

또한 갈褐은 무명옷보다 한 등급 낮고 종색棕色 재료나 거친 마로 만든 직물을 가리킨다. 고대인들은 짐승털이나 마 섬유를 재료로 삼아서 실로 꼰 후 몸을 가리는 옷을 지었다. 짐승털로 만든 직물은 털이 짧고 거칠었지만 둔중한 느낌을 주었고, 추위를 막는 효능이 있었기 때문에 겨울에 방한복으로 입었다. 거친 마로 만든 옷은 갈의褐衣, 갈삼褐衫 또는 거친 무명옷이라 불렀다. 갈색이 많은 털을 가난한 백성들이 많이 입었으므로 갈은 가난하고 비천한 사람을 가리키는 호칭이 되기도 하였다. 《시경》 〈빈풍豳風〉에서는 "갈의가 없으니 어찌 한해를 넘길까無衣無褐, 何以卒歲."라 하였다. 갈의는 빈민과 농민이 겨울을 나기 위한 최저 조건이었기 때문에 그것이 없으면 지내기 어렵다는 의미이다. 또한 《좌전左傳》 〈애공哀公 13년〉조에 보면 "갈의를 입으니 사람들에게 무시를 당한다."라는 대목이 나온다. '갈의소식褐衣蔬食'이라는 성어는 입는 것은 무명옷이고 먹는 것은 채소이니 생활이 몹시 어려움을 묘사한 표현이다.

예교를 존숭하는 유가에서는 복식미를 중시한다. 입는 옷은 문채文采가 있어야 하고, 옥을 차야 한다. 옥기는 빛깔이 아름답고 윤기가 흐르며 옷에 매달면 낭랑한 소리가 나기 때문이다. 이는 군자가 갖춘 인격미의 상징이었다. 그래서 유가의 관점에서 갈의를 입는다는 것은 '문文'이 없는 사람이라는 뜻이었다. 그러나 유가가 세운 유복儒服 제도는 묵가와 도가의 비난을 받았다. 묵가는 복식의 실용성을 중시하였고, 겉만 보기 좋은 복식미를 전반적으로 부정하는 태도를 취했다. 《묵자》는 "옷은 따뜻하기만 하면 되며, 그 후에 아름다움을 구한다."는 실용적 주장을 폈다.

도가도 질을 강조하여, 내용과 내면의 미를 중시하였으므로 겉치장에 반대하고 형이상학적이고 번거롭고 까다로운 규칙과 예절을 거부하였다. 따라서 도가 학파의 대표 인물인 장자는 거친 무명옷을 입고 낡은 신을 신으면서 살았다. 노자 또한 "성인은 갈의를 입었으나 가슴속에는 옥을 품고 있다聖人, 被褐懷玉."라는 관점을 지니고, 가슴속에 옥을 품는 것을 미덕의 상징으로 여겼다. 이는 도덕의 장점을 속에 갖춘 사람은 갈의를 걸치고 있다 해도 가히 성인이라 부를 수 있

• • • 신장新疆 우루무치烏魯木齊

다는 의미이다. '피갈회옥被褐懷玉'은 도가의 갈색 복색에 대한 심미관과 사람됨의 기준으로도 볼 수 있다.

원나라 때 민간에서는 갖가지 농도의 갈색옷을 입는 경향이 있었다. 명나라 때에 와서는 갈색은 노동계층이 입도록 규정한 복색이 되었다. 또한 거친 베로 만든 단갈短褐은 고대의 유협들이 즐겨 입는 복장이었다. 건갈巾褐은 아직 진사進士가 되지 못한 수재秀才를 가리키는 비유로 쓰였다. 거친 베로 짜서 말을 덮는 용도로 썼던 말옷을 마갈馬褐이라 불렀다. 당나라 사람 왕기王起가 〈피갈회옥부被褐懷玉賦〉에서 썼듯이 '말과 갈옷이 색이 같았던馬褐同色' 셈이다. 정리해서 말하면

• • • 쑤저우蘇州 둥산東山 조화루彫花樓

고대 사회에서 갈색의 지위는 낮았다. 장식품을 만드는 데 쓰이는 대모玳瑁[거북의 일종]의 껍데기 색만이 유일하게 역사에서 귀중하게 여겨진 갈색이었다.

갈색은 가죽의 색이다. 또한 목제 가구와 일상에서 쓰는 그릇에 쓰이는 실용적인 색이기도 하다. 백성이 먹는 음식 가운데 간장, 저장浙江산 식초 및 참기름은 맛있는 향을 풍기는 종색棕色이다. 또한 갈색은 중국화에서 쓰는 색 중 하나인데, 색조가 농담濃淡[짙고 옅음]과 난랭暖冷[따뜻하고 차가움]에 따라 나뉜다. 홍색에 가까운 갈색은 전통적으로 정향갈丁香褐이라 부른다. 도종의陶宗儀가 지은 《철경록輟耕錄》에 보면 "정향갈은 고기의 홍색을 주로 하고 홰나무 꽃을 조금 넣어 섞은 후 만든다."라고 적혀 있다. 청색을 띤 차가운 톤의 갈색은 애갈색艾褐色이라 부르는데, 이 색은 다음과 같이 만든다. "애갈은 하얀 분말을 홰나무 꽃에 넣은 나청螺靑, 토황土黃, 단자檀子를 섞어 만든다." 단자는 색 명사인데, 흑색과 연지燕支, 자석赭石을 섞어 만든다.

장색 074

장색醬色은 보통 콩류를 발효시켜 만드는 양념의 빛깔, 즉 흑종색黑棕色을 가리키는데, 중국 전통 식탁에 꼭 오르는 양념의 색이다.

옛날에 장醬에는 육장肉醬, 과일과 화초로 만든 산장酸醬과 콩으로 만들어 양념으로 쓰는 시장豉醬 이렇게 모두 세 종류가 있다. 육장은 옛적에는 해醢[젓갈]라 불렀다. 고대에 잘게 부수어 간 물고기, 새우, 소, 양, 노루, 사슴, 토끼 등의 고기를 소금, 식초 등으로 간을 하고 절여서 끈끈한 형태로 만든 식품이다. 과일, 채소류를 잘게 저며 절인 것은 산장이라 하였는데, 오늘날의 잼과 유사하다. 예컨대 《사기》 〈서남이열전西南夷列傳〉에는 "호깨나무는 뽕나무와 닮았다. 길이가 23촌에 달하고 신맛이 난다. 그 열매를 취하여 장을 만든다. 호깨장은 촉에서만 나는데, 촉 사람은 이를 진미로 여긴다."라는 구절이 있다. 세 번째 장은 비린 맛을 누르거나 맛을 돋우는 용도로 사용하는 장인데 이를 시장이라 한다.

褐

• • • 칭하이靑海 초원에 있는 파오

'장醬' 자는 회의자로, 장將이 음이고, 장수가 포악한 무리를 제압하듯이 식물의 독을 이겨낼 수 있다는 말이다. 장醬의 뜻은 유酉[술]에서 왔다. 공자가 《논어》에서 "간이 맞지 않으면 먹지 않는다不得其醬, 不食."라고 한 말을 보면 양념 가운데 장이 얼마나 중요했는지 알 수 있다. 이로 인해 옛날에는 '팔진주인八珍主人'이라고도 불렸다. 고전 명저 《서유기》 제68회를 보면 손오공이 양념거리를 사러 가는 장면 묘사가 나온다. "이윽고 저팔계가 양념 담을 작은 주발 한 개를 찾아 들고 손오공의 뒤를 어슬렁어슬렁 따라나섰다. 문밖으로 나섰더니, 관원 두 사람이 지켜 서 있다가 물었다. '장로님들 어딜 가시오?' '양념거리를 사러 나가오.' 손오공이 대답하자, 그들 중 하나가 친절하게 길을 일러준다. '이 길거리를 따라서 서쪽으로 가시다가 고루鼓樓 모퉁이를 돌면 정가鄭家네 잡화점이 나오는데, 그 가게에 기름, 소금, 간장, 식초, 생강, 고추, 찻잎, 뭐든지 다 있으니 사고 싶은 대로 다 사실 수 있을 겁니다.'" 현대의 가정에서 상용하는 장유醬油[간장]는 옛날에는 두장豆醬이라 불렸다. 콩을 소금물에 담그고 볕을 쪼이면 흑종색黑棕色의 액체가 되는데, 이것은 콩즙이지 기름이 아니기 때문이다. 그

래서 옛 책에는 장醬 또는 두장豆醬이라 적혀 있고 송나라 때는 장즙醬汁이라 불렀는데, 장색은 곧 두장(또는 시장)의 색이다.

또한 장색은 옷감을 염색하는 색 중의 하나로, 유목민족인 몽고인이 기거하는 흰색 파오의 장식 및 문양과 어울리는 색 가운데 하나이기도 하다. 옛날 한족이 입던 복색 중에 장색은 중년, 노년의 사람들이 가장 익숙하게 입는 복색이다. 한편 경극에서 황태후나 신분이 높은 노부인 역할을 하는 노단老旦이 연기할 때 입는 망포蟒袍•도 대개 장색이다.

명청 시대에는 벽지로 집 안을 장식하는 것이 유행이었다. 도배용의 예술 가공지인 벽지는 보통 장색을 포함한 여러 가지 색이 있었는데, 그림을 그리기도 하고 컬러 도안을 인쇄하기도 했다. 명나라와 청나라에 걸쳐 살았던 문인 이어李漁는 《한정우기閒情偶寄》에서 기이한 벽지 도배법과 색이 서로 잘 조화되지 않는 벽지를 골라 조화시키는 법을 소개하였다. 먼저 장색 종이를 한 겹 바탕에 도배하고 나서 두록색豆綠色 운모를 잘게 쪼개어 다른 모양의 조각들을 장색 종이 위에 붙여 사이사이로 바탕색이 드러나게 한다. 이어는 이렇게 하면 "집 안 전체에 물에 파문이 이는 것처럼 무늬가 생기는데, 마치 가요哥窯(송나라 때의 유명한 가마터)에서 아름다운 도기가 나오는 것과 같다. 그중에 큰 벽지에 시를 쓰고 그림을 그려서 볼품없는 곳에 붙이기도 한다."고 썼다.

장색은 옛날 민간의 주방에서 기름, 간장, 소금, 설탕 등 양념을 보

• 명청 시대에 대신들이 입던 예복으로 황금색의 이무기를 수놓은 것.

관하는 식품용 항아리에 주로 사용하던 유약색으로, 전통적으로 부엌 옆에 일자로 늘어서 있는 것을 늘 볼 수 있는 색이다.

• • • 전통 장색의 작은 도기(항아리)

다색 075

C45 M90 Y99 K15

이름으로 그 뜻을 생각해보면 색 명사인 다색茶色은 차의 빛깔을 가리킨다. 수천 년간 마셔온 차의 색과 향은 청아함이나 온화함과 밀접한 관계가 있으며 다색은 우아하고 한가로움, 수양과 깨달음을 상징하는 색이고, 중국 전통 문화의 중요한 요소 가운데 하나이다.

차의 원산지는 중국이다. 기원전 28세기 신농씨神農氏가 처음으로 발견한 것으로 전해지는데, 당나라의 차 전문가 육우陸羽가 지은 세계 최초의 차 전문서《다경茶經》을 보면 "차를 마시는 것은 신농씨로부터 시작되었다."라고 나온다. 또한 육우는 "차는 남방에서 나는 아름답고 귀한 나무嘉木이다."라고 말했다. 차나무의 산지가 중국 남방임을 가리키는 말이다. 최초에 차는 해독약으로 복용되었다. 서주西周 시대(약 기원전 11세기~기원전 771)에 이르러 차는 이미 공물이 되었다. 진晉나라 사람 상거常璩가 쓴《화양국지華陽國志》〈파지巴志〉에 보면 "주나라 무왕武王이 주紂를 정벌하고 파촉巴蜀의 우두머리가 되었다. 차

• • • 저장 우전烏鎭의 찻집

褐

와 꿀은 모두 그에게 공물로 바쳐졌다."라는 기록이 나온다. 파촉巴蜀은 지금의 쓰촨성 일대로 당시에 이미 인공으로 차를 재배하는 농장이 있었던 것 같다. 중국 남방인은 북방인에 비해 더 일찍 차를 마시는 습관을 가지고 있었다. 당나라 때의 문인 봉연封演이 지은《봉씨문견기封氏聞見記》에는 이렇게 적혀 있다. "남방인은 차를 마시기를 좋아하는데, 북방인은 처음에는 마실 줄 몰랐다." 그러므로 황갈색黃褐色의 차는 남방에서 먼저 나타난 셈이다. 지금까지 발견된 세계 최대의 야생 차나무는 윈난성雲南省 멍현勐縣에 있다.

차를 마시는 일은 이미 서한西漢 시대(기원전 206~8)에 궁정에서 즐기는 고상한 취미가 되어 있었다. 차를 달이는 것은 당나라 때 이미 널리 퍼져서 수도 장안(오늘날의 시안)에서 다회茶會가 흥했고, 문인과 선비 들은 황갈색의 차를 음미하며 도를 논하고 문학적 사유와 영감을 얻었다. 송나라 때의 다인茶人들은 청담淸談을 숭상하였는데, 다갈색茶褐色의 빛깔에서 인생을 맛보고 오묘한 진리를 탐구하였다. 세계에서 가장 먼저 중국의 차를 수입한 나라는 일본이다. 당나라 순종順宗의 영정永貞 원년(805)에 일본 승려인 사이초最澄 법사가 중국 저장浙江 등지에 와서 유학하면서 찻잎과 씨앗을 일본에 가져가 퍼뜨렸다. 이로 인해 일본에서는 지금도 차의 색을 '당다색唐茶色'이라 부른다. 명나라 만력萬曆 38년(1610) 중국 찻잎은 서양의 네덜란드까지 전해졌고, 6년 뒤에는 덴마크에도 전해졌다. 찻잎은 유럽 전역으로 수출되어 환영을 받았다. 결국 중국에서 온 비싼 찻잎은 점점 각국의 궁정 귀족 사이에서 호사스러운 취미가 되었으며 고결한 신분을 상징하게 되었다. 다갈색은 신비한 동방에서 전해진 색으로 우아함과 고귀함을 대표하는 빛깔이 되었다.

찻잔 속의 차 색에는 동방 고대 문명의 지혜와 여유를 모아둔 듯한 느낌이 있는데, 이 특색과 함의는 오늘날까지도 변함없이 이어지고 있다.

대모색 076

C0 M65 Y50 K60

중국 전통 문화와 색채관에서 진흙처럼 혼탁한 느낌을 주는 갈색, 종색 계열의 빛깔은 줄곧 비천한 계급과 저속함의 상징이었다. 오로지 대모 껍데기의 황갈색만큼은 고귀함, 화려함, 전아함의 대명사로 여겨졌으며 오래도록 지속되어 오늘날까지 2천여 년의 역사를 이어오고 있다.

대모玳瑁는 대모瑇瑁, 구갑龜甲이라고도 부르는데, 열대 또는 아열대 바다에서 자라는, 겉모습이 바다거북과 닮은 파충류이다. 대모의 등껍데기는 대형 각질판인데, 기와를 엎어놓은 듯한 모양이다. 황갈색에 검은 반점이 있으며 밀랍과 같은 광택이 난다. 세계 각지 고대 문화 중 여러 곳에 대모로 만든 공예품에 대한 기록이 있다. 서양의 고대 그리스와 로마 및 고대 인도에서 대모의 등껍데기는 반지, 부채, 현악기 등을 만드는 데 쓰였다.

중국에서 최초로 대모로 정교한 장식품을 만든 기록은 사마천의 《사기》 〈춘신군열전春申君列傳〉에 보인다. "조나라의 평원군平原君이

• • • 대모

춘신군에게 사신을 보냈다. 춘신군은 귀빈용 숙소에 사신을 묵게 했다. 조나라 사신은 초나라에 과시할 요량으로 대모로 만든 비녀와 주옥으로 장식한 칼집을 차고 춘신군에게 면회를 청했다. 춘신군에게는 3천여 명의 빈객이 있었는데, 지위 높은 빈객들은 거의가 주옥으로 장식한 신을 신고 사신을 맞으러 나와 사신은 크게 부끄러워할 수밖에 없었다." 이 고사는 기원전 4세기의 전국 시대에 대모가 이미 보편적인 장식품으로 쓰였으며 남성의 머리장식으로 사용되었음을 보여준다.

황갈색의 대모 껍데기는 가공하여 정교한 비녀도 만들 수 있지만

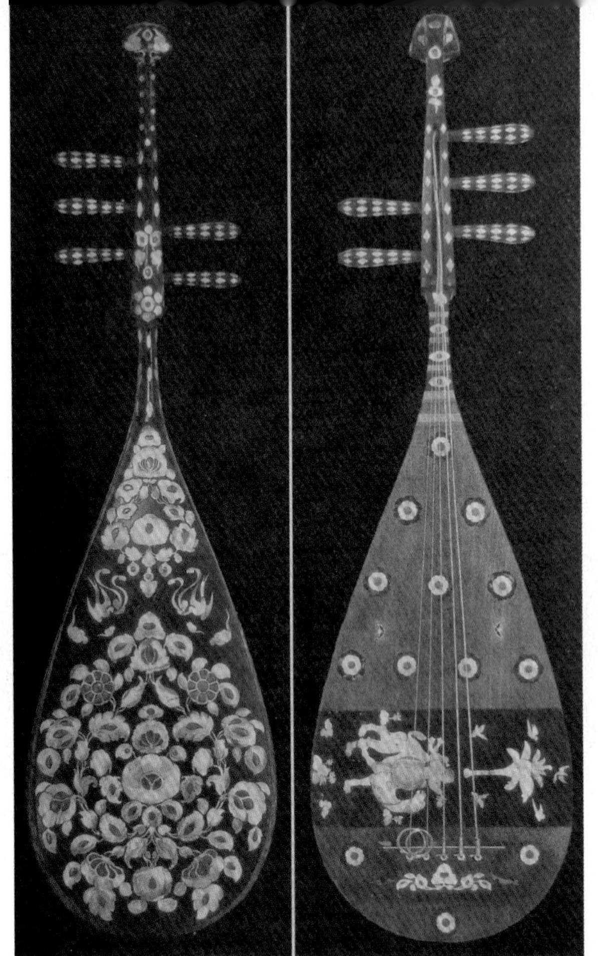

• • • 대모 껍데기로 장식한 비파(뒷면, 앞면), 당나라, 일본 쇼소인正倉院 소장

세공하여 진귀한 빗을 만들 수도 있다. 빗의 옛 이름은 비篦 또는 즐櫛(일본에서는 오늘날에도 이 옛 한자를 사용한다)이라 하였는데, 원래는 흐트러진 머리카락을 반듯하게 빗는 도구였지만 당송 시대의 여성들 사이에서 빗을 쪽진 머리에 꽂는 것이 일종의 머리장식으로 유행했다. 이러한 장식 흐름은 일본에까지 전해졌다. 오늘날까지 전해지는 일본의 우키요에 가운데는 간혹 채색화 속에 나른해 보이는 일본 기녀가

• • • 장훤張萱, 〈도련도〉(일부), 비단, 당나라

쪽진 머리에 큰 빗을 아름답게 꽂고 있는 모습을 확인할 수 있다. 황갈색 대모 껍데기로 만든 빗은 매끄럽고 아름다운 질감과 색다른 느낌의 광채를 발하여 특히 귀부인들의 사랑을 받았다. 그 결과 무소뿔과 상아로 만든 것보다도 귀하게 여겨졌다. 당나라 시대의 무명 화가가 그린 〈도련도搗練圖〉에 보면 부인들이 머리에 얼룩덜룩한 담황색淡黃色 빗을 꽂고 있는데 아마도 그것이 유명한 대모빗일 것이다.

보석류에 속하는 대모 껍데기는 당나라 현종玄宗의 개원開元 연간(714~741)에는 화폐—개원통보開元通寶—로 사용되었다. 또한 대모 껍데기는 거문고와 비파 등의 악기를 만들 때 꽃무늬 장식으로 사용하기도 하였다. 고대 건축물의 색칠이 된 기둥을 '대모량玳瑁梁'이라 불렀는데, 장식 화가가 대모의 특징적인 얼룩덜룩한 황갈색을 기둥에 그려 넣어 붙여진 이름이다. 서예 및 회화 작품을 장식하는 데 사용되는 두루마리 축은 '대모축玳瑁軸'이라 불렀고, 대모로 장식한 창틀은 '대모창玳瑁窓'이라 했는데, 이 모든 것은 귀중하다는 뜻을 표시한다. 이 밖에도 대모 껍데기로 상감象嵌 장식한 탁자와 의자로 손님을 대접하는, 부와 세력 있는 집안의 연회를 '대연玳宴'이라고 칭했다. 대모 껍데기의 황갈색은 아름다움, 문아함, 고귀함, 사치와 화려 등을 대표한다.

종색 077

종棕은 원래 중국 남부 아열대에서 자라는 종려나무를 가리킨다. 종棕은 속자로, 원래는 종椶으로 썼다. 또한 종棕은 고유한 색 명사이기도 한데, 홍색, 황색, 흑색 세 가지 색을 다른 비례로 섞은 후 만들어지는 어두운 빛깔이다. 종색은 떠벌리지 않고 차분하게 가라앉은 느낌의 색으로 전통적으로 집에서 쓰는 물건이나 옷과 장식품에서 흔히 보이는 색이다. 서민의 숨결을 드러내는 색이기도 하다.

종려나무는 옛 문헌 《산해경》에 보면 나온다. "종려나무는 위험하게 비탈진 바위에 많이 자란다." 종려는 야자과의 상록 교목으로, 잎이 줄기 끝에 뭉쳐 나는데 부채 모양이다. 두보의 〈마른 종려나무枯棕〉에 보면 "성도에는 종려나무가 많았지, 그중 십중팔구는 키도 컸다네. 그 껍질이 심하게 벗겨져 있어, 사람들이 건드리기가 만만했기 때문이겠지蜀門多棕櫚, 高者十八九. 其皮割剝甚, 雖衆亦易朽."라는 구절이 나온다. 짙은 종색을 띤 종려나무 껍질 섬유는 예로부터 빗자루, 삿갓과

• • • (위) 전통 한의 약방, (아래) 기름으로 튀긴 중국 전통 과자

밧줄 등의 일상용품을 만드는 데 쓰였다. 예컨대 《수호전》 제41회에서 사방을 누비는 전진교 도사 공손승公孫勝의 옷차림은 이렇다. "공손승은 하던 대로 방랑 도사 옷차림을 했다. 허리에는 전대와 복대를 차고 등에는 자웅 보검을 멨으며 어깨에는 종려나무로 만든 삿갓을 걸치고 손에는 자라 껍데기로 만든 부채를 든 채 하산하였다." 또한 같은 책 제1회에서 '신기군사神機軍師' 주무朱武의 옷차림은 더 특별하다. "도복道服은 종려나무 잎으로 지었고, 운관雲冠은 사슴가죽으로 만들었네." 종려껍질로 만든 밧줄은 고대에 사람을 포박할 때 쓰였다. 《서유기》 제77회에 보면 다음과 같은 구절이 나온다. "손오공은 그래도 빙글빙글 웃기만 한다. '삼 밧줄에 묶이기는 고사하고, 설사 대접만큼이나 굵은 종려나무 껍질로 꼬아 만든 밧줄에 묶였다 하더라도, 가을바람 귓전 스쳐 지나가는 격이지, 뭐 그리 희한할 게 있나?'"

또한 종색은 목기, 등나무 가구, 삼베로 만든 옷과 신발, 침구 및 장년과 노년이 입는 복색을 묘사할 때 쓴다. 청나라 유악劉鶚이 쓴 《노잔의 여행기老殘遊記》에 보면 이런 대목이 나온다. "남쪽으로 향한 대문에 '고공관高公館'이라는 붉은 문패가 붙어 있었다. 문 앞에는 마르고 얼굴이 긴 사람이 종자색棕紫色 비단 솜옷을 입고 손에는 백동 물담뱃대를 들고 서 있는데, 얼굴에는 수심이 가득 차 있었다." 그리고 전통적으로 기름으로 튀긴 음식 가운데는 금황색金黃色에 가까운 종색은 바삭바삭하여 먹음직한 색이다. 종색은 겨울의 마른 잎과 쓸쓸한 마음을 상징하는 색이기도 하다. 쇠에 슨 녹은 암홍색暗紅色에 가까운 종색이다.

오늘날 천연의 황종색黃棕色 안료는 세계 각지에 분포하는 망간 흙

톈진天津 고문화거리 상점 광고

에서 얻는다. 이 흙은 종흑색棕黑色의 이산화망간과 적황색赤黃色의 산화철 등의 화합물이 포함되어 있어 황종색黃棕色을 띠는데, 이는 현대의 도료 가운데 비교적 저렴한 금속 무기페인트 안료이다.

・・・ 종려 껍질로 만든 도롱이

향 078
색

C20 M30 Y95 K0

향색香色은 향염香染, 추향색秋香色이라고도 부르는데, 색 이름은 염색에 쓰는 천축의 식물에서 비롯되었다. 원래는 불가 승려의 법의의 복색을 가리켰다. 살짝 적흑색赤黑色을 띠는 황종색黃棕色이다. 중국에서 천 년 넘도록 사용한 기록이 있다. 따라서 향색은 승복과 빛나는 지위를 대표한다.

향색은 원래 불가의 용어인데, 전해지는 바에 따르면 인도의 건타나무 껍질의 즙액을 직물에 염색할 때 나오는 황색, 적색, 흑색의 혼합색으로 인도에서는 건타색(칸타카kantaka)라고 부른다. 건타나무가 안식향나무를 가리킨다는 설도 있다. 불경에 보면 건타라乾陀羅 또는 건타라犍陀羅라고 나오는 일종의 향이 나는 나무가 있는데, 그 뜻은 향기로운 바람, 깨끗한 향기, 해의 향기이다. 따라서 직물에 염색한 이 색을 향염 또는 향색이라 부르는데, 가사 본래의 색이기도 하다. 가사라는 단어는 범어인 kasaya의 음역인데, 승려들의 법의를 총칭한

향색 승복

것이다. 또한 황적黃赤을 포함한다는 뜻도 있다. 7세기 전반에 이르러 당나라의 고승 현장玄奘(속명은 진위陳禕, 602~664)이 인도에 다녀온 뒤 올린 보고서인 《기귀전寄歸傳》 권2에서는 현지 승려들이 입는 승복에 대해 이렇게 말한다. "출가한 사람의 의복은 모두 건타로 염색할 수 있다. 또는 지황地黃 가루, 황벽나무 등을 쓸 수 있다. 이는 모두 적토와 적석을 갈아 만든 즙으로 염색한 것이다. 색의 농도를 맞추는 것이 관건이다."

• • • (위) 향색 마름모무늬 비단, 명나라, (아래) 말 타고 짐승 사냥하는 무늬의 비단, 당나라

인도 불교가 동한東漢 시대에 전해져 중국화된 후 역대 한족 승려들의 의복은 치색緇色(흑색), 자색紫色, 비색緋色 등 여러 단계의 변화를 거쳤다. 명나라 초기에 이르러 국가에서 불교를 정돈하면서 승려를 선승禪僧, 강승講僧과 유가승瑜伽僧 세 가지로 분류하고 "선승은 황색, 강승은 홍색(원나라 때부터 전해 내려옴), 유가승은 총백색蔥白色 옷을 입으라고 규정하였다." 또한 명나라 때는 선을 중시하였으므로 황색 또한 중시했다. 결국 승려의 법복은 정황색正黃色이 아닌 향색이 존숭되었고, 이러한 불가의 원칙은 지금까지도 이어지고 있다.

천축에서 온 향색은 불교의 유입과 함께 중국에 들어와 한 문화와 융화한 후, 처음에는 불가에서만 쓰였지만 점점 민간으로 퍼져 고귀한 옷과 장신구를 대표하는 색이 되었다. 알려진 바에 의하면 옛날의 고급스럽고 정교한 직물을 짜는 염색실에 네 가지 색만 있었는데, 향색, 은홍색銀紅色, 송록색松綠色과 비가 갠 후의 하늘색이었다. 유명한 고전문학《홍루몽》제40회에서 가보옥의 어머니와 왕희봉이 임대옥을 위해 머물 곳을 마련하는 대목에서 집의 창을 비단 창으로 새롭게 바꾸자고 건의하는 내용에서 그 이야기가 나온다.

향색은 청나라 때 이르러 권세 있고 높은 사람이 숭상하는 색이 되었는데, 이는 빛나는 지위를 상징하는 색이 된 것을 보여준다.《청패류초淸稗類鈔》에는 건국 초기 청나라 황궁의 태황太皇, 태후太后, 황태후皇太后가 경축 의식에 참가하여 입은 예복이 기록되어 있는데, 행황색杏黃色 비단으로 짓고, 겉에는 발톱이 다섯 달린 향색 용 무늬를 수놓아 존귀함을 표현하였다고 되어 있다. 청나라 중엽, 향색 안료는 청나라 방식의 건축 채색에서 늘 쓰이는 색이었다. 또한 경극 무대에서 향색 망포를 입고 연기하는 역할은 비교적 지위가 높고 나이 또한

褐

비교적 많은 문관을 나타낸다. 망포는 조복朝服이나 임금을 뵙는 연회에서 고관이 입는 예복이다. 색조가 비교적 가라앉은 향색은 침착함, 신중함을 대표하며 무대 위에서도 빛나는 효과를 잃지 않는다.

황로색 079

C0 M48 Y100 K34

황로색黃櫨色은 황갈색黃褐色인데, 황색으로 염색할 수 있는 황로나무의 껍질에서 비롯된 빛깔이다. 색조는 황로색이라 부르고, 고대의 섬유 직물에 상용하던 실용적인 색이다.

황로는 옻나뭇과의 낙엽 활엽 관목으로, 나무둥치가 크고 나무줄기가 회색이며 매년 봄과 여름 사이에 황록색黃綠色의 작은 꽃을 피운다. 잎은 가을이 되면 홍황색紅黃色으로 변한다. 베이징 샹산공원香山公園은 황로나무로 유명하다. 가을마다 황로나무 잎의 색이 변하는데, 겹겹이 홍황색의 가을 잎이 산자락을 물들일 때의 장관은 형용하기 힘들 정도이다.

황로나무 껍질을 쪄서 나온 즙은 직물의 염색제로 쓰면 침착한 느낌의 황갈색을 낼 수 있는데, 옛날 서민이 많이 입는 복색 가운데 하나이기도 했다. 황로나무의 줄기는 황색을 띠며, 목질이 단단하여 고대 건축물의 좋은 재료로 쓰여, 집의 기둥머리와 기둥 사이에 넣는 박로欂櫨(지붕받침 또는 두공斗拱)로 사용되었다. 《회남자淮南子》〈본경

褐

• • • 낙엽을 보면 가을이 왔음을 안다

本經〉에 보면 "기둥과 박로는 서로 지지한다."라고 되어 있는데, 여기서 박로는 서까래이다. 《설문해자》에는 "노櫨는 동자기둥 위의 가름대 나무이다."라고 되어 있다. 또한 "가름대와 기둥이 크고 널찍하고, 휘장은 선명하고 곱도다標棟欒栋, 帷幙鮮華."라는 구절도 있는데, 당나라 황보매皇甫枚의 〈왕지고王知古〉라는 시에 나오는 이 문장은 크고 높은 건물이 화려하고 아름답게 서 있다는 뜻이다.

황로나무는 고대에는 그릇과 가구를 만드는 실용적인 목재로 쓰였다. 식물인 황로나무는 약 16세기 말경, 즉 일본의 모모야마桃山 시대

• • • 전통 목조 건축물

말년에, 중국 남방에서 류큐琉球(지금의 오키나와)를 거쳐 일본에 전해졌다. 황로나무로 염색한 황갈색은 일찍이 일본 천황의 전용 복색으로 쓰였다. 또한 일본 군사 문헌인 《군용기軍用記》(1761년 출간)에 따르면 황로색은 무력과 권력을 상징한다. 따라서 일본 군복의 표준색으로 사용되다가 제2차 세계대전 후에야 더 이상 쓰이지 않고 위장도색인 초록색의 현대화된 군복으로 바뀌었다.

신장新疆의 톈산 산맥

백白

'백白' 자의 본뜻은 '허공'이다. 《역경易經》에서는 햇빛의 백색과 저녁의 흑색이 각각 양극과 음극을 대표한다고 하였다. 고대의 '오색행五色行'설 가운데 백색은 정색 중의 하나로 방위로는 서쪽과 추수의 색을 대표한다. 중국 전통색채관에서 백색은 시대의 흐름에 따라 다른 의미로 교체되고 파생되었다. 오로지 희고 깨끗한 것은 아름답다는 심미관과 표준은 예로부터 지금까지도 여전히 바뀌지 않았다.

현대 광학 이론에서 백색은 모든 빛을 포괄하는 색이다. 또는 명도가 가장 높은 '백광白光', '전색광全色光' 또는 '색이 없는 색'이라 불린다.

백색 080

C0 M0 Y0 K0

'백白' 자가 제일 처음 나타난 것은 갑골문이다. 본뜻은 '허공'이다. '백白'은 상형자인데, 일日 자 왼쪽 위에 한 획을 삐친 것으로, 햇빛이 쏟아지는 모습, 즉 '태양이 밝음을 백白'이라 한다. 따라서 '백白'은 고대에도 색 명사였으며, 소색素色, 백색白色을 가리켰다.

햇빛의 백색은 《역경》에 따르면 저녁의 흑색과 함께 각각 양극과 음극을 대변하는데, 이는 우주와 세계의 밤낮이 운행하고 쉴 새 없이 순환하는 자연 천문현상을 보여준다. 백색은 고대의 '오색행'설에서 오정색 가운데 하나로 방위는 서쪽이며 추수의 색을 의미한다. 중국 고대인은 '백'색의 정의와 관련하여 아주 흥미로운 비유를 남겼다. 《석명釋名》에 보면 "백白은 물이 열릴 때의 색이다"라고 적혀 있다. 만약 현대어로 옮긴다면 수돗물을 틀어 물이 뿜어져 나올 때의 색이 바로 백색이라고 말한 것이다. 또한 고대인은 바람을 묘사할 때 먼지가 날아간다고 하여 "새하얗다潔白"라고 표현했다. 또한 '백白'은 옷 속에

• • • 칭하이 차카茶卡 염호鹽湖

있는 좀벌레와 그 색을 가리킬 때 쓰이기도 했다.

백색은 중국 전통색채관에서 시대에 따라 다른 의미로 교체되고 파생되었다. 고대 가요 《시경詩經》 〈소아小雅〉에 보면 고대인들이 백색의 준마를 품행이 고결한 현인에 비유하였음을 알 수 있다. "희고 흰 말, 저 빈 골짜기에 있다. 싱싱한 풀 한 다발, 그분은 옥 같은 얼굴이로다皎皎白駒, 在彼空谷, 生芻一束, 其人如玉." 이 문장은 은거하고 있는 현인을 그리워한다는 말이다. 그는 빈 골짜기에 있는 은은한 난처럼 품덕이 백옥처럼 고결하다. 이로 인해 옛글 중에 '현인을 생각하면 흰 말을 읊조리네思賢詠白駒.'라는 문장이 생겨났고, 훗날에도 백구白駒[흰 말]가 현인을 가리키는 데 빈빈하게 쓰이게 되었다. 그리고 백옥白玉도 덕행이 고상한 군자를 가리키는 데 쓰이는 단어가 되었다. 공자의

• • • 장쑤 주자자오

색채관과 사상에서도 백색은 꿋꿋하고 올바른 몸가짐을 상징했다.

중국의 관복 제도는 대체로 상나라 때 시작해서 주나라 때 점차 체제를 잡아 통치자가 '명분을 바로잡고', '존비를 구분하는' 정치 도구로 활용했다. 백색의 복식이 정부와 민간에서 가지는 지위도 시대에 따라 교체되거나 기복이 일정치 않았고 담은 뜻도 모두 달랐다. 제일 먼저 은나라 때는 백색을 숭상하여 은나라 사람들이 흰 비단으로 만든 의복을 많이 입었다. 주나라 때는 황실의 제사 의식 및 연회석상에서 제복祭服이나 예복 안에 반드시 중단中單(보통은 흰 비단으로 만들어 옷 안에 입는 긴 옷으로 후에는 '삼衫'이라고도 했다)을 입어야 했다. 예복을 입을 때는 중단이 옷깃과 앞가슴 쪽에 살짝 하얗게 나오도록 입어야 했다. 이렇게 옷을 입는 것은 입체적 미감을 더하는 것 외에도 체제를 준수한다는 것을 상징하기도 했다. 이러한 의복 착용법은 명나라 때까지 이어졌고 일본에도 전해졌다.

진秦나라 때 이르자 평민은 흰 옷을 입는 것이 제한되었고, 백색은 하층 계급의 색으로 변했다. 훗날 '백정白丁' 또는 '백신白身'은 지식이 없는 사람, 관직에 오르지 못한 선비를 가리키는 말이 되었다.• 당나라 시인 유우석劉禹錫은 〈누실명陋室銘〉이란 시에서 "대학자에게는 담소가 있고, 무식자에겐 왕래가 없네談笑有鴻儒, 往來無白丁."라 읊음으로써 자신이 지위도 있고 학문도 있는 사람임을 인정하고 있다. 위진시대(230~420)에 백색은 상인의 복색이었다. 《삼국지三國志》에 보면 여몽呂蒙(178~220)이 백의를 입고 강을 건너 적군을 기습하는 이야기

• 한국에서는 소나 개, 돼지 따위를 잡는 일을 직업으로 하는 사람을 가리킨다.

가 나온다. 여몽은 동오東吳 손권 아래 있는 명장으로 병사들에게 백의를 입은 상인으로 분장하라고 명령한 후 강을 건너 관우의 진지를 습격한다.

당나라 때 선비들이 많이 입던 베로 만든 백포白袍인 '일품백삼一品白衫'은 당나라 사람들이 숭앙하던 진사進士의 아호雅號였다. 송나라 때에 이르면 백색을 보는 시각이 다소 모순되었다. 송나라 사람들은 흑백 두 색을 깔보았는데, 그래서 하급 관리는 흑백 두 가지 색의 옷만 입을 수 있었다. 그러나 하얀 복식은 북송北宋 시대에는 진사進士, 거자擧子 및 사대부가 교유할 때 관행적으로 입는 복식이었다. 여기서 백색은 맑고 높음, 학문이 깊고 의젓함을 뜻했다. 유명한 이학자 주희朱熹(1130~1200)도 흰 옷을 좋아했고, 소동파蘇東坡는 "문밖에 백포白袍가 학처럼 서 있네門外白袍如立鶴."라고 읊기도 하였다. 남송南宋 시대(1127~1279)의 임시 수도는 항주杭州였다. 중국 남방의 여름은 찌는 듯이 무더운데, 백색 옷에는 열을 밀어내는 작용이 있어서 송나라 고종高宗 소흥紹興 26년(1156)에는 사대부들 사이에서 백색의 양삼涼衫을 입는 것이 유행이었다. 성어 가운데 '백의경상白衣卿相'이란 말이 있는데 이는 아직 입신출세하지 못한 선비를 가리키는 말이었다. 여자의 복장은 17세기 명나라 말기에 점차 옅고 담백한 색이 유행하기 시작했다. 명나라 숭정崇禎 연간(1628~1644)에는 백색 치마가 유명해졌다. 여성이 입으면 소박하면서도 부드러워 보이는 운치가 있었기 때문이다.

백색은 고대 복색의 영역에서 운명이 고르지 않음과 흉사, 불길함을 표시하는 색이기도 했다. 또한 백색은 사람이 죽었음을 상징하기도 한다. 백색 복식을 입는 일은 지극한 슬픔을 표시한다. 흑백색을 같이 쓰는 것은 상복喪服을 대표한다. 이에 관한 기록이 가장 먼저 보이는 곳은 《상서尙書》 〈고명顧命〉이다. 여기를 보면 주나라 강왕康王 희쇠姬釗가 즉위(기원전 1004)하였는데, 부왕인 주나라 성왕成王이 죽고 난 지 여드레 만이었다. 새로운 왕이 등극한 것은 기쁜 일이었지만 강왕은 여전히 머리에 하얀 베로 만든 면류관을 쓰고 흑백 두 가지 색이 서로 섞인 아랫도리를 입어 슬픔을 표시했다. 또한 백마가 끄는 장의차는 옛날 장례식 때 썼다. 이로부터 백색과 흑색은 장례를 대표하는 민속 관습이 되었고 지금까지도 이어지고 있다. 그리고 흑백무상黑白無常은 저승에서 전문적으로 귀신을 잡는 가장 유명한 '저승사자鬼差'이다.

이 밖에도 백의는 투항군의 복색이기도 하다. 고대 중국에서 양쪽 군사가 대치하고 있을 때 패전한 측의 군사들은 백의로 갈아입고 투항하였다. 《남제서南齊書》 〈무십칠왕열전武十七王列傳〉에 의하면, 남조南朝 제나라의 무제武帝(483~493 재위)는 형주자사로 임명한 넷째아들 소자향蕭子響이 제멋대로 패악을 일삼자 출병하여 정벌했다. 소자향은 잠시 저항했으나 백색 의복으로 갈아입고 곧 투항하였다. 패한 병사가 백의를 입는 것은 현대 군사행동 가운데 백기를 드는 것과 마찬가지로 투항의 표시이다.

수천 년의 역사를 지닌 백색에는 낭만적이고 아름다운 시절도 있었다. 신화에서 말하는 월신月神의 이름은 '월천月天'인데, 달빛을 상징하는 분백색粉白色 옷을 입고 사람들 앞에 나타난다. 중국 전통 심미관에서는 일찍부터 백색을 미의 기준으로 생각했다. 또한 백색은 시간이 흘러 늙어가면서 시간이 주는 어찌할 수 없다는 감각을 상징한다. 예컨대 "사람들이 머리카락에 대해 말할 때는 결국 걱정하는 사

白

• • • 구영仇英, 〈도화선경도桃花仙境圖〉(일부), 비단, 명나라

• • • 초병정焦秉貞, 〈사녀도책지이仕女圖册之二〉(일부), 비단, 청나라

白

이 희고 마느니人言頭上髮, 總向愁中白."와 같은 송나라 신기질辛棄疾의 〈보살만菩薩蠻〉이라는 시에 나온 구절처럼 말이다.

백색은 그 밖에 다른 뜻도 있다. 백검白臉은 경극에서 간신이나 악역을 맡는 검보臉譜의 색이다. 그러나 백검 서생은 어리고 아직 경험이 없는 선비를 뜻한다. 이 내용의 출전은 《송서宋書》 〈심경지전沈慶之傳〉인데, 다음과 같이 적혀 있다. "폐하께서 지금 다른 나라를 치려고 하신다. 그러나 백면서생 같은 모리배와 도모하고 있으니, 어찌 일이 성사되겠는가." 전통 회화에서 사용하는 색 가운데 백색 안료는 운모雲母, 악토堊土, 백토白土, 석회석과 같은 광물질과 자연 물질 중의 굴껍질에서 많이 얻는다. 그러나 현대 광학 이론에서 백색은 모든 색의 빛을 포함하는 '색' 또는 최고의 명도를 가진 '백광白光', '전색광全色光' 또는 '무색無色의 색'이라 불린다.

연색/소색 081

C0 M2 Y13 K0

중국어에서 '연練' 자는 실 사糸 자 부수에서 비롯되었는데, 본뜻은 생사生絲를 삶거나 베 및 직물을 하얗고 물렁해질 때까지 삶는다는 의미이다. 《급취편주急就篇注》에는 "연練은 겸縑을 쪄서 익히는 것이다."라고 적혀 있다. 겸縑은 얇은 명주이다. 《설문해자》에 보면 "연練은 회繪를 빨래하는 것이다."라고 기록되어 있다. 여기서 회繪는 고대 견직물의 총칭이다. 연練은 색 명사로도 쓰이는데, 사백색絲白色, 소색素色을 가리킨다.

고대 중국인들이 누에를 길러 실을 얻은 기원은 역사 전설 시대로 거슬러 올라간다. 전하는 바에 따르면 양잠 기술을 보급하여 백성들에게 옷을 입도록 한 것은 헌원 황제의 원비元妃이던 누조累祖(서릉씨西陵氏)였다. 훗날 뽕나무를 심어 누에를 기르고 실을 뽑는 수공예가 일어나 점차 중국에 보급되었다. 오늘날에는 은허에서 출토된 갑골문의 기록에서 잠蠶, 사絲, 상桑, 백帛 등의 글자가 발견된다. 따라서

白

• • • 윈난 다리

중국은 먼 옛날의 베 직물로부터 누에를 길러 누에에서 실을 뽑고 천을 짜는 것으로 발전했으며, 그러한 발전은 하나라, 상나라 때 이미 나타난 것이 확실하다고 말할 수 있다.

기원전 1천여 년 전인 서주西周 시대가 되자 민간에서는 이미 뽕나무 심기가 널리 퍼졌고, 뽕나무의 질을 개량하는 방법까지 알려져 있었다. 《예기禮記》〈월령月令〉 편에 보면 "이달에 전지를 주관하는 관원과 산림을 맡은 관원에게 명하여 뽕나무를 베지 못하게 한다是月也, 命野虞無伐桑柘."는 구절이 나오는데, 이는 일정한 시기에 나무의 일부를 가지치기하거나 하여 뽕나무 잎의 생장을 도왔다는 말이다. 이 밖에 조정에서도 양잠업을 중시하여 천자로부터 제후까지 거처 안에 양잠실養蠶室을 따로 마련했다. 《예기》〈제의祭義〉 편에 보면 "잠실은 내에 가까운 곳에 만들었다. 궁을 지을 때는 한 길 세 척이었고, 담장에 가시를 두르고 밖으로는 막아두었다蠶室, 近川而爲之. 築宮, 仞有三尺, 棘牆而外閉之."라고 기록되어 있어 황후와 제후 부인들도 규정에 따라 개인적으로 양잠실을 두었음을 알 수 있다. 《시경詩經》에도 "여자가 할 공사 없이, 누에 치는 일 버려둔다婦無公事, 休其蠶織."라는 민요 기록이 실려 있다. 집에서 누에를 치는 일은 세상 부녀자들의 중요한 생산 노동 중 하나였다.

주나라 사람들은 누에에서 실을 뽑은 후 먼저 삶은 다음 염색을 하는 공정도 잘 숙지하고 있었다. 연練은 견직물을 염색하기 전의 준비 과정으로, 생사에 교질이 많으므로 교질을 제거하여 더 부드럽고 깔끔하게 만들어서 잘 착색되도록 하기 위한 작업이었다. 구체적인 작업 방법은 다음과 같다. 칼슘을 포함하고 있는 조가비를 갈아서 분말로 만든 물이나 석회수에 생사를 담근다. 담갔던 생사를 낮에 햇볕에

• • • 장훤, 〈도련도擣練圖〉(일부), 비단, 당나라

내어 말리고 밤에는 우물에 걸어둔다. 이렇게 일곱 낮 일곱 밤을 반복한 것을 '수련水練'이라 부른다. 이렇게 하는 까닭은 실에 있던 교질을 잘 제거하고 정련사精練絲로 만들기 위함이다. 《주례周禮》〈천관天官〉 편에 보면 "무릇 염染은 봄에 연練한 것을 물들이는 것이다."라고 적혀 있다. 봄에는 견직물을 연練하고 여름과 가을에는 이 견직물을 염색했음을 알 수 있다. 《시경》〈칠월七月〉 편에는 "팔월에는 길쌈을 하노라, 현색으로 황색으로 물들이네八月載績, 載玄載黃."라는 구절이 있다. 이는 팔월에 직물을 잿물에 담가 회흑색灰黑色으로 염색하거나

• • • 심야의 달빛

치자 등의 황색 염색제로 황색으로 염색한다는 뜻이다. 당나라 때 시인 백거이는 〈홍선담紅線毯〉이란 시에서 다음과 같이 상세하게 설명하고 있다. "털로 만든 깔개, 고치를 골라 켜고 맑은 물에 삶았지. 실을 고르고 삶은 후 홍색과 남색으로 물들였네. 홍선으로 염색하니 남색보다 홍색. 천을 짜서 피향전에 깔았네毛線毯, 擇繭繰絲清水煮, 揀絲練線紅藍染. 染爲紅線紅於藍, 織作披香殿上毯." 여기에서 '소사繰絲'는 누에고치를 끓는 물에 넣고 끓여서 실마리가 뜨게 한 후 다시 실을 뽑아내는 일이다. 시에서 말한 '피향전'은 당나라 궁전의 이름이다. 땅에 붉

白

디붉게 염색한 비단으로 짠 귀한 깔개가 깔린 풍경이다.

'연練' 자는 고대 중국에서 색 명사로 사용되었다. 예컨대 연의練衣는 하얀 무명옷을, 연건練巾은 하얀 두건을, 연문練文은 백색 파동의 파도무늬를 가리켰다. 또한 연練은 흰 달빛을 묘사하는 데 쓰였다. 예컨대 북송北宋의 소식蘇軾은 〈심원춘沁園春〉에서 "고독한 여관은 맑고 푸르네. 들판의 가게에서 닭 우는 소리. 여행길 잠자리에 꿈은 깨지고 점차 흰빛으로 갈마드는 달빛孤館澄靑, 野店鷄號. 旅枕夢殘, 漸月華收練."이라고 읊었다. 또한 연색은 노인의 하얗게 샌 머리카락 색을 가리키기도 한다. 연색이란 단어는 고대 일본에서도 색 명사였다. 담고 있는 의미는 한문과 비슷하다.

분색 082

C0 M0 Y6 K0

중국 전통의 색 명사 가운데 '분粉' 자는 맨 처음에는 피부를 하얗게 하는 미백 화장품을 가리키는 말이었고 광범위하게 백색을 가리키기도 하였다. 분粉의 부수는 미米인데, 본래 뜻은 하얀 쌀을 잘게 갈아서 나온 분말을 칭하는 것이었다. 《석명釋名》에서는 "분粉은 나누는 것이다. 쌀을 갈아서 나누는 것이다."라고 기록되어 있다. 한편 《설문해자》에는 "분粉은 얼굴에 바르는 것이다. 미米에서 나왔고 소리는 분分이다."라고 적혀 있다. 이는 얼굴에 바르는 백분이 쌀로 만들어졌다는 뜻이다. 고대의 부녀들이 최초로 사용한 천연 백색 미용 재료인 셈이다.

중국 고대인은 심미적으로 백색을 아름답다고 여겼다. 그 기준은 3천여 년 전의 민요집 《시경》 〈위풍衛風〉 편에서 분명하게 확인할 수 있다. "손은 부드러운 띠 싹 같고, 피부는 엉긴 기름처럼 매끄럽다네手如柔荑, 膚如凝脂." 여기서 '유제柔荑'는 새봄에 나오는 띠 풀의 새싹을 가리키는 것이고, '응지凝脂'는 하얀 기름덩어리를 말하는 것이다. 고

白

• • • 전통 지방희곡인 월극粵劇의 화단花旦

대인들은 하얀 쌀가루를 먹을 수도 있지만 얼굴에 발라 미백 효과도 얻을 수 있다는 사실을 발견했다. 이로 인해 쌀을 잘게 갈아 그 분말을 얼굴에 바르는 것이 크게 유행했다. 주나라의 부녀들은 하얀 쌀가루에 향을 섞어 사람을 매혹하는 방향芳香을 풍길 줄도 알았다. 초나라의 시인 굴원屈原(기원전 340~기원전 278)의 《초사楚辭》〈대초大招〉편에는 이런 구절이 등장한다. "분으로 단장한 흰 얼굴에 까만 살쩍, 꽃다운 향기 뿌리고粉白黛黑, 施芳澤只." 이 문장을 보면 전국 시대 여성들의 화장술과 스타일을 가늠할 수 있다. 백분을 얼굴에 바르고 대석黛石(일종의 청흑색 광석)으로 눈썹을 그렸으며, 향을 품고 있는 기름덩어리를 입술에 발라 윤기가 흐르도록 하였다.

한나라 때 와서 한인의 복장에서 옷깃이 넓어지고 헐렁해지면서 목 앞이 노출되는 면적이 커졌다. 또한 걸어 다닐 때 소매가 바람에 날리면서 양손이 때때로 밖에 드러났다. 그러자 여성들이 가슴과 손에 백분을 더 짙게 바르게 되었다. 그리고 얼굴에는 쌀가루를 바른 후 주색朱色의 연지를 볼에 발랐는데, 이렇게 해야 화장의 전 과정이 완성되었다. 당시의 부녀들이 얼굴에 백분만 바르는 것을 '누상淚狀'이라 하였으나, 동시에 연지까지 바르는 것은 '홍장紅妝'이라 불렀다. 또한 백분을 바르는 것은 여성만의 전유물은 아니었다. 한나라 때 남성들도 얼굴을 하얗게 칠하는 유행을 따르기도 했다. 오늘날 일본의 가부키가 무대에서 상연될 때는 얼굴을 하얗게 칠하고 뒷목덜미도 하얗게 분장하는 것이 주를 이루는데, 그 모양새가 중국 한나라 때의

● 중국 전통극에서의 말괄량이 여자 배역.

· · · 일본 우키요에 판화

여성의 화장 유풍을 전승했을 가능성이 있다.

분장하는 색과 재료는 시대에 따라 진화하거나 바뀌었다. 얼굴 분은 종래에 쓰던 쌀가루에서 여러 가지 색으로 늘어났다. 예컨대 당나라 때 쓰던 석고가루와 익모초로 만든 분홍색의 '옥녀도화분玉女桃花粉'이 있다. 알려진 바에 따르면 익모가루는 각질을 제거하는 효능이 있어서 측천무후가 얼굴에 사용했다고 한다. 또한 명나라 때는 말리꽃 씨앗으로 만든 미안용의 '진주분珍珠粉'이 쓰였고, 청나라 때는 활석滑石을 잘게 갈아 만든 백색의 '석분石粉' 등이 사용되었다. '분채粉彩'는 근대에 들어와서 쓰인 색 용어인데, 홍색, 남색, 녹색, 황색 등의 안료를 각각 백색 안료에 섞은 후 나오는 각종 담백하고 경쾌한 색조와 채도를 가진 색을 뜻한다.

자백색 083

C0 M0 Y3 K0

중국에서 자기가 발명된 것은 대략 동한東漢 시대 후반이었다. 초기의 자기는 유약에 산화철 성분을 함유하고 있었기 때문에 유약의 발색이 담청색淡青色을 띠었는데, 이는 푸른 하늘을 상징하는 색이다. 백색의 자기 그릇은 추산에 따르면 6세기의 북조北朝 시기에 처음 생겨난 것으로 보이는데, 현대 중국 고고학자들이 허난성河南省 안양시安陽市에서 북제北齊 무평武平 6년(574) 범수范粹 고묘古墓를 발굴했을 때 탁한 젖 빛깔을 띤 유약색의 백자白瓷가 출토되었다. 이는 당시 도자기를 굽는 장인이 자기를 굽는 과정에서 산화철을 제거하는 공예 기술을 획득했기 때문이다.

당나라 때가 되자 백자를 굽는 가마가 북방에서 대폭 증가했다. 그 주요 원인은 북방의 자토瓷土에 함유된 산화철의 양이 비교적 적고 산화알루미늄이 비교적 많은 데 있었다. 이로 인해 북방은 백자의 주요 산지가 되었다. 특히 하북河北 지역의 형요邢窯(이 유적은 현재 허베

• • • 더화德化의 유백乳白 유약 관음상

白

・・・ 난백卵白 유약의 고족완高足碗, 원나라

이성河北省 네이추內丘, 린청臨城 일대에 있다)가 유명했다. 자기 재료의 철 함유량이 적고 토질이 깨끗한 데다 자기 굽는 장인의 기술이 정교해 눈처럼 흰 백자가 구워졌으므로 점차 '남청북백南青北白', 즉 남방은 청자의 주요 생산지, 북방은 백자의 주요 생산지가 되었다.

당나라 형요의 영향을 받은 송나라의 정요定窯(현재 허베이성 취양현曲陽縣. 취양이 송나라 때는 정주定州 관할이었으므로 가마에 이런 이름이 붙었다)는 자기 스타일을 가진 백자를 생산하기 시작했고, 꽃을 인쇄하거나 새긴 도안의 백자 그릇으로 이름을 날리게 되었다. 정요의 백색 유약으로 만들어진 정교하고 아름다우면서도 가벼운 자기는 살짝 황색을 띤 백색이었는데, 동양 여성의 피부와 비슷했기 때문에 외국에서는 동양 여인의 아름다움을 가리키는 색으로 불렸다.

사실 백자의 빛깔과 질감은 시대와 감상자의 안목, 공예 기술의 진보가 얼마나 변화하느냐에 따라 변할 수 있다. 예컨대 명나라 영락永樂 연간(1403~1424)의 장시江西 징더전景德鎮 관요官窯의 도자기 장인은 '지방처럼 하얗고 쌓인 눈처럼 하얀' 어용 자기를 구워냈다. 명나라 선덕宣德 연간(1426~1435)의 백색 유약은 '즙액이 기름덩어리처럼 도탑고 아름다운 옥처럼 빛났다.' 이 밖에도 푸젠福建의 더화德化의 백자는 명나라 때 '저유백豬油白', '상아백象牙白'과 유백乳白 등 살짝 황난백黃暖白 색조를 띠는 자기를 구워냈는데, 백색에 푸른 기운이 비치는 자기와는 달리 냉백색冷白色의 징더전 자기에 속한다.

역사적으로 궁정과 황족 전속의 기타 채색 유약 자기 그릇과 달리 깔끔하고 소박한 백자는 송나라 때부터 백성들 사이에 퍼져 민간에서 늘 쓰이는 일상용품이 되었다. 이러한 생활 습관은 지금까지도 줄곧 변하지 않고 이어지고 있다.

연백/호분 084

C0 M2 Y8 K0

연백鉛白은 순백색의 분말로, 금속인 납을 정련해 만든다. 고대 중국에서는 호분胡粉, 연분鉛粉, 정분錠粉 등의 다른 이름으로 불렸다. 연백은 고대 서양 로마 시대와 고대 중국의 여성들과 17~18세기 유럽의 왕족과 귀족이 남녀 구분 없이 얼굴을 하얗게 하려고 바른 화장품이다. 또한 연백은 전통 중국화에서 상용하던 인조 무기질 백색 안료인데, 화학성분은 염기성 탄산납이다.

고대 중국의 미안용 백색 화장가루는 두 종류로 나뉜다. 한 가지는 백미를 잘게 간 후 얼굴에 바르는 것으로, 기원전 4세기 전국 시대에는 "지분을 바르니 얼굴이 옥같이 희도다. 눈썹과 머리칼은 거멓게 칠하니 검정이 빛나도다."라는 화장과 관련한 기록이 있다. 다른 하나는 진秦나라 때 나타난 얼굴기름面脂으로 풀糊처럼 생겼기 때문에 '호분糊粉'이라 불렀다. 이러한 화장 재료가 서역으로부터 전해졌기 때문에 '호분胡粉'이라 부른다는 또 다른 설명도 있다. 호분은 금속인

• • • 〈혁기사녀도弈棋仕女圖〉(일부), 비단, 당나라, 투루판 아스타나 제187호 묘

白

납을 포함하고 있었으므로 연분鉛粉 또는 연화鉛華라 부르기도 하였다. 한나라 때에 이르러 호분의 가공기술이 새롭게 발전하면서 기술자가 풀처럼 끈적이던 백색 얼굴기름을 건조한 분말로 만들어내는데 성공하자 사용이 더 간편해졌다. 연분은 질이 보드랍고 매끄러운데다 빛깔이 하얗고 오랫동안 보관이 용이했다. 그래서 점차 쌀가루

를 대체하면서 당시 여성들이 가장 보편적으로 사용하는 얼굴용 화장품이 되었다. 또한 연분은 일본 헤이안平安 시대(784~1185)에 일본에 전해지면서 일본 여성들 사이에서도 많이 쓰이는 미안용 화장품이 되었다.

전통 회화의 재료 가운데 호분은 백색 안료를 총칭하는 단어인데, 백토白土, 연백鉛白, 석분錫粉, 합분蛤粉(바지락조개나 굴의 껍데기를 갈아 만든 하얀 분) 등을 모두 호분이라 불렀다. 중국 미술사에서 호분에 관한 기록이 가장 처음 등장하는 곳은 《한궁전직漢宮典職》이다. 이 문헌에는 한나라 궁정 벽화의 회화 용법과 규정이 이렇게 적혀 있다. "호분은 벽에 바탕색으로 바르고 옛날의 열사를 그릴 때는 윤곽을 먼저 자청색紫青色으로 그린 후 거기에 색을 칠한다." 호분이 한나라 시대에 화장품 말고도 회화에도 꼭 필요한 안료였음을 확인할 수 있다.

고대 중국에 연백을 제작하던 방법은 다음과 같다. 금속인 납을 밀어서 얇은 조각으로 만들어 용기에 넣은 후 아래에서 가열하는 동시에 초산 증기와 탄산(즉 이산화탄소)을 함께 용기에 넣는다. 그러면 납 조각 표면에 얇은 백색의 납 분말이 생기는데, 이것을 긁어내어 모은 것이 연백이다.

인조 무기질 백색 안료인 연백은 둔황 벽화 채색 벽화에 상용된 색이기도 하다. 흔히 적색赤色 안료와 섞어서 그림 속의 인물의 분홍 피부색을 만드는 데 사용했다. 연백은 오랫동안 공기 중에 노출되면 산화되어 거멓게 변했기 때문에 결국에는 오래된 벽화가 변색되면 보수하기가 어려웠다. 또한 연백에는 독이 있어서 근대 중국화 화가들은 이미 백색을 내는 데 합분을 사용하기도 하였다.

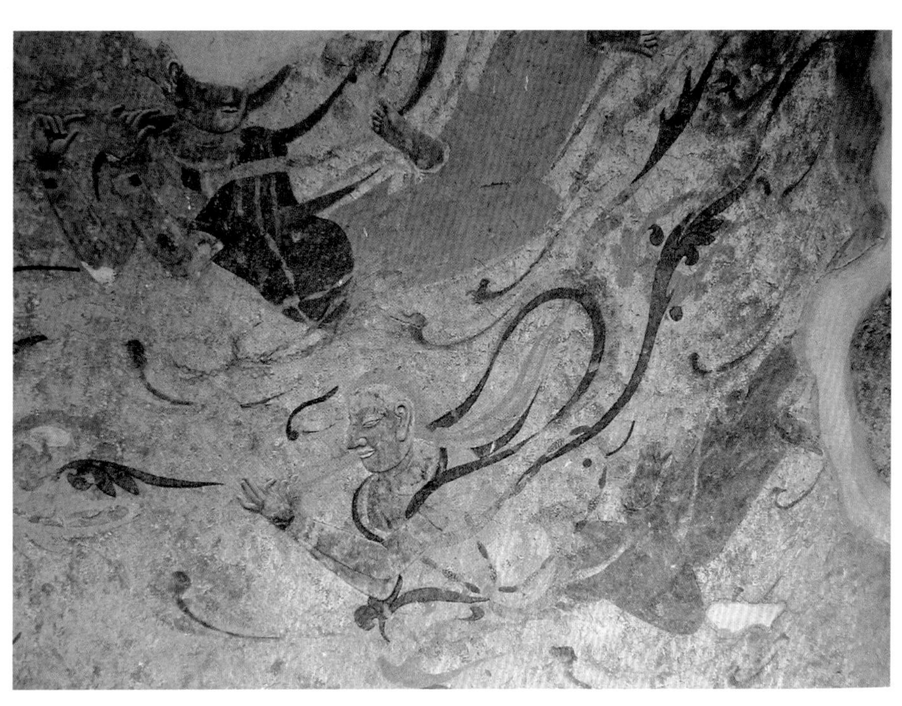

• • • 〈불상〉(일부), 채색 벽화, 당나라 초기, 둔황 막고굴 제321굴 벽화

白

월백색 085

C10 M2 Y7 K0

월백색月白色은 자연의 색에 속하는데, 깨끗하고 맑은 밤 걸린 달빛의 색이며 고대인들이 다양한 감정을 기대어 표현하던 색이기도 하다.

지구로부터 약 40만 킬로미터 떨어져 있는 달은 그 자체로는 빛을 내지 못하고 태양빛을 반사하여 빛을 낸다. 중국에서 달은 태음太陰, 원백圓魄, 섬토蟾免, 옥륜玉輪, 빙륜氷輪, 섬궁蟾宮 등의 별칭을 가지고 있다. 고대 중국어에서 '영朠' 자의 본뜻은 월색月色을 가리켰지만 어떤 색인지 명확하게 밝혀지지는 않았다. 고대의 시에 나온 구절에서 고대 중국인들이 달의 색을 백색으로 여겼다는 사실이 확인될 뿐이다. 예컨대 옛 시 "밝은 달은 얼마나 희고 흰가, 내 침상에 드리운 휘장을 비추네明月何皎皎, 照我羅床幃."에서 '교皎'의 본뜻은 달의 백색 또는 새하얗다는 의미이다. 《시경》 〈진풍陳風〉에 보면 "하얗게 달 떴네月出皓兮."라는 구절이 있다. 《소이아小爾雅》에 보면 '호皓'는 본래 '하얗다'라는 뜻이라고 적혀 있다. 소식蘇軾은 〈후적벽부後赤壁賦〉에서 직접 색 명사 '백白' 자를 이용하여 달빛의 색상을 묘사하였다. "달은 희고 바람이 시원한데, 이처럼 좋은 밤에 어쩐단 말인가月白風淸, 如此良夜何."

고대 중국인은 색이 전하는 사상과 의미를 중시하였다. 입는 옷의 색을 고를 때도 기쁘거나 축하할 날에 맞추어 특별한 함의를 담았다. 추석이 되면 고대의 궁녀들은 월백색 옷을 입고 밝은 달빛을 맞았다. 명나라 때의 문헌 《제경경물략帝京景物略》에 따르면, 정월 대보름날이나 추석날의 음력 8일에서 18일 사이에 수도의 부녀들은 하얗고 얇은 비단옷을 입고 무리를 지어 달빛 아래 노니는 것이 관습이었는데, 이를 '다리밟기走橋'라 하였다. 청나라 강희 연간이 되면 부녀자들은 추석날에 다리밟기를 할 때 총백색蔥白色이나 미색을 띤 '야광의夜光衣'라 부르는 비단옷을 입기를 즐겼다. 밝은 달빛 아래서 비단옷이 은은하게 빛나는 모습이 유독 사람들의 시선을 잡아끌었기 때문이다. 청나라 초기의 문인 고사기高士奇(1664~1703)는 자기가 쓴 〈등시죽지사燈市竹枝詞〉에서 다음과 같이 읊었다. "까마귀 같은 검은 머리에 취교[장식의 일종]를 꽂고, 하얀 비단 주름진 치마를 입고 달이 빛나는 다리로, 깊은 밤 무리 지어 문 앞을 지나고, 봄바람에 병을 없애려 다리밟기 하러 가네鴉鬢盤雲插翠翹, 蔥綾淺斗月華橋, 夜深結伴前門過, 消病春風去走橋." 이 시는 청나라 초기 부녀자들이 곱게 단장하고 다리밟기를 하러 나와 밤 깊도록 흥에 겨워 하는 모습을 묘사하였다. 근대에 들어와서까지도 광둥廣東 지역의 소녀들은 여전히 추석 때 백색 비단옷을 입고 밝은 달 아래 달춤을 추는 전통 풍속을 유지하였다.

민간의 고대 관습에서는 흰 달에 수만 가지 복잡한 정회情懷를 의탁하고 달빛에 깊은 감정을 담기를 좋아하였다. 달과 그 빛은 기쁨, 단결, 안녕, 사랑, 향수鄕愁와 이별의 슬픔을 상징했다. 예컨대 꽃이 좋

• • • 구름 사이로 드러난 달

고 달이 둥근 밤은 연인들이 사랑을 맹세하기 좋은 때였다. 그러나 옛 사람들은 밝은 달을 인생의 무상함과 결핍에 비유하기도 하였다. 북송北宋의 시인 유영柳永은 〈망한월望漢月〉에서 "밝은 달, 밝은 달, 밝은 달이여, 어찌 잠시 둥그레졌다가 다시 이지러지는고明月明月明月, 爭奈乍圓還缺."라고 읊었다. 만월의 빛은 다른 계절과 시간 속에서 여러 가지 따뜻한 색으로 변하기도 했다. 옛날 문인들은 달빛의 변화를 깊이 관찰하였다. 예컨대 봄밤 대지를 말끔히 씻어내는 몽롱한 달빛은 특히 부드럽고 온화하다. 금金나라 동해원董解元은 《서상기제궁사西廂記諸宮詞》에서 "달빛이 가득한 밤, 꽃핀 나무그늘 고요한 봄이어라月色溶溶夜, 花陰寂寂春."라고 표현했다. 추석이 되면 달빛이 백색 중에 살짝 황색을 띤 따뜻한 느낌의 색이 된다. 송나라 신기질辛棄疾은 〈태상인太常引〉이라는 시에서 "가을 그림자가 금빛물결로 변하니, 비경을 다시 문지르네一輪秋影轉金波, 飛鏡又重磨."라고 읊었다. 시에서 말하는 금빛물결은

• • • 양해梁楷, 〈이백행음도李白行吟圖〉, 종이, 송나라

곧 황금색의 달이다. 깊은 가을 맑고 영롱한 달의 색은 백색 속에 남색을 띤 은빛으로 변한다. 송나라의 소식은 〈행향자行香子〉라는 작품에서 "맑은 밤 먼지 한 점 없고 달빛은 은과 같아라淸夜無塵, 月色如銀." 라고 노래하였다. 이백은 고전적인 시 〈야사夜思〉에서 이렇게 썼다. "평상 앞 밝은 달빛, 마치 서리가 온 것 같구나. 머리 들어 밝은 달 쳐다보고, 머리 숙여 고향을 생각하네床前明月光, 疑是地上霜. 擧頭望明月, 低頭思故鄕." 세상을 방랑하며 살았던 시인이 맑고 찬 달빛에 기대어 고향을 그리워하는 소회所懷를 표현하고 있다.

옥백색 086

C0 M0 Y6 K2

옥백색玉白色은 중국 전통 관습에서 광석 중 양지백옥羊脂白玉을 가리키는 것인데, 이는 옥백색이 양지羊脂처럼 하얗게 윤기가 흐른다 하여 얻은 이름이다. 옥백색은 예로부터 지금까지 부귀, 상서로움, 순결과 미덕을 상징하는 색이다.

광물인 옥석玉石은 주로 경옥硬玉과 연옥軟玉으로 나뉘는데, 경옥은 미얀마에서 많이 생산되는 비취翡翠를 가리키고, 중국 전통에서의 옥석은 연옥에 속하지만 연옥이라 부르기에는 경도가 더 높다. 중국의 옥석 산지는 주로 쿤룬산崑崙山 일대에 분포한다. 이 때문인지 옛 문헌에 보면 쿤룬 산맥을 '군옥지산群玉之山'이라 칭하였다. 좋은 질의 옥석은 특히 색이 양지羊脂처럼 윤기가 돌고 매끄러워서 딱딱하면서도 부드러운 느낌을 주는 광석이다. 신장新疆과 허톈和闐(지금의 허톈和田) 일대에서 많이 생산되는데, 《신강격고요론新疆格古要論》〈진보론珍寶論〉에서도 "옥은 서역의 우전국于闐國에서 많이 난다. 다섯 가지 색이 있는데 (……) 그릇의 백색을 상질로 보고,

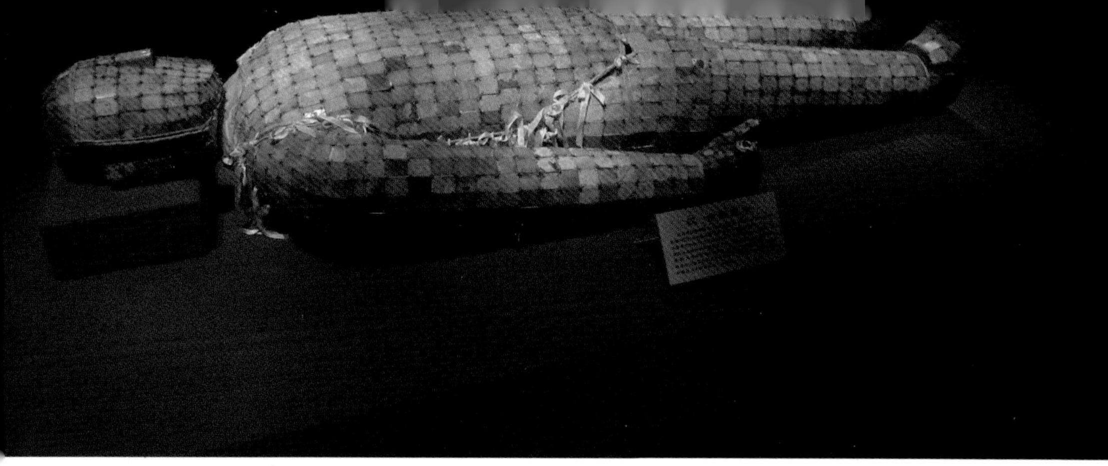

• • • 금루옥의金縷玉衣, 한나라

황색벽옥도 귀하게 본다."라고 적고 있다.

고대 중국인들이 옥 재질의 광석(연옥, 터키옥, 수정, 마노 등)을 사용한 것은 대략 지금으로부터 1만 년 전인 신석기 시대 초기였다. 당시에 옥석은 칼, 도끼, 창 등의 병기와 서옥瑞玉, 환옥環玉, 관管 등의 장식물을 만드는 데만 사용되었다. 신석기 시대 후기(지금으로부터 7천 년에서 4천 년 전 사이)가 되자 권력자가 진귀한 미옥美玉을 조각하여 만든 예기를 신과 조상에게 제사할 때 사용하였다. 상나라 때(약 기원전 16세기~기원전 11세기) 미옥美玉은 상층사회에서 사용하는 용기와 장식품이 되었다. 춘추 시대(기원전 770~기원전 256) 말기에 유가는 예교를 제창하면서 "군자의 덕을 옥"에 비유하였다. 이는 옥석이 빛이 나고 윤기가 돌며 서로 부딪힐 때 나는 소리가 맑아서 '군자'의 인격미의 상징으로 여겨진 탓이다. 특히 백색의 옥기는 순결무구함을 대표하며, "깨끗한 선비를 드높였다."(《한서漢書》, 〈광형전匡衡傳〉) 양지처럼 흰빛이 도는 양지백옥은 점차 군자와 선비만이 몸에 지닐 자격이 있는 장식물이 되었다.

또한 유구한 세월 동안 명성을 누려온 전설상의 야광배夜光杯는 양지백옥으로 만든 술잔으로, 서주西周의 주목왕周穆王이 멀리 국경 밖의 곤륜산에 놀러 나갔다가 서왕모西王母와 요지瑤池에서 환영 연회를 열었는데, 밤이 되어 미주를 잔에 따르니 달빛을 받아 빛나면서 술잔의 색이 눈처럼 하얗게 빛을 발하자 주목왕이 매혹되어 손에서 떼지를 못하였다. 이때부터 이 잔은 야광배라는 명예로운 이름을 천고에 드날리게 되었다. 후대인들은 야광배는 신장과 허톈 일대의 좋은 백옥, 즉 백옥 중의 백옥인 양지백옥으로 만들었을 것이라고 추측한다. 이 잔은 달빛이 통과할 만큼 얇아서 술을 가득 따르면 달그림자를 볼 수 있어 '야광夜光'이라는 설이 있다.

• • • (위) 옥벽玉璧, 한나라 (아래) 옥벽사玉辟邪(천사天獅), 서한西漢

운모백 087

C0 M0 Y5 K2

운모백雲母白은 중국 전통색 명사로, 넓은 지역에 분포하는 백운모白雲母에서 비롯되었다. 백운모는 고대에 살짝 황색을 띠는 견사繭絲를 백색으로 염색할 때 쓰던 자연 염료이다. 중국 전통 회화에서 쓰는 색으로, 운모가 무기질 백색 안료로 사용된 것은 오랜 역사를 지니고 있다. 운모백의 재료는 반투명한 특성을 지니고 있어서 유리처럼 보였고, 실이나 진주 같은 윤기가 돌았으므로 가벼운 비단옷과 장식물을 그릴 때 상용하던 색이다.

운모 광석은 칼륨 원소가 주성분인 규산염 화합물로 화강암에 많이 함유되어 있다. 단사 정계에 속하며, 얇게 쪼개지는 구조를 가지고 있다. 운모는 백운모와 흑운모黑雲母, 금운모金雲母와 소량의 유색운모有色雲母로 나뉜다. 견직물을 염색하거나 그림을 그릴 때 쓰는 재료는 주로 화강암에서 얻는 백운모이다. 중국 네이멍구內蒙古의 펑진豊鎭, 쓰촨四川의 단바丹巴, 간쑤甘肅 둔황 밍사산鳴沙山 등지가 모두 백운모

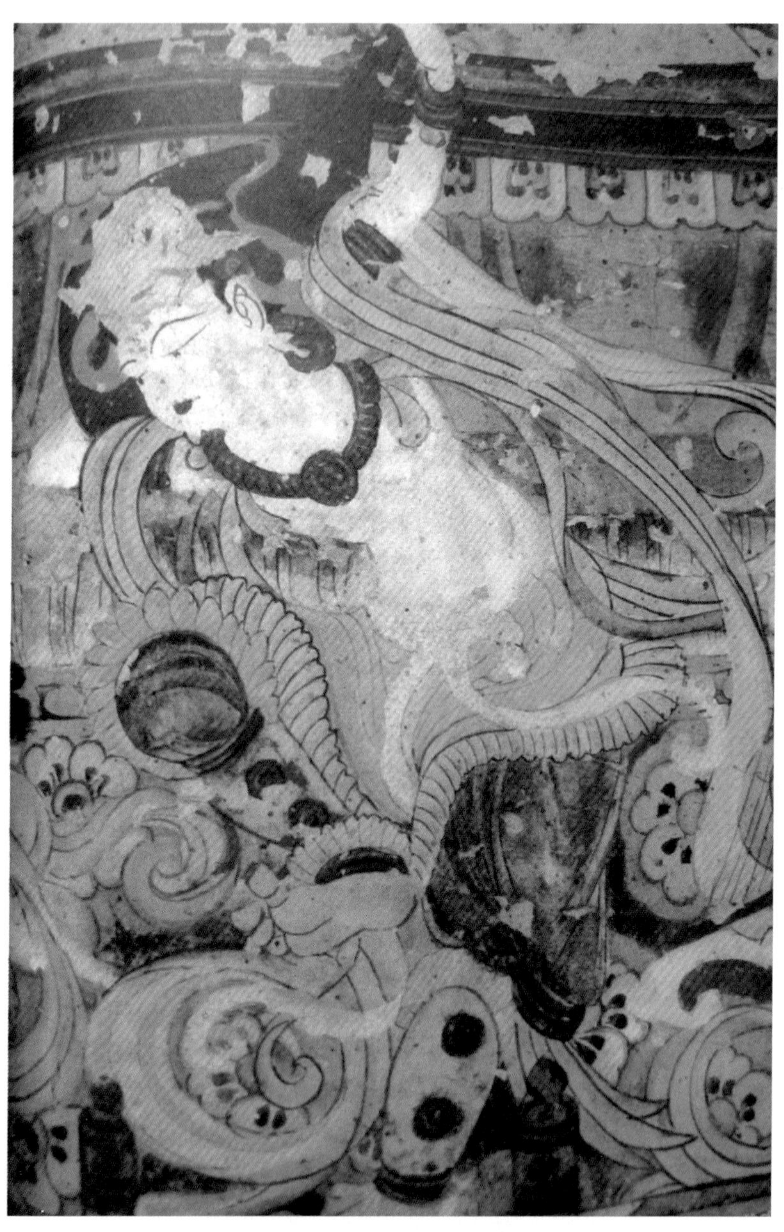

• • • 〈비파 튕기기〉(일부), 당나라 중기, 둔황 막고굴 제112굴 벽화

의 주요 산지이다.

··· 운모 광석

후난성湖南省 창사시長沙市 둥자오東郊 마왕퇴 고대 한나라 묘지에서 출토된 염직물의 색을 연구한 고고학자들은 서한 시대에 이미 천연 운모를 직물을 백색으로 염색하는 재료로 사용했고, 그 염색 기술도 상당히 높은 수준임을 확인했다. 회화에 쓰는 운모백의 안료는 반투명한 운모백을 잘게 갈아 만든 것이었다. 또한 운모 가루의 백색이 효과가 강하지 않아서 옛날의 화가들은 운모 가루에 홍색, 남색, 자색, 녹색 등의 간섭색干涉色을 첨가해서 화면의 유리 질감과 색의 광도를 높였다(간섭색은 직관적으로 보기에는 백색이지만 색을 칠한 후 다른 유색 빛깔을 드러내는 것처럼 보이는 특수한 시각효과를 가리킨다).

둔황 석굴에 있는 채색 벽화에 광물을 사용한 기록 가운데 백색의 안료는 연백鉛白, 백악白堊(Chalk, 일종의 칼슘질을 함유한 연성 석회석) 및 석고를 빼면 그다음이 운모 가루이다. 둔황 밍사산과 막고굴 주변의 절벽 바위에서 흔히 찾을 수 있는 재료가 운모벽이기 때문에 현대 고고학자들은 당시 민간의 화공들이 현지의 운모를 채취한 후 가루로 만들어서 사용했을 것이라고 추측한다. 지금까지 둔황에 있는 당나라 중기의 112굴 벽화와 당나라 말기의 12굴에 사용한 백색 재료, 칭하이靑海 구현사瞿縣寺에 있는 채색 벽화에 쓰인 색에 모두 운모 성분이 함유되어 있다. 그중에서 가장 유명한 그림은 112굴 안에 있는 비파를 튕기는 고벽화인데, 무희가 몸에 두르고 있는 반투명의 비단옷 장식은 당시 화공이 운모백색을 사용하여 그려낸 부드럽고 경쾌

• • • 간쑤 둔황 막고굴

한 색감이 살아 있다.

일본에서도 백운모를 안료로 사용한 관습이 있는데, 특히 에도 시대(1603~1868) 중후기의 우키요에 판화에 무척 많이 썼다. 또한 운모 가루는 아교칠을 해도 잘 붙지 않아서 고대 중국이나 고대 일본의 화공들은 조개껍데기 가루를 섞어서 쉽게 잘 붙도록 조치하였다.

또한 운모는 전기나 열을 전도하지 않는 특성이 있어서 현대 공업에서 중요한 화학공업 원료가 되었는데, 대개 진공관, 전기다리미, 전로 등 전기 제품에 들어가는 투명유리로 쓰인다.

베이징 바다링八達嶺 장성

중국어 회灰 자는 물질이 연소한 후에 남은 가루 상태의 물질을 가리킨다. '회灰'는 전통적인 색 명사로, 물건이 다 타고 남은 암담한 무광의 빛깔인데, 사람에게 침울하고 가라앉은 느낌을 주는 색이다.
안료 중에서 회색은 흑색과 백색을 혼합한 색이다. 문학을 창작할 때 회색은 심리 상태를 비유하는 데 많이 쓰이며, 소극적이고 의기소침함을 묘사하는 데 자주 활용된다. 그러나 현대 분광기에서는 회색 광선이 결코 존재하지 않는다.

회灰

회색 088

C0 M0 Y0 K50

중국어에서 '회灰' 자는 물질이 연소된 후에 남은 가루 상태의 물질을 가리킨다. 허신의 《설문해자》에 "회灰는 죽은 불이 남긴 재이다. 화火와 우又로 이뤄져 있는데, 우又는 수手이다. 불이 꺼지면 쥘 수 있다."라고 쓰여 있다. 《자휘字彙》에는 "불이 지나가면 재가 된다."라고 나온다.

전통적인 색 명사인 '회灰'는 물건이 다 불타고 나서 남은 암담하고 광택이 없는 재의 색이다. 사람들에게 어둡고 의심쩍은 느낌, 가라앉고 혼탁한 감각을 전달한다. 오랫동안 고대인들이 색에 대해 부여한 함의 가운데 회색은 소극적이고 부정적이며 가라앉은 기분과 심리상태를 대표하는 색이었다. 예컨대 회념灰念(기가 죽다), 회기灰氣(의기소침하다), 회심灰心(맥이 빠지다) 등이다. '만념구회萬念俱灰'와 '심회의랭心灰意冷' 등도 모두 마음이 바닥까지 가라앉아 희망을 잃고 떨쳐 일어나기 어려움을 묘사하는 말이다. 당나라의 백거이는 〈숯 파는 노인賣炭翁〉에서 "먼지재로 덮인 얼굴 불색으로 그을렸네滿面塵灰煙火色."라

• • • 사찰 등에서 쓰이는 중국의 향

는 표현으로 숯 파는 노인의 더러운 얼굴을 묘사하였고, 북송의 소식은 〈염노교念奴嬌 · 적벽회고赤壁懷古〉에서 "재가 날고 연기는 사라지네灰飛煙滅."라 읊으며 옛날은 가고 없는데 공연히 추억의 장소를 서성이는 모습을 비유하였다. 그러나 회해灰諧(詼諧)는 유머러스한 말을 하여 사람을 웃기는 일을 가리킨다. 또한 '회두토검灰頭土臉'은 부당한 일을 당하거나 세상물정에 어두워 낭패를 보거나 스스로 사서 고생하는 경우를 가리킨다.

현대 광학의 색표준에서는 회색의 광채가 결코 존재하지 않는다. 회화 안료로 쓰는 색 중에서 회색은 흑색과 백색 사이에 끼는 흑색과 백색의 혼합색으로, 어떤 비율로 섞느냐에 따라 농도가 다른 회색이

• • • 윈난雲南 석림石林

나온다. 고대 의복 염색 공예에서 회색 견직물은 납광석(황화납)을 매염제로 하여 염색하였다. 기원전 약 11세기의 서주西周 시대에는 비단을 염색할 때 먼저 재로 견사의 교질을 제거했다. 즉 "세수涚水로 그 실을 물들인다."는 것으로, 세수涚水는 일종의 잿물로 누에고치 실을 부드럽게 만들어준다. 그 과정은 다음과 같다. "연나무欄木를 재로 만들어 비단을 거기에 담근다. (……) 큰 조개로 광택을 낸다." 다시 말해 연나무 재와 대합 껍데기의 재로 유연제 및 표백제를 만들어 사용했던 것이다.

또한 회색 견직물은 이미 검은색으로 염색한 실로 만들 수도 있다.

백색의 실을 씨실로 번갈아가며 짜서 만든다. 회색 도포는 청나라 때 남성들이 입어 유행한 옷인데, 문아하면서도 청렴함을 상징한다. 회색은 현대 불교의 승려들이 사용하는 복색 가운데 하나이기도 하다. '부정색不正色' 또는 '괴색壞色'의 하나로도 불린다.

회색은 전통 건축의 벽돌담에서도 발견된다. 후이저우徽州는 역대로 순회색純灰色의 정교한 벽돌 조각으로 이름이 높다. 순수한 자연의 회색을 볼 수 있는 풍경으로 가장 유명한 것은 오늘날로부터 2백여만 년 전에 생겨난 윈난 쿤밍시 근교의 석회질로 된 석림石林이다. 촘촘히 섞여 거대한 암회색의 석봉石峯과 석주石柱가 하늘을 찌를 듯 우뚝 서 있는데, 마치 오랜 풍상을 겪은 울창한 숲 같다. 이로 인해 석림石林이라는 호칭을 얻었다.

灰

회백색 089

C0 M0 Y0 K10

회백색灰白色은 흑색과 백색 안료를 백색에 가깝게 섞은 옅은 회색이다. 고대에는 '화백花白'이라 불렀다. 공허함, 적막함, 아직 모름, 암담함, 가라앉은 기분, 억압과 의기소침의 느낌을 주는 색이다.

자연 경치에서 회백색은 고대 새외 변방에서 피어오르는 고독한 연기의 색 또는 비가 올 때 울적한 하늘색이다. 회백은 나이가 먹어 늙음, 머리칼이 하얗게 샌 노인을 묘사할 때 쓰이며, 마음이 편치 않고 당황했을 때 얼굴색이 회백색이 되었다고 묘사함으로써 마음속의 걱정을 드러낸다.

해발 3천 미터 높이의 시짱西藏 지역에는 '회백독활灰白獨活'이라는 이름을 가진 아름다운 식물이 있다. 산림 들판에서 자라는 두릅나뭇과의 여러해살이풀로 잎은 우상 복엽이다. 회백색의 곤충 가운데 사람들에게 가장 잘 알려진 것은 불나방이다. 불나방은 타는 불에 달려들어 온몸을 불사르는 천성이 있다. 《수호전》 제26회에 보면 무송武

베이징의 스차하이什刹海

松이 인육으로 만두를 만든 것이 아닌지 의심하면서 마침내 가게 여주인 야차夜叉에게 묻는다. "아주머니, 남편이 어째서 안 보입니까?" 야차는 이렇게 대답한다. "우리 남편은 새외로 나갔는데 아직 안 돌아왔다우." 무송이 말한다. "이렇게 홀로 내버려뒀단 말이우?" 야차는 웃으면서 말한다. "이런 죽일 놈 같으니 감히 나를 희롱해. 이거야말로 '불나방이 제 몸 태울 줄도 모르고 불에 달려드는 격이 아닌가.' 내가 너를 찾아낸 것은 아니다만 내가 먼저 상대해주마." 무송이 자기도 모르는 새 불나방처럼 자기 죽을 곳으로 찾아들었다고 말한 것이다.

회백의 나방색은 옛날에도 어렴풋한 먼 산 같은 가벼운 회색으로 비유되었다. 《고문관지古文觀之》 〈서호잡기西湖雜記〉에 보면 "나룻배를

구름바다

저어 호수로 들어가네. 산색이 나방 같고, 꽃빛은 뺨과 같아라卽棹小舟入湖. 山色如蛾, 花光如頰."라는 구절이 있다. 또한 건축 재료 중에 회백 사암에 속하는 화강암 석판이 있는데, 사암이 철 등의 금속 원소를 풍부하게 함유하고 있기 때문에 오랜 기간의 산화 과정을 거치고 나면 녹이 슬어 반점이 생긴다. 회백색 널돌은 불규칙한 회흑색 반점이 나타나 소박하고 운치 있어 보이는데, 이는 역대 건축에서 담장에 상용하던 견고한 석재石材이다.

청회색 090

C8 M0 Y0 K70

청회색青灰色은 중국 원시 도기陶器의 색이다. 또한 역대로 전통 건축 재료의 색이자 옛 자기 그릇에 늘 쓰던 유약색이다. 회백색 중 약간 투명한 청색을 띤다. 차가운 회색 톤을 띠며 침착하면서도 소박한 느낌을 주는 색이다. 중국 문화와 공예기술의 끊임없는 진화를 상징하는 전통색 가운데 하나이다.

도기의 출현은 신석기 시대(약 1만년 전~4천 년 전)의 주요한 특징 가운데 하나이다. 청회색 원시 도기는 모래가 섞인 거친 홍도紅陶에 이어 대략 신석기 후기에야 출현했다. 이러한 도기의 색 변화는 도기 굽는 기술의 진보를 보여준다. 도기 굽는 원리는 다음과 같다. 가마에 넣은 도기의 배체胚體를 환원염으로 굽는데, 불의 온도를 섭씨 840도에서 900도 사이로 유지해준다. 이렇게 하면 도기 내에 함유된 철분자가 환원되어 2가철이 되면서 도기가 회색을 띠기 때문이다. 열린 가마에서 같은 벽돌과 기와, 도기를 구웠다가 식힌 다음 꺼내면 도기

• • • 쑤저우蘇州 둥산東山 조화루彫花樓

의 색이 홍갈색紅褐色이 된다. 그러나 밀폐식 가마에서 구우면 굽는 후반 과정에서 가마 속의 산소가 점차 적어지면서 도기 속의 철이온이 산화철로 환원된다(즉 2가철이 된다). 철은 도기의 색을 옅은 청회색으로 만든다. 앞의 굽는 기술을 산화소성이라 하고, 뒤의 것은 환원소성이라 한다.

회도灰陶가 홍도에 비해 견고하기 때문에 하나라 때(약 기원전 21세기~기원전 16세기)부터 회도 그릇이 점차 홍도를 대체하면서 중요한 지위를 차지했다. 은상殷商 시대(약 기원전 16세기~기원전 11세기)에 회도의 수량은 90퍼센트 이상을 차지하였다. 춘추 시대(기원전 770~기원전 476)에 들어

• • • 구름무늬 와당, 진秦나라

··· 북방의 전통 민가

서는 청회도青灰陶가 새롭게 발전하면서 방형方形 및 장방형長方形의 벽돌 조각이 출현했고, 이것이 중국 고대 건축의 주요한 재료인 벽돌의 출발점이다. 전국 시대(기원전 475~기원전 221)에 각국에서 성읍이 날로 확대 발전하면서 지붕에 쓰이는 평기와, 반원통형 기와, 와당 및 도기 수도관 등의 건축 재료로 청회도青灰陶로 만든 제품이 대량으로 사용되기 시작했다. 진秦나라 때(기원전 221~기원전 207)가 되자 도용陶俑과 내구성이 좋기로 유명한 벽돌기와가 나타났다. 담장을 만드는 데 사용된 이 청회색의 진나라 벽돌은 재질이 견고했기 때문에 '연전鉛磚'이라 불렸다.

진나라 건국 초기에는 정치가 깨끗하고 풍속이 소박하며 실용을 숭

• • • 윈난雲南 다리大理의 민가

상하는 기풍이 있었다. 이러한 풍조가 반영되어 문학에서도 문장의 멋을 중시하지 않았고, 음악에서도 항아리를 치거나 와기瓦器를 두드리는 정도로 진나라 사람들은 단순한 음악을 즐겼다. 진나라 때의 미술공예도 실용적이고 순박해서 그릇의 모양도 깔끔함을 중시하였다. 건축은 청회색의 벽돌기와를 많이 섞어서 썼는데, 이는 질박한 미감을 반영하는 것이다. 역대 도시 건축에 쓰이는 색의 풍격과 특색에 영향을 주었다. 예컨대 만리장성의 건축 재료나 오늘날 베이징성 내에 있는 국자감國子監 지역 길가의 청회색 벽돌담장은 모두 여전히 장엄함과 소박함을 중시한 진나라풍의 특색을 드러낸다.

자기는 동한東漢 시대 무렵 나타났는데, 가장 먼저 나타난 원시 자기는 청회색이었다. 구워낸 청회색 유약은 그 빛깔이 무척 맑고 담백해서 가마에서 구워낸 새로운 상품의 탄생을 상징했다. 청회색은 전통 무명옷 염색에 쓰이기도 하였다. 청나라 중후기인 가경嘉慶 연간(1796~1820)의 문인들 사이에서는 청회색 장삼長衫을 입는 것이 유행이었는데, 그것이 문인의 소박하고 우아하면서도 함축적인 기질을 표현한다고 여겨서였다.

은회색 091

C12 M0 Y0 K35

은회색銀灰色은 옅은 회색 가운데 은남銀藍 빛깔이 두루 나오는 색으로 전통 중국화에서 쓰이는 색 중 광물 안료로 만드는 색이다. 주단綢緞 등 견직물의 색이기도 하며, 중국 전통 음식 문화의 활어 반찬에서 볼 수 있는 고급스럽고 품위 있는 미식의 빛깔이다.

중국화에서 은회색 안료는 주로 광물 중에서도 남섬석藍閃石(Glaucophane Schist)을 가공해 만든다. 이 광물은 나트륨, 알루미늄, 규소 등의 성분을 함유하고 있고, 각섬석角閃石족 중에서도 규산염 광석에 속하며 저온 및 장기간 고압력 상태에서 형성된 변성암 속에서 산출되고 각주角柱 모양 결정 구조로 회색, 남색, 자남색紫藍色과 남흑색藍黑色이 있다. 남섬석의 광상鑛床은 비교적 널리 분포하는데, 섭입대의 대양판 한쪽에서 많이 나타난다. 타이완의 화롄花蓮 지역에서 남섬석이 많이 나는데, 갈고 다듬어서 관상용 장식품으로 많이 제작된다. 갈아서 광물색 안료로 만들면 반투명한 유리빛이 나고 중성적인 느낌

• • • 베이징의 스차하이什刹海

이 난다. 존엄과 평화, 중후함을 상징한다.

은회색은 오랜 역사를 지닌 의복의 색으로, 고대인들은 황화납을 매염제로 하여 직물을 회색으로 염색하였다. 전국 시대 이전에는 견직물을 '백帛'이라 하였는데, 이는 금錦, 능綾, 견絹, 나羅, 기綺, 주紬 등을 모두 포괄하는 이름이었다. 주紬는 주綢의 옛글자인데, 부드러운 광택을 내며 거친 실로 짠 평직물平織物로, 회색으로 염색하고 나면 은회색빛이 돌았다. 회색 옷은 전통적으로 소박함과 학문이 깊고 태도가 의젓함을 대표해, 은회색 주단綢緞으로 만든 적삼과 외투는 매끄럽고 고아한 품격과 명쾌한 격조를 더해주었다.

• • • 농어

은회색은 옛날 고기잡이에서는 사람을 유혹하는 맛있는 음식의 색이었다. 전통적인 해물 음식 중 등이 은회색 빛깔을 내는 어류로는 병어, 피라미, 방어, 농어, 삼치, 숭어와 갈치 등이 있는데, 모두 수천 년간 집에서 흔히 먹던 물고기들이다. 그중에서 특별한 것은 등이 은회색이고 배가 백색인 농어로, 고대인들이 가늘게 썰어 회로 먹었던 귀한 어종이다. 예로부터 귀한 음식이었다는 기록이 남아 있다.

중국의 회 요리에 관한 최초의 기록은 《시경》 〈소아小雅〉에 나온다. "내가 여러 친구들에게 음식을 권하노니, 자라찜과 잉어회라네飲御諸友, 炰鱉膾鯉." 이는 주나라 선왕宣王(기원전 827~기원전 782 재위)의 군사가이자 문학가인 윤길보尹吉甫가 자기들을 침략한 원시 부족을 물리친 후 찐 자라와 잉어회를 마련해서 좋은 벗 장중張仲과 그 친구들을 대접한 장면이다. 《설문해자》에 보면 "회膾는 고기를 잘게 써는 것이다."라고 나와 있다. 고대에 회를 만드는 식재료는 소, 양, 물고기 등의 육류였지만 진한秦漢 이후에는 소고기와 양고기를 날로 먹는 것이 유행하지 않았고 회라고 하면 거의 물고기 회를 가리키게 되었다. 훗날 이로 인해 '회鱠' 자가 생겨나 생선회만을 가리키는 말이 되었다.

성당盛唐 시대의 사관史官 유속劉餗이 엮어 쓴 《수당가화隨唐嘉話》에 이런 기록이 있다. "오나라에서 송강松江의 농어를 바쳤는데, 수나라 양제煬帝가 말하길 '이른바 금재옥회金齏玉膾는 동남의 맛난 음식이다.'라 하였다." 당시 송강은 바다와 강이 만나는 곳으로 거슬러 올라온 농어가 일등급 횟감이었다. 금재金齏는 마늘, 생강, 소금, 도라지 껍질로 만든 황금색 장醬으로 은회색의 회를 먹을 때 곁들여 먹었다.

고대 중국에서 회를 뜰 때 쓰는 칼은 일본 요리에서 회를 장방형으로 뜰 때 쓰는 사시미 칼과는 그다지 비슷하지 않다. 중국의 생선회는 실처럼 가늘게 써는 것이 표준이었다. 그래서 《논어》〈향당鄕黨〉에 보면 공자는 "밥은 정한 것은 싫어하지 않았고, 회는 가는 것을 싫어하지 않았다食不厭精, 膾不厭細."라고 나온다. 또한 고대인이 말하는 '은사銀絲'라는 것은 산 농어를 가늘게 회친 고기를 말하는데, 색채감이 넘친다. 원나라 사람 유가구劉可久는 이렇게 읊었다. "옥수로 뜬 농어회, 취색 치마에는 금실로 수놓았네玉手銀絲膾, 翠裙金縷絲." 이 시는 한 식당에서 아름다운 부인이 직접 농어회를 떠서 손님을 대접하는 장면을 묘사한 것이다. 은회색의 잘게 뜬 생선회는 고대의 식탁 위에 오른 귀한 해물 음식의 색이다.

··· 〈고기 파는 장면〉(일부), 채색 벽화, 원나라, 산시山西 훙둥洪洞 광승사廣勝寺

은서회 092

C1 M1 Y0 K40

은서회銀鼠灰는 고유한 색 명사로, 귀한 동물인 은서銀鼠[무산쇠족제비]의 은회색 털로 인해 얻은 이름인데, 역사적으로 권력가의 신분과 눈부신 지위를 비유하는 색으로도 쓰였다.

중국에서 모피로 쓰는 짐승은 1백여 종에 가까운데, 기후가 온난한 남방에서 가장 유명한 것은 운표雲豹[구름 반점의 표범], 금사후金絲猴, 자이언트 판다 등이다. 날씨가 추운 북방에서 동물의 모피는 추위를 막고 보온하는 용도로 많이 사용되었다. 족제비, 호랑이, 여우와 야생토끼 외에도 가죽옷 가운데 담비 모피와 은서의 모피는 고대 황실과 조정에 바치는 어용 가죽으로 권위의 상징이었다.

요遼나라 때(916~1125) 관외에 있던 거란 귀족의 복식과 장식 풍속에 따르면, 상층 계급은 머리에 관과 두건을 쓰고, 귀족 여성들은 수박 모자瓜皮帽를 썼으며 의복의 재료로는 여름에는 견絹, 주綢 등의 비단을 쓰고 겨울에는 모피를 사용했다. "귀한 자는 담비 모피를 입었

• • • 작자 미상, 〈번기렵귀도番騎獵歸圖〉(일부), 비단, 송나라

灰

는데, 자흑색紫黑色을 귀하게 여겼고, 청색이 그다음으로 귀했다. 또한 은서색과 흰색도 썼다. 천한 자는 양, 쥐, 모래여우의 털로 만든 가죽옷을 입었다."

은서의 가죽은 부유한 사람이라면 반드시 갖춰야 하는 방한용 의복이었다. 청나라 작가 오경재吳敬梓(1701~1754)는 《유림외사儒林外史》 제53회에서 이렇게 묘사하였다. "하녀가 문을 열고 끓는 물이 든 통을 들여왔다. (……) 그것을 발 씻는 대야에 붓고 물을 따른 후, 진목남이 손발을 씻을 수 있도록 하였다. 진목남이 씻고 있는데, 다시 하녀가 등롱을 들고 들어왔다. 그 뒤로 네다섯 명의 젊은 기녀들이 따라 들어왔는데, 모두 담비 털로 만든 귀마개를 하고 은서 털과 잿빛 다람쥐 털로 만든 옷을 입고 있었다. 그녀들은 깔깔 웃으며 양쪽으로 늘어선 의자에 앉더니 이렇게 말했다." 《홍루몽》에도 저자 조설근曹雪芹이 각 계급 사람들이 입는 옷과 장신구에 대해 묘사한 대목이 있다. 예컨대 제3회에 임대옥이 가씨네 집에 몸을 의탁하면서 처음 왕희봉을 만나는 장면에서 조설근은 왕희봉이 은서로 만든 옷을 입고 색색이 놓은 수로 단장한 모습을 묘사하여 그녀가 다른 아가씨들과는 다름을 보여준다. "이 젊은 여인은 화려하게 수놓은 옷차림부터가 여느 아가씨들과는 확연히 달라 하늘의 선녀가 아닌가 싶었다. 금실에 아롱진 보석과 구슬을 꿰매어 가뿐히 쪽져 얹은 머리에는 아침 해를 맞받아 나는 봉황 다섯 마리에 진주를 감아 만든 금비녀를 꽂았고, 목에는 적금으로 만든 용에 옥돌을 꿰어 단 목걸이를 걸었다. 날씬한 허리에는 장밋빛 옥돌로 만든 물고기 옥패 두 개를 연두색 술띠에 달아 길게 드리웠고, 몸에는 꽃 속에서 노니는 나비 떼를 금실로 수놓은 빨간 양단 저고리를 받쳐 입고 그 위에 석청색石清色 바탕에 가는 오색실로 무늬를 내고 은서색[은회색 쥐털]을 안에 댄 마고자를 걸치고 있었다. 그리고 비취색 바탕에 꽃잎을 뿌린 듯한 서양 비단치마가 발을 가리고 있었다. 봉황의 눈을 연상시키는 한 쌍의 까만 눈이 버들잎과 같이 휜 눈썹 아래서 맑게 반짝였고, 키는 호리호리하고 날씬한 몸매는 요염했다. 옥같이 흰 얼굴에는 봄날같이 밝은 미소를 머금어 엄한 빛을 가렸고, 빨간 입술은 벌리기도 전에 웃음소리가 새어나올 것만 같았다." 왕희봉의 출현으로 사람들이 숨을 죽이고 공손한 자세를 취했다.

은서색은 일본에서는 석색錫色이라 불리는데, 광택이 있는 주석의 색과 같다 하여 붙은 명칭이다. 에도 시대(1603~1867) 중기에 직물 염색용으로 유행한 색이기도 하다.

은색 093

C10 M10 Y2 K0

은색銀色은 금속 중 광물인 은의 색을 가리키는데, 고대 중국에서는 은을 백금白金이라 불렀다. 《이아爾雅》 〈석기釋器〉에 보면 "백금白金을 은銀이라 부른다."라고 나와 있다. 자연계에 많은 황화물 금속과 동일한 광상에 들어 있는 은은 금 다음으로 귀한 금속이고 백은의 유일한 근원이기도 하다. 예로부터 돈과 귀중한 지위를 대표하였다. 은색은 반짝이는 빛, 유행을 상징하며 그 귀한 색감과 함의는 지금까지도 변하지 않았다.

은광은 세계 각지에 분포한다. 은은 라틴어로 아르겐툼Argentum이고 화학원소는 Ag이다. 서양에서는 일찍이 고대 그리스 시대부터 고가의 물건 내지는 화폐로 사용되었다. 프랑스에서 돈을 Argent이라 하는데, 이는 라틴어에 기원을 둔 것이다. 은과 금은 고대 유럽 연금술에서 똑같이 중요한 금속 원료였다. 점성술에서 금과 은은 각각 양성인 태양과 음성인 달을 상징한다. 기록에 의하면 고대 중국인들이

재녀의 모습이 새겨진 은 자물쇠, 청나라

은을 사용한 역사는 2,500년이 넘는다.

고고학 자료에 따르면 중국에서 은을 함유한 고대의 금속 공예 제품은 춘추 시대까지 거슬러 올라간다. 은의 녹는점이 섭씨 960.5도이므로 연성과 전성이 좋아서 예로부터 은쟁반, 은술잔, 은살촉, 은귀銀龜(위에 거북이 모양의 손잡이가 있는 은으로 만든 관인), 은비녀와 은빗 등의 귀금속을 만들었다. 빛나는 금속광택을 내는 은색은 재부財富와 지위의 상징이었다. 또한 백은은 명나라 때부터 중국에서 유통되는 중요한 화폐였다. 만력 연간(1573~1620)부터 대유럽 무역에서 통용되었다. 이후 말굽은銀錠, 은량銀兩, 은전銀錢, 은지銀紙, 은원銀元, 은폐銀幣 등이 지금까지 쓰이면서 돈의 대명사로 자리매김하고 있다.

은빛 물결

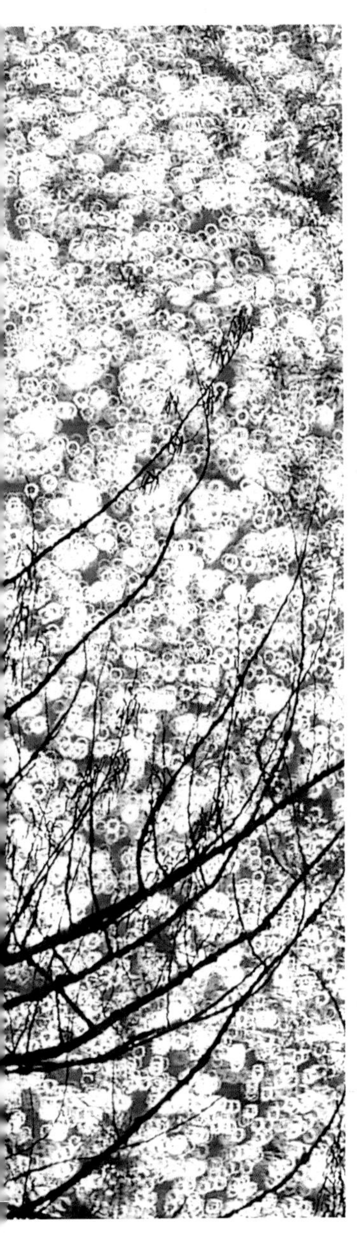

은색은 전통적인 색 명사로, 수은의 은홍색銀紅色은 중국 최초로 사용한 선홍색鮮紅色 광물 안료이다. 고대인들은 '은처럼 하얗다'와 같은 표현을 썼다. '화수은화火樹銀花'는 휘황찬란한 등불과 꽃불을 의미했고, 은섬銀蟾은 은백색의 교월皎月[희고 밝은 달]을 뜻했다. 은말銀沫은 깨끗하고 순수한 하얀 눈雪을 가리켰고, 은하銀霞는 아주 훤하게 비치는 눈바람의 별칭이었다. 도가에서는 눈眼을 은해銀海라 하였다. 남조南朝의 양무제梁武帝(502~549 재위)는 이렇게 썼다. "금물결은 흰 거품을 일으키고, 은물결은 푸른 개구리밥을 뒤엎는구나金波揚素沫, 銀浪飜綠萍." 시에서 '은랑銀浪'은 햇빛 아래 솟구쳐 올라 반짝이는 은빛 거품을 가리킨다. 고대인들은 천상의 무수한 별들을 은하銀河라 불렀는데, 이는 찬란한 빛줄기를 내뿜는 뭇 별들을 가로로 길게 흐르는 우주의 강으로 여긴 착상에서 비롯된 것이다.

저장浙江 우진烏鎭

흑색은 중국 고대사에서 가장 오랫동안 숭배되고 다원화된 의미를 가진 색이다. 고대의 색채 이론인 '오정색관五正色觀'에서 적색, 청색, 황색, 흑색, 백색은 대자연의 다섯 가지 기본색이었다. "만물은 음을 등에 업고 양을 가슴에 안고 있다."라는 도가의 흑백태극 학설은 중국 문화에 수천 년간 영향을 미친 중요한 색채 관념이자 철학 사상이었다.

흑색은 전통 서화에서도 가장 중요한 색이었다. 현대 광학 이론에서 흑백은 색채가 없다는 뜻이다.

흑黑

흑색 094

C35 M35 Y0 K100

흑색黑色은 원래 물질이 연소를 거쳐 다 탄 후에 생기는 일종의 꺼멓고 광도가 없는 빛깔이다. 허신은 《설문해자》에서 "흑黑은 불에 그을린 색이다."라고 적었다. 회의자인 소전小篆의 글자 모양에서 흑黑 자의 위쪽은 고대의 '창囱' 즉 연기가 나가는 굴뚝이고, 아래쪽인 '염炎' 자는 불화火의 의미다. 이 둘을 합쳐서 연소하여 그을린 후에 남은 색이 된 것이다. 흑색은 중국 고대사에서 숭배한 기간이 가장 길고 다원화된 함의를 가진 색이다.

중국은 예로부터 '흑黑' 자를 써서 대자연 속 광선의 어두운 정도를 묘사하였다. 《석명釋名》에는 "흑은 어둡다는 뜻이다. 어둑어둑한 새벽의 색이다."라고 기록되어 있다. 고대 중국어에서 흑과 현玄, 유幽, 조皂는 서로 뜻이 통하는데, 북방의 하늘에서 오랫동안 드러나는 어둡고 그윽하면서도 신비한 색조를 광범위하게 가리키는 글자들이다.

고대 중국의 색채 이론인 '오정색관五正色觀'에서 적색, 청색, 황색,

• • • 〈흑우黑牛〉, 채색 그림 벽돌, 둔황 불야묘만佛爺廟灣, 위진魏晉 시대 무덤

흑색, 백색은 대자연을 이루는 다섯 가지 기본 색조이다. 고대인들은 하늘과 땅의 운행을 관찰하면서 해가 뜨고 지는 자연의 경치를 바라보며 '밝음이 스스로 생겨나는 것自生期明'과 '흑백이 우선함首先黑白'의 관념을 얻었다. 《사기》〈귀책전龜策傳〉에 보면 "하늘이 다섯 가지 색을 냈으니, 흑백으로 구분한다."라는 말이 있다. 현대의 광학 이론에서 흑백은 무색채를 가리키지만 고대에 흑백은 중국 문화에 수천 년간 영향을 미친 중요한 색채 관념이자 철학, 즉 도가의 음양학설이 파생하는 근원이 되었다. 도가 학파의 시조인 노자老子는 《도덕경道德經》 제42장에서 "만물이 음陰(흑)을 등에 업고 양陽(백)을 가슴에 안고 있다. 기가 서로 합하여 조화를 이룬다萬物負陰而抱陽, 沖氣以爲和."라고 주장했다. 그러나 음양이 나뉘지 않은 혼돈 상태의 원기元氣는 천지만물이 시작되는 본원이며, 이를 '태극太極'이라 불렀다. 또한 태극은 양의兩儀를 낳는데, 양의는 하늘과 땅을 가리킨다. 따라서 '태

黑

• • • 태극도, 톈진 양류전楊柳鎭

극'은 도가의 천지우주관이다. 도안 설계가 완벽에 가까운 고대의 태극도 가운데 원은 끊임없이 순환하고 주기적으로 다시 시작하는 천지를 상징한다. 가운데 얽혀 있는 두 가닥의 흑백(음양)은 서로 껴안고 서로 침투하여 공생하는 대립하고 통일되는 두 마리 물고기의 토템으로, 노자가 말한 '조화'와 '기'를 이루는데, 여기에는 "조화란 것은 같지만 이어지지 않는다和者爲物, 同則不繼."라는 도가 사상이 담겨 있다. 태극 또한 중국 사상사에서 중요한 개념이다.

노자는 색에 관하여 "오색이 사람을 눈멀게 한다."라고 생각하였다. 그러나 흑색은 사람의 마음을 평안하게 하고 눈을 바르게 한다고 보았고, 백색은 광명과 순결을 대표한다고 생각했다. 또한 그는 이렇게 말했다. "흰 것을 알면서, 검은 것을 유지하라知其白, 守其黑." 따라서 노자는 흑백을 현묘하고 깊이 있는 '도道'를 상징하는 색으로 선택한 것을 알 수 있다. 이후 흑색은 도교의 신앙색이 되면서 도사들이 입는 도복의 색으로도 쓰였다.

진시황이 기원전 221년 중국을 통일한 후 이전 왕조에서 했듯이 단일한 색을 선택하는 전통 관례를 따랐다. 주나라에서 적색赤色(화火에 속함)을 숭상하였기 때문에 진시황은 즉위한 후 '오덕시종설五德始終說'•에 따라 흑색을 진나라를 대표하는 색으로 정하고 북방의 수덕水德을 숭상하여 겨울 시월을 해의 첫 달로 삼았다. 또한 《사기》에 나온 것처럼 "복색과 깃발의 색을 흑색으로 바꾸고 (……) 흑과 백을 구별하여 하나만을 정해 존숭하였다." 나라 안의 모든 이들이 흑색 옷을 입었다. 진시황은 동시에 평민 백성이 머리를 장식할 때 흑색 두건만 쓸 수 있다고 규정하였다. 그래서 《사기》에는 "진시황은 백성을 가리켜 '검수黔首'라고 했다."는 구절이 나오는데, 여기서 검黔은 곧

黑

검은색이다. 오정색 관념은 역대 제왕이 하나의 색을 골라 숭배하도록 고무했고, 이를 정치 및 사회적 지위의 귀천과 연관시키기도 했던 것이다.

원래 흑색의 존귀한 지위는 왕조에 따라 변하기도 했다. 진나라가 멸망한 후 흑색 도포는 한漢나라, 위魏나라, 진晉나라 등 여러 왕조의 문관이 사용한 복색으로, '현단玄端'이라 불렀다. 남북조南北朝의 북주北周 시대(557~558)에 와서야 다른 색으로 관직의 높고 낮음을 구분했다. 삼국三國 시대에는 불가의 승려들이 치흑색緇黑色 법복을 많이 입었다. 그래서 '치의緇衣'는 당시 출가한 사람을 가리키는 별칭이었다. 수나라 양제煬帝 시기(605~618 재위)가 되자 상인과 도살업자는 흑색 옷만 입을 수 있도록 규정하였다. 이제 흑색은 등급을 나누어 대상을 낮추는 폄하의 의미를 갖게 되었다. 10세기 송나라 때 흑색은 평민의 복색 중 하나였다.

중국 한족漢族의 전통 문화에서 흑색과 홍색의 의미는 정반대이다. '불길함', '흉조'를 대표하는 흑색은 상복喪服의 색이다. 또한 고대에 죄수를 묶을 때 쓰는 포승줄을 '유설縲絏'이라 불렀는데, 흑색으로 물들인

● 《여씨춘추呂氏春秋》에 다음과 같은 내용이 있다. "황제皇帝는 토土의 기운이 승하다고 하여 황색을 숭상하고 토의 덕을 본받아 일을 처리하였다. 우임금(하나라 건국자)은 목木의 기운이 승하다고 하여 청색을 숭상하고 목의 덕을 본받아 일을 처리하였다. 탕임금(은나라 건국자)은 금金의 기운이 승하다고 하여 백색을 숭상하고 금의 덕을 본받아 일을 처리하였다. 문왕(주나라를 건국한 무왕의 아버지)은 화火의 덕이 왕성하게 될 것을 나타낸다고 하여 홍색을 숭상하고 화로 상징을 삼았다. 화火를 치는 것이 수水이니 하늘에서 수의 기운을 내릴 때에는 흑색을 숭상하고 수水의 덕을 본받아 일을 처리해야 한다." 진시황은 이 이론에 따라 진나라의 대표색을 흑색으로 정한 것이다.

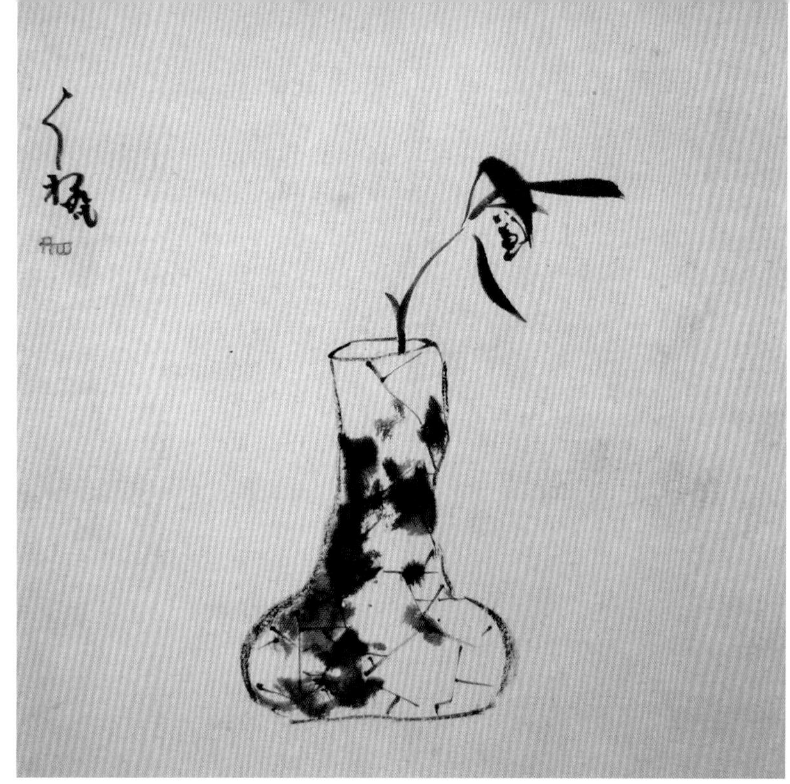

• • • 주탑朱耷, 〈안만책지일安晩册之一〉, 꽃병의 꽃, 종이, 청나라

삼밧줄이었다. 유縲는 누累에서 왔는데, 힘들다는 뜻이다. 그래서 유縲는 큰 노고를 들여 만든 큰 밧줄이라는 뜻이다. 또한 옥졸은 조흑색皂黑色 제복을 입었는데, 그래서 다른 이름으로 조역皂役이라 불렀다.

회화에서 흑색만을 쓰는 것은 중국만의 독특한 예술 창작 스타일이다. 수묵화가들은 '모양으로 정신을 그리는以形寫神' 방법을 강구하면서, 붓은 그림의 뼈이고 먹은 그림의 살이며 흑색은 회화의 유일한 주색主色이라고 주장했다. 화가들은 농담이 다른 묵색으로 '담묵으로 옅은 안개를 표현하는 방법淡墨輕嵐' 또는 '연기와 물을 아득하게 표현하는 방법煙水迷茫' 등을 써서 속기가 흐르지 않으면서도 진부하지 않

黑

• • • (왼쪽) 저장折江 우진烏鎭의 양조장 (오른쪽) 가마우지

은 감각을 담아 고아한 선禪의 뜻을 그려냈다. 흑백 수묵화는 문인화의 색채관이다.

흑색은 고대 중국 및 서역 여성들이 얼굴을 아름답게 꾸밀 때 쓴 유행색이기도 하다. 대흑색黛黑色은 중국은 물론 외국 미녀들 사이에서도 수천 년간 유행한 눈썹 그리는 색이다. 오흑색烏黑色 연고를 입술에 발라 검게 만드는 화장은 당나라 때 사용하던 방법이었다. 이 밖에도 고대인들은 하얗게 윤기가 도는 얼굴색과 칠흑 같은 동공을 가진 여인을 두고 선녀보다 곱다고 표현했다. 《세설신어世說新語》〈용지容止〉에 보면 "얼굴은 희고 매끄럽고 눈은 칠을 찍은 듯하니 선인 중의 사람이로다."라는 구절이 나온다. 고대인들에게는 이를 시커멓게 물들이는 습속도 있었다. 물들이는 재료는 벌레혹(오배자라고도 함)으로, 옻나무과의 붉나무의 나뭇잎에 기생하는 '오배자 진드기'인데 마지막에 벌레혹인 '오배자'를 만들어낸다. 오배자는 타닌산을 함유하고 있으므로 옛날에는 이것을 검은 즙으로 만들어 천이나 머리칼을 검게 물들이는 데 사용하였다. 치약이 발명되기 전에 벌레혹에서 추출한 분말로 이를 닦으면 이는 검게 변하지만 충치를 막는 효과가 있었다. 중국에서 2천 년간 활용한 오배자는 멀리 일본에까지 전해졌다. 명나라 학자 이언공李言恭이 만력 연간에 쓴 《일본고日本考》에 따르면, 명나라 때까지 일본 귀족들 사이에서는 철이 녹슨 물에 오배자 가루를 섞어 이를 검게 물들이는 것이 유행이었다. 이 방법으로 하얀 이를 가진 서민들과 자신들을 구분하려 하였던 것이다.

전통 희곡 무대에서 검보臉譜 중 흑색은 정의롭고 청렴하여 공평무사한 인물을 가리킨다. 옛날의 민간 연화年畵에서 흑색은 복신福神의 색이다. 또한 중국인들은 검은콩, 검은 대추, 흑미, 검은깨, 검은 옥수수 등의 흑색 식품이 건강에 좋다는 믿음을 가지고 있다. 오골계烏骨鷄도 영양에 좋은 식품이다.

현색 095

C60 M90 Y85 K70

고대 중국어에서 '현玄'이 가장 먼저 보이는 곳은 3천여 년 전 은허의 갑골문으로, 고대 중국인들이 세계가 혼돈 속에서 처음 열리던 때의 암담한 하늘의 색을 형용하는 데 쓴 단어이다. 《역경易經》에 나오는 "하늘은 현색玄色이고 땅은 황색이다. 우주는 넓고 거칠다天地玄黃, 宇宙洪荒."라는 구절은 하늘은 암흑색이고 대지는 황색이라는 의미이다. 현색은 암홍색暗紅色의 난흑색暖黑色이고 대자연의 색 중에서 하늘의 빛색이다. 《설문해자》에 보면 "현玄은 심원하다. 흑색이면서 적색을 띤 것을 현이라 한다."라고 기록되어 있다. 사람으로 하여금 두려움을 느끼게 하고 멀어서 알기 어려운 느낌을 주는 색으로, 중국 전통색 가운데 깊어서 측량할 수 없는 색을 대표한다.

고대에 현玄은 대륙 북방의 아직 밝기 전의 엄준한 하늘 빛깔을 가리켰다. 따라서 춘추 시대에 성행한 '오색행五色行' 이론 가운데 현색은 북방에 대응하며 수水에 속하고 현무玄武를 상징한다. 현무는 북방

• • • (위) 염입본閻立本, 〈역대 제왕도〉(일부), 비단, 당나라 (아래) 현무, 석조, 한나라 벽돌

黑

• • • 칭하이青海 시닝西寧

의 풍우를 관할하는 수신水神이며 모양은 거북이나 뱀처럼 생겼다. 몸에 인갑鱗甲이 있어서 고대에 무武라 불렀다.

현색은 중국 상고上古 문화에서 신비로 가득한 색이며, 사람들에게 환상을 주는 공간의 색이다. 명冥은 저승을 가리키는데, 현명玄冥은 북방에 있는 저승을 뜻한다. 전하는 바에 따르면 기원전 16세기부터 기원전 11세기까지 존재했던 상나라의 조상은 현조玄鳥였다. 현조는 제비를 가리킬 수도 있다. 고대 신화에서 나오는 구천현녀九天玄女는 알려진 바에 의하면 천지간에 유일한 여신이다. 도교의 전설에 나오는 곤륜산崑崙山 위에는 사방 800리에 달하는 아름다운 농원이 있는데, 이곳이 황제黃帝가 내려온 곳이며 선인들이 모이는 곳이어서 '현포玄圃'라 불렀다. 무릇 사람들 중에 산에 올라 현포에 들어갈 수 있는 자가 있으면 그는 바로 신선이 되어 불로장생한다고 하였다.

또한 현玄은 북방의 어둡고 아득한 물의 색이다. 그래서 고대인들은 그 물을 '현주玄酒'라 일컬었다. 현玄은 거리상으로 "아득하고 먼 빈 곳"이라는 뜻이다. 철학 사상에서 쓰일 때는 심오한 도리를 뜻한다. 그래서 노자는 '도道'를 "현묘하고 현묘하다玄之又玄."라고 말했다. 이 밖에도 현玄은 회전을 가리키기도 한다. 본래의 의미는 끊임없이 변화한다는 뜻인데, 우주만물의 운행규칙을 비유하는 말로 쓰였고, 만물의 발단이 여기에서 시작된다는 뜻도 담고 있다. 그래서 노자는 "현묘하고 현묘하니 모든 현묘함의 문이로다玄之又玄, 衆妙之門."라고 말했다. '현묘玄妙'라는 단어는 이 구절에서 비롯되었다. 훗날 '현묘'는 '도道'를 뜻하게 되었다. 현관玄關은 주택 정문 입구에서 거실로 가는 길목을 가리키는 단어이다.

'현玄'은 '현眩' 및 '현炫'과 통하여 혼란함, 미혹됨, 눈부신 빛을 의미하기도 한다. 현玄에는 진실하지 않고 믿을 수 없다는 뜻도 있다. 그래서 '고농현허故弄玄虛[고의로 교활한 술수를 부리다]'라는 성어가 생겼다.

黑

묵 096
색

C0 M0 Y0 K96

묵색墨色은 빛을 반사하지 않는 무광도의 색을 가리킨다. 《광아廣雅》〈석기釋器〉에 보면 "먹墨은 흑黑이다."라고 기록되어 있다. 또한 먹은 중국 전통의 서예와 회화에서 사용하는 흑색 안료로, 묵흑색墨黑色은 서예와 중국화 예술의 색채 사용 역사에서 가장 중요한 지위를 차지하고 있다. 예로부터 실용과 감상을 위한 색으로 중국 문화를 상징하는 색이기도 하다.

중국에서 가장 먼저 나타난 흑색 안료는 주로 자연 광물 중의 흑연과 석탄에서 얻었다. 역사 시대 이전의 채색 도기에 있는 무늬, 대나무나 간독簡牘(얇은 비단에 그려진 서화) 등을 보면 곳곳에 먹을 사용한 원시적인 흔적이 남아 있다. 전하는 바에 의하면 기록을 하기 위해 만든 인공 먹은 서주西周의 선왕宣王(기원전 827~기원전 782) 때의 형이形夷가 발명한 것이다. 인공 먹은 진秦나라 때 이후로 생산되기 시작하였고, 한나라 때 먹의 주산지는 산시陝西의 한양漢陽이었다. 당나라

• • • 저장折江 항저우杭州

때가 되자 먹을 만드는 기술이 더 발전하여 당시 만든 덩어리 모양의 먹을 '당묵唐墨'이라 하였다. 이 먹은 우수한 품질을 자랑했는데, 심지어 멀리 일본까지 건너가서 일본 서예계에서 매우 귀한 먹색 재료로 쓰였다.

역대로 먹을 만드는 전문가는 온갖 특색을 가진 먹을 개발하여 묵객들이 글씨를 쓸 때 사용하게 하였다. 심지어 북송北宋의 대문호 소동파도 먹을 만들었는데, 재료를 다르게 배합해서 새로운 색을 내려고 시도했으나 안타깝게도 성공하지 못하고 하마터면 집까지 태워버릴 뻔했다. 그가 지은 〈해남작묵기海南作墨記〉에 이렇게 기록되어 있다. "기묘년 섣달 23일, 먹을 만드는 부뚜막에서 큰불이 일어나 거의

黑

집을 태울 뻔했다. 다행히 면하기는 했으나 그로 인해 먹을 만드는 일을 그만두었다."

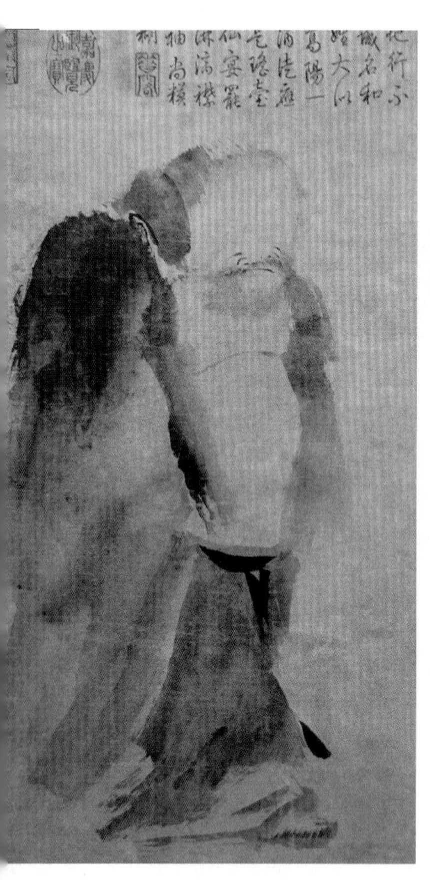

• • • 양해梁楷, 〈발묵선인도潑墨仙人圖〉, 종이, 송나라

묵흑색墨黑色은 중국 회화사에서 막대한 지위를 차지하고 있다. 전통적인 단색單色 숭배사상과 선종 철학의 영향으로 수묵화는 당나라 때 시작된 후 송나라 때 성행하였다. 문인화가들은 '먹이 곧 색' 그리고 '먹이 오색으로 나뉜다(즉 초焦, 농濃, 회灰, 담淡, 청淸)'라는 회화 이론을 강조하면서 먹의 농담과 다층적인 수묵 색조의 변화만 있어도 모든 색을 다 갖춘 듯이 컬러를 사용하지 않고도 예술적으로 표현할 수 있다는 창작 태도를 견지했다. 가장 먼저 묵흑색을 중시해 '수묵이 가장 중요하다'라는 관념을 제시한 것은 당나라 시인 왕유王維(701~761)로, 일찍이 그는 다음과 같은 말을 남겼다. "무릇 그림을 그리는 도에 있어 수묵이 가장 위다. 자연의 성질은 조화의 작업으로 이루어졌고 작은 그림이 수천 리의 경치를 담아낸다. 동서남북이 오롯이 눈앞에 그려지고 춘하추동 사계가 붓끝 아래서 살아난다." 일필휘지의 뛰어난 예술적 경지는 농묵濃墨에서 회백灰白까지의 농담의 변화로 수백 수천 종의 묵색을 종이 위에 표현하는데, 이러한 경지는 오로지 중국만이 가진 회화의 스타일이자 문인 수묵화의 색채 심미관이다.

• • • 쑤저우蘇州 저우좡周莊

黑

중국 전통 문화에서 묵흑색은 흉한 일과 부정적인 함의를 띠고 있음을 대표한다. 예컨대 묵색은 주나라 때 만든 상복 색 중의 하나이고 묵형墨刑은 고대 오형五刑•가운데 하나인데, 이는 죄인의 이마에 칼자국을 낸 후 먹을 칠하여 징벌의 기호로 삼는 것이다. 탐묵貪墨과 묵리墨吏는 탐관오리를 가리켰다. 온몸에 흑색 깃털이 난 가마우지를 묵압墨鴨이라고도 부르는데, 어부는 잠수하여 물고기를 잡아채는 가마우지의 천성을 이용해서 물고기를 잡는다. 예로부터 지금까지 구이린桂林 리장강灕江과 강남의 물 많은 도시들에서 볼 수 있는 풍경 가운데 하나이다.

• 중국에서 행하던 다섯 가지 형벌. 묵형墨刑, 의형劓刑, 월형刖刑, 궁형宮刑, 대벽大辟.

칠흑 097

C50 M50 Y0 K100

중국어 '칠漆'은 원래 대자연에서 자란 식물인 옻나무를 가리켰다. 칠흑漆黑은 옻나무 즙액의 색을 묘사한 것으로, 매끄러운 광택을 내는 흑색인데 중국에서 가장 먼저 나타난 식물 자연색 가운데 하나이다.

사료의 기록에 따르면 중국은 옻나무의 즙액을 장식하거나 그릇을 칠하는 데 이용하는 방법을 이해한 세계 최초의 나라였다. 중국의 첫 시가집인 《시경》〈용풍鄘風〉에는 이런 구절이 나온다. "가래나무와 오동나무 자나무와 옻나무를 심으니, 이를 베어 거문고와 비파를 만들도다椅桐梓漆, 爰伐琴瑟." 시를 보면 네 가지 나무를 심었다가 나무가 다 자라면 베어 악기인 거문고와 비파를 만들겠노라고 말한다. 옻나무 농장을 관리하는 관리였던 도가의 철학자 장자는 자신이 쓴 《장자》〈인간세人間世〉에서 이렇게 말한다. "옻나무는 쓸 수 있기 때문에 그것을 자른다."

전국 시대의 문헌 가운데는 칠기를 역사 전설 시대인 요순 시대에

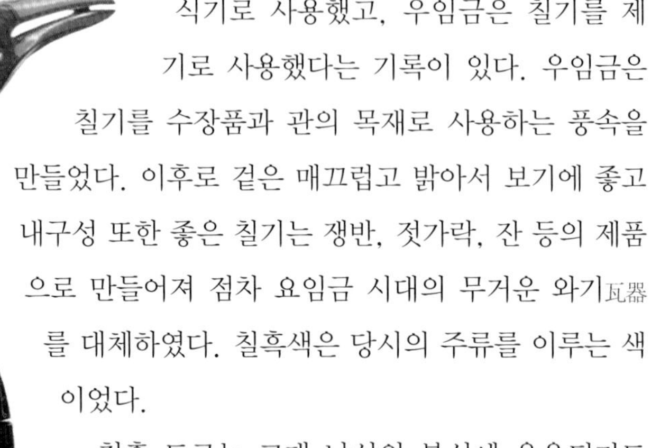

··· 채색한 칠호좌쌍조고漆虎座雙鳥鼓(일부), 전국 시대

식기로 사용했고, 우임금은 칠기를 제기로 사용했다는 기록이 있다. 우임금은 칠기를 수장품과 관의 목재로 사용하는 풍속을 만들었다. 이후로 겉은 매끄럽고 밝아서 보기에 좋고 내구성 또한 좋은 칠기는 쟁반, 젓가락, 잔 등의 제품으로 만들어져 점차 요임금 시대의 무거운 와기瓦器를 대체하였다. 칠흑색은 당시의 주류를 이루는 색이었다.

칠흑 도료는 고대 남성의 복식에 응용되기도 하였다. 흑색을 숭상하던 진나라는 평민 백성이 쓰는 흑색 두건은 흑칠을 한 베로 만든 것만 허용했다. 수당 시대에 유행했던 남성의 모자는 칠사복두漆紗幞頭였는데 이는 오사모烏紗帽의 전신이다. 이 오사모는 주로 오동나무 조각이나 대나무 조각을 엮어서 만든 후 두꺼운 흑칠로 마감한 비단을 덧씌워 단단하게 만든 것이었다. 고대 군인들이 입은 흑색 호신용 가죽은 칠갑漆甲이라 불렸다.

칠흑색은 윤기가 흐르는 흑발을 묘사할 때 쓰이기도 했고 대자연의 하늘색, 즉 달빛도 별빛도 없는 밤에 대지를 뒤덮고 있는 흑암색黑暗色을 묘사하기도 하는데, 이 색은 사람의 마음을 불안하게 하고 공포와 위협을 느끼게 한다. 칠흑색은 앞에 뻗은 손가락도 보이지 않을 정도로 어두운 밤의 색이기도 하다. 무협소설에서는 무공이 뛰어난 복면 자객이 야행복을 입고 밤을 틈타 벽을 넘어 가볍게 적의 수급을 얻는 장면이 항상 나온다. 또는 밤도둑이 어둠을 틈타 벽을 넘어 범죄를 저지르기 가장 좋은 시간이기도 하다.

• • • 쌍계도雙鷄圖가 새겨진 칠사연합漆砂硯盒, 청나라

• • • 쌍룡봉수雙龍捧壽 무늬가 조각된 옻나무 상자, 명나라

黑

조색 098

중국어 '조皂' 자는 '조皁'로도 쓰며, 옛날에는 '조早' 자와 통했다. 원래는 아침 동이 트기 전 하늘의 색을 가리켰다. 《석명釋名》에는 "조皂는 조早이다. 해가 뜨기 전에 일어나보면 사물이 모두 검게 보이는데, 이 색이 그것이다." 즉 조皂는 대자연의 경치의 색 명사로, 짙은 자색紫色이 묻어나는 흑색이다.

조색皂色은 인공 염색을 거쳐 직물에 물들인 회흑색灰黑色을 가리키기도 한다. 옛날 사람들은 식물인 상수리나무의 열매에 철을 함유한 유산철(황산철이라고도 함)을 촉매제로 하여 직물을 물들였다. 상수리나무의 열매를 써서 조흑색皂黑色으로 물들인 옷은 고대에는 무척 보편적인 복색 중 하나였지만 조색 옷과 장신구는 왕조마다 각각 대표하는 사회적 지위가 달랐다. 진한秦漢 시대에는 조신들의 직위는 각기 다른 관례에 따라 구분되었다. 그중에서도 조흑색의 위모관委貌冠은 공경, 제후, 대부가 대사례大射禮를 행할 때 쓰는 제의용 관으로 높

• • • 위모관委貌冠

은 지위에 있는 신분임을 알려주는 역할을 했다. 조색은 한나라 때는 엄숙함과 장엄함을 상징하는 색으로, 한나라 왕후와 비빈이 사묘에 참배할 때 입는 제사용 복색이었다. 당나라 초기 조흑색은 군대에서 장병의 제복색이기도 했다. 송원宋元 시대에는 복식 등급을 엄하게 밝혀두었는데, 조삼皂衫은 평민이 입는 옷이었다. 명나라 때에 이르러 조색은 죄수를 관리하는 옥졸 및 잡역부가 입는 복색이 되었다. 따라서 아역衙役을 조역皂役이라고도 불렀다. 또한 범인을 쫓는 하급 관리를 조쾌皂快라 하였다. 조인皂人은 말을 기르는 하급 관리를 가리켰는데, 조색이 진할수록 하급 인물에 속했다

조색은 기타 흑색 옷의 색을 폭넓게 가리키기도 했다. 예컨대 조화皂靴는 흑색의 가죽 구두를 가리켰는데, 조화의 옛날 명칭은 '낙제絡鞮'였다. 원래 중국 북방의 유목민족이 말을 채찍질하여 앞으로 나아갈 때 신는 기마용 구두인데, 기원전 4세기 전국 시대의 조나라 무령왕武靈王(기원전 325~기원전 299 재위)이 호복기사胡服騎射•의 중국 도입을 추진했고 수당隨唐 시대에는 전면적으로 성행하였다.

인도에서 전해진 불교가 중국화한 이후에 조흑색은 승려의 복색 가운데 하나가 되었다. 불가에서 입는 법복에 대한 규정은 지금까지 사용되고 있다. 조백皂白은 흑백을 가리켰으며 사리의 옳고 그름을 비유하였다. '청홍조백青紅皂白'이라는 성어는 다양하고 다른 색을 가

• 호복을 입고 말 타고 싸우는 기마 군사를 양성한다는 뜻.

• • • 톈진天津 옛 문화거리

리키는 말이었다가 훗날 세상 사람들 사이에서 옳고 그름의 사연을 가리키는 말이 되었다.

조皂는 옷을 빨 때 쓰는 알칼리성 물질로 중국 고대인들은 쥐엄나무의 열매에서 짠 즙액으로 옷을 빨아 때를 뺐다. 낙엽 교목과의 이 나무는 여름에 녹색 열매를 맺는데 가을이 지나면 흑색으로 변한다. 이 흑색을 조색이라고도 불렀다. 그래서 비조肥皂[비누]라 불렀다. 이 명칭은 지금까지도 변함없이 쓰이고 있다.

• • • 윈난 다리

黑

오흑 099

C40 M22 Y0 K88

오흑烏黑색은 까마귀 깃털의 빛깔이다. 《소이아小爾雅》에는 "순전히 검은색이면서 부모에게 먹이를 가져다주는反哺 새를 까마귀奐라 한다."라는 구절이 있다. 까마귀는 부모에게 먹이를 가져다주는 천성을 지녔기 때문에 중국에서는 효도의 상징이므로 효조孝鳥[효도하는 새]라 불린다. 까마귀는 온몸이 흑색 깃털로 덮여 있는데 살짝 푸른빛을 띠므로 차가운 색조의 흑색에 속한다.

까마귀가 처음으로 등장하는 중국 고대 신화에서 전하는 말에 따르면 태양에는 삼족오三足烏가 산다고 한다. 이로 인해 '오烏[까마귀]'는 태양의 별칭이 되었다. 옛글 중에 '오성암몰烏星暗沒'이라는 말은 해가 떨어진다는 뜻이다. 최근 한나라 마왕퇴馬王堆 고묘에서 발견된 채색 비단에는 태양과 까마귀 문양이 그려져 있다(467쪽 그림 참조). 그러나 현대 천문학에서 말하는 태양의 흑점이 반고 시절의 백성들이 말하던 태양 삼족오일 가능성이 있다. 한족漢族의 신화에 나오는 태양의

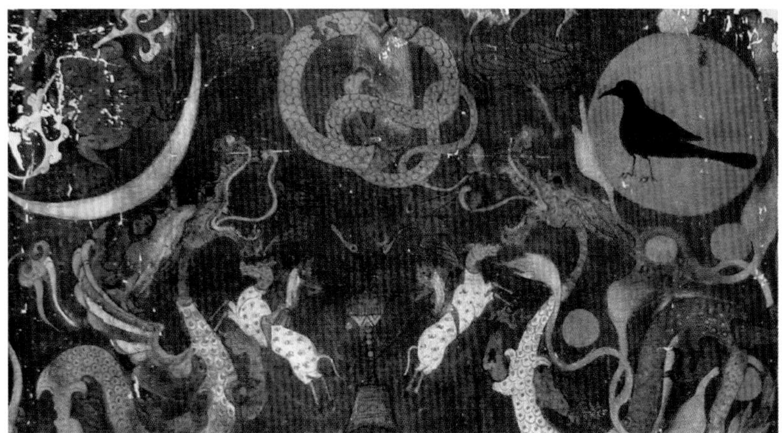

• • • 마왕퇴 고묘에서 발견된 채색 비단

영靈도 마찬가지다.

오흑색은 고대의 복식 중 흔히 보이는 색이다. 중당中唐의 시인 유우석劉禹錫의 〈오의항烏衣巷〉에는 이런 구절이 나온다. "주작교 옆에 야생화, 오의항 입구에 석양이 기우네朱雀橋邊野草花, 烏衣巷口夕陽斜." 여기서 말하는 오의항은 난징南京에 위치한 곳으로, 진晉나라의 사안謝安과 왕도王導 두 대가족이 거주했던 지역이다. 그 가문들의 후손들이 모두 오흑색의 복식을 입어서 얻은 이름이다.

중국 고대의 남성들이 머리에 쓰던 복식은 건巾과 모帽 두 가지로 나뉘는데, 그 명칭의 구분이 엄격했다. 네모난 것은 건巾이고 둥근 것은 모帽라 하였다. 건은 한족 사대부가 머리에 쓰던 네모난 모자이고, 건책巾幘은 상투를 덮어씌우는 네모난 베수건이며, 농건籠巾은 위진 시대에 유행한 네모난 모자로 공기가 잘 통했다. 오대십국五代十國 중의 남당南唐 인물화가인 고굉중顧閎中(902~970)의 명화 〈한희재야연

黑

• • • (왼쪽) 작자 미상, 〈소동파蘇東坡상〉, 종이, 명나라 (오른쪽) 작자 미상, 〈서광계徐光啓상〉, 종이, 명나라

도韓熙載夜宴圖〉 중에서 그림 속 인물들이 머리에 쓰고 있는 긴 흑색의 네모난 모자가 농건으로 보인다. 송나라 때 이르면 농건은 오각건烏角巾으로 변화했는데 네모반듯한 모양에 서랍처럼 입체였으며 칠흑색이었다. 오각건은 대각 쪽이 이마에 자리했으므로 오각건이라는 이름이 붙었다. 알려진 바에 따르면 문인 소동파가 오각건을 개량했다 한다. 그래서 '동파건東坡巾'이라 부르기도 하며 일반 평민들이 쓰던 모자였다.

고대에 남자들이 쓰던 둥근 모자 중 오사모烏紗帽라는 것이 있었다.

・・・ 윈난雲南 얼하이구洱海區

이것은 흑색의 비단 모자였는데, 얇은 비단을 흑칠을 하여 견고하게 만든 둥근 모자였다. 오사모는 수당 시대에 관리들이 쓰던 모자였다. 조광윤趙匡胤이 송나라를 세운 후 조정에서 대신들끼리 속닥거리지 못하도록 하려고 전통적인 오사모에 좌우 양쪽에 귀를 달도록 명하였는데, 이렇게 하고 나니 신하들이 서로 잡담하는 일이 줄고 정무에 전념하였다고 한다. 명나라 이후에는 오사모가 정식으로 관리가 되었음을 알리는 대명사가 되었다. '오사모를 벗다'라는 것은 관직을 잃었다는 뜻이었고 이는 지금까지도 여전히 사용되고 있다.

黑

• • • 저장浙江 사오싱紹興 오봉선烏篷船

黑

오흑색은 하늘가의 짙은 회색의 두꺼운 구름층을 폭넓게 가리키기도 하는데, '오운압정烏雲壓頂'은 구름이 짙은 오흑색이어서 금방이라도 비가 쏟아질 것 같은 날씨를 가리키는 말이다. 이 밖에도 당대의 문학가 루쉰魯迅(1881~1936)의 고향 사오싱紹興에서는 세 가지 오흑색 향토산물이 있는데, 오건채烏乾菜, 오전모烏氈毛와 오봉선烏篷船이다. 오건채는 매실 열매를 말려 만든 음식이고, 오전모는 사오싱에서 뱃사공들이 전용으로 쓰는 긴 흑색 전모이다. 오봉선은 그 배에서 석탄과 방수용 오동나무 기름을 검게 칠하여 얻은 이름인데, 이 배는 물이 많기로 이름난 사오싱에만 있는 특별한 교통수단이다. 검은 배가 물길을 가르며 저어 가는 모습이 강물에 비치면 시가 절로 흘러나온다. 사오싱에서만 볼 수 있는 특별한 정취라 하겠다.

대색 100

C40 M0 Y20 K75

대색黛色은 광석 안료의 색 이름으로 천연의 청흑색青黑色이다. 중국에서는 수천 년간 여성들이 화장을 할 때 눈썹을 그리는 색 재료인데, 아름다운 눈썹을 대표하는 색이다.

《설문해자》에 보면 "대黛는 눈썹을 검게 그리는 것이다."라고 기록되어 있다. 대색은 서역에서 비롯되었는데, 피부를 물들이는 작용을 하는 광물, 즉 대석黛石은 육조六朝(420~581) 시대부터 청석青石이라고도 불렸다. 청나라 사람 단옥재段玉裁는 《통속문通俗文》이란 책에 주를 달아서 "청색으로 물들이는 돌을 일컬어 점대點黛라 한다."라고 기록하였다. 중동의 고대 이집트인은 남녀 구분 없이 모두 흑록색黑綠色의 대석을 사용하여 가늘게 아이라인을 그렸는데 얼굴 윤곽에 입체적인 미감을 늘리기 위해서였다. 고대 중국 여성들의 경우에도 석묵石墨이나 대석으로 눈썹을 그려 아름답게 꾸민 역사가 춘추 시대까지 거슬러 올라간다. 눈썹을 가지런히 정돈한 후 청석으로 만든 눈썹연필로 아름다운 눈썹 모양을 그렸다.

• • • (왼쪽) 주방周昉, 〈잠화사녀도簪花仕女圖〉(일부), 비단, 당나라 (오른쪽) 고굉중顧閎中, 〈한희재야연도韓熙載夜宴圖〉(일부), 비단, 남당南唐

현대인은 눈동자를 '영혼의 창'이라 부르지만 고대 중국인들은 두 눈썹을 '칠정七情의 무지개'라 불렀다. 모양에 따라 사람의 마음을 움직이는 표정과 교태를 만들어냈고, 각 왕조에서 유행한 눈썹 모양도 누에나방 눈썹蛾眉, 버드나무잎 눈썹柳葉眉, 초승달 눈썹新月眉 등과 같이 현저한 차이가 있었다. 《시경》〈석인碩人〉에는 이런 구절이 나온다. "매미 이마와 나방 같은 눈썹, 쌩긋 웃는 예쁜 보조개, 아름다운 눈이 맑기도 하여라螓首蛾眉, 巧笑倩兮, 美目盼兮." 이런 모습이 2천여 년

• • • 신장新疆 톈산天山 톈츠天池

전의 아름다운 눈썹의 기준이었다.

대미黛眉는 진秦나라에서 유행한 가늘고 긴 눈썹 모양이다. 한나라 때부터 여성들은 원래 있던 눈썹을 완전히 밀고 청석青石으로 자기 얼굴 모양에 어울리게 눈썹을 그려서 용모가 더 돋보이도록 만들어서 다른 사람에게 예쁘게 보이고 싶어 했다. 버드나무잎 눈썹은 수천 년간 변함없이 유행했다.

대석을 사용하여 눈썹을 꾸미는 풍습은 수나라 때(581~618)에 와서

黑

절정에 달했다. 수나라 양제가 애첩인 오강吳絳을 기쁘게 하려고 특별히 서역 페르시아에서 눈썹을 그리는 광석인 나자대螺子黛를 비싼 값에 수입했기 때문이다. 그 결과 궁중의 비빈들은 다투어 이 귀중한 수입품을 쓰고자 하였다. 당나라 때에 이르면 눈썹 그리기를 유독 즐겼던 현종玄宗이 화가들에게 특별히 명을 내려 〈십미도十眉圖〉를 그리게 하였다. 이 그림을 보면 당시 궁중 비빈들이 눈썹을 그리느라 벌였던 모습을 확인할 수 있다.

당나라 사람의 시에서 대색은 대자연의 짙은 녹색 풍경을 대표하였다. 예컨대 두보杜甫는 〈고백행古柏行〉에서 이렇게 읊었다. "서리 견딘 껍질에 흘러내린 물방울, 둘레는 사십 아름이라. 검푸른 잎새는 하늘로 이천 척이나 솟아 있구나霜皮溜雨四十圍, 黛色參天二千尺." 이 시에서 대색黛色은 빗속에 높이 솟은 오래된 측백나무의 울창한 잎의 검게 보일 정도로 푸른색을 가리킨다. 또한 왕유는 〈최복양형계중전산흥崔濮陽兄季重前山興〉이란 시에서 이렇게 읊조렸다. "천 리 멀리 검푸른 산빛 가로 뻗고, 많은 산봉우리들 구름 사이로 솟아 있다千里橫黛色, 數峯出雲間." 이 구절은 멀리 운무 가운데 뭇 산들과 푸른 숲이 가로질러 뻗어 있는 장면이 펼쳐진 탁 트인 시야를 표현한 것이다.

참고 자료 및 추천 도서

1. 《중국역대복식사中國歷代服飾史》, 위안제잉袁杰英 편저, 고등교육출판사高等教育出版社, 1994년.
2. *The Golden Peaches of Samarkand: A Study of T'ang Exotics*, Edward H. Schafer, University of California Press, 1985.
3. 《세진연화, 복식문화와 성어洗盡鉛華, 服飾文化與成語》, 주루이민朱瑞玟 주편, 수도사범대학출판사首都師範大學出版社, 2006년.
4. 《의금행衣錦行》, 린수신林淑心 지음, 대만국립박물관출판臺灣國立博物館出版, 1995년.
5. 《중국복식문화中國服飾文化》 왕웨이디王維堤 지음, 상해고적출판사上海古籍出版社, 2005년.
6. 《광물색 사용수첩鑛物色使用手帖》 왕숭페이王雄飛 · 위뤼쿠이俞旅葵 공저, 인민미술출판사人民美術出版社, 2005년.
7. 《색의 수첩色之手帖》, 영전태홍永田泰弘 감수, 일본소학관출판日本小學館出版, 2004년.
8. 《중국과학기술사개론中國科技史概論》, 허빙위何丙郁 · 허관뱌오何冠彪 공저, 홍콩중화서국香港中華書局, 1983년.
9. 《바람이 비단옷으로 들어오다風入羅衣》, 좡추수이莊秋水 지음, 문회출판사文匯出版社, 2009년.
10. 《중국옷의 아름다움華服美蘊》, 마다융馬大勇 편저, 문물출판사文物出版社, 2009년.
11. 《중국공예미술사中國工藝美術史》, 톈쯔빙田自秉 지음, 동방출판중심東方出版中心, 1985년.
12. 《창장강 유역의 복식문화長江流域服飾文化》, 류위탕柳玉堂 · 장숴張碩 공저, 호북교육출판사湖北教育出版社, 2005년.
13. 《중국 명대 과학기술사中國明代科技史》, 왕첸진汪前進 지음, 인민출판사人民出版社, 1994년.

역자 후기

따지고 보면 우리의 일상은 색으로 점철되어 있다 해도 과언이 아니다. 초봄 나무에서 올라오는 새싹의 여린 녹색, 한여름 잘 익은 수박을 갈랐을 때 눈에 선명하게 대비되어 들어오는 속살의 붉은색과 씨앗의 검은색, 늦가을 길거리에 떨어져 차곡차곡 쌓인 은행잎의 노란색, 살을 에는 추운 겨울 내려 반짝이는 눈의 하얀색.

모든 색은 기본적으로 자연에서 온다. 인류 역사에서 가장 오래도록 지속된 문명국인 중국에서도 사람들은 색을 얻기 위하여 자연을 활용했다. 이 책은 오랜 역사와 문화를 지닌 중국의 전통색을 보기 좋게 정리해보려는 시도이다. 아쉽게도 공산주의 혁명으로 중국의 연면한 전통은 그 맥이 상당히 훼손되었다. 전통색 또한 마찬가지다. 사료는 풍부하게 남아 있지만 사료에서 언급되는 색이 실제로 어떤 색이었는지, 그 색을 구현하려면 어떤 방법을 써야 하는지에 대해서는 알려진 내용이 많지 않다. 이런 상황에서 저자는 중국의 고대 문헌을 샅샅이 뒤지고 꼼꼼하게 조사하여 중국의 전통색을 백 가지로 정리한 셈이다. 본문을 읽은 독자들은 충분히 짐작하시겠지만 이 책은 학문적인 체계를 갖춘 학술서가 아니고, 저자 또한 색을 전문적으로 연구하는 학자가 아니다. 그러나 빛과 색에 민감한 사진가이자 여행가로서 저자가 평소에 애정을 가지고 찍었던 중국의 풍경들과 그 풍경들 속에 녹아 있는 전통색을 정리하기 위해 애쓴 노고는 결코 적지 않다.

첨단 자본주의 시대인 지금 색은 디자인과 함께 엄청나게 다양한 가능성을 지닌 자원이 되었다. 자동차나 옷을 고를 때 우리는 색에 민감하게 반응한다. 거칠고 투박한 느낌을 주는 색도 있고, 세련되고 우아한 느낌을 주는 색도 있다. 이러한 색을 상황에 맞게 적절하게 만들어내고 활용하기 위해서는 색을 제대로 인식할 줄 아는 안목을 갖추어야 한다. 세계에서 가장 유구한 전통을 가진 중국의 전통색을 보기 좋게 정리한 이 책은, 우리 주변의 다양한 색을 그 색에 담긴 흥미로운 역사와 재미있는 이야기로 풀어내고 직관적으로 확인할 수 있도록 생생한 사진까지 함께 수록하고 있어서 읽는 즐거움과 보는 재미를 동시에 얻을 수 있는 책이다. 관련 업계 종사자뿐 아니라 색에 관심을 가진 일반 독자들도 이 책을 통해 중국과 색에 관한 지식과 교양을 쌓을 수 있을 것이다.

마지막으로 이 책에 실린 중국어 고문의 번역은 윤지산 선생이 확인해주셨다. 그러나 이 책에 혹시라도 오역이 있다면 그것은 오롯이 번역한 역자의 잘못임을 밝혀둔다. 눈 밝은 독자들의 질정을 바란다.

찾아보기

ㄱ

ㄴ

ㄷ

ㄹ

ㅁ

ㅂ

ㅅ

ㅇ

ㅋ

ㅌ

ㅍ

ㅎ

중국의 색

지은이 황런다
옮긴이 조성웅
펴낸이 한병화
펴낸곳 도서출판 예경
편 집 최미혜
디자인 스튜디오 카멜

초판 인쇄 2013년 11월 27일
초판 발행 2013년 12월 13일

출판등록 1980년 1월 30일(제300-1980-3호)
주소 서울특별시 종로구 평창2길 3
전화 396-3040~3
팩스 396-3044
전자우편 webmaster@yekyong.com
홈페이지 http://www.yekyong.com

ISBN 978-89-7084-511-1 (03910)

책값은 뒤표지에 있습니다.

이 도서의 국립중앙도서관 출판시도서목록(CIP)은 서지정보유통지원시스템 홈페이지(http://seoji.nl.go.kr)와 국가자료공동목록시스템(http://www.nl.go.kr/kolisnet)에서 이용하실 수 있습니다.
(CIP제어번호: CIP2013022016)